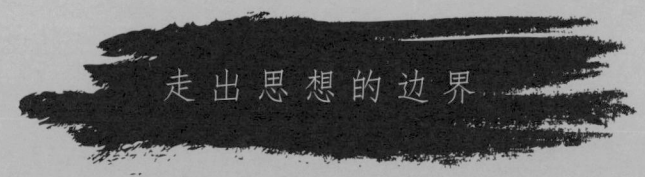
走出思想的边界

knowledge-power
读行者

钱穆
著

中国史学发微

岳麓书社·长沙 博集天卷

图书在版编目（CIP）数据

中国史学发微/钱穆著.-- 长沙：岳麓书社，2023.10
ISBN 978-7-5538-1945-7

Ⅰ.①中… Ⅱ.①钱… Ⅲ.①史学—研究—中国 Ⅳ.① K092

中国国家版本馆 CIP 数据核字（2023）第 172040 号

ZHONGGUO SHIXUE FAWEI
中国史学发微

著　　者：钱　穆
责任编辑：丁　利
监　　制：秦　青
特约编辑：列　夫
版权支持：张雪珂
营销支持：kk
封面设计：姜　姜
版式设计：梁秋晨
岳麓书社出版
地　址：湖南省长沙市爱民路 47 号
直销电话：0731-88804152　88885616
邮　编：410006
2023 年 10 月第 1 版　2023 年 10 月第 1 次印刷
开本：875×1230　1/32
印张：11.25
字数：221 千字
书号：ISBN 978-7-5538-1945-7
定价：59.80 元
承印：北京天宇万达印刷有限公司

著作财产权人：ⓒ东大图书股份有限公司
本著作中文简体字版由东大图书股份有限公司许可中南博集天卷文化传媒有限公司在中国大陆地区发行、散布与贩售。
版权所有，未经著作财产权人书面许可，禁止对本著作之任何部分以电子、机械、影印、录音或任何其他方式复制、转载或散播。

若有质量问题，请致电质量监督电话：010-59096394
团购电话：010-59320018

序一

中国学业相传，向分经、史、子、集四部。经学最早，但实惟有《诗》《书》两部。《诗》三百，迄今犹存。《书》则惟商、周两代少数几篇政治文件，或最先当起于盘庚以后。至唐、虞、夏代，如《尧典》《禹贡》之类，皆出战国后人撰写，非孔子前所有。至于礼，《论语》："子所雅言。《诗》、《书》、执礼。"则礼非成书，故称"执礼"，与《诗》《书》不同。《仪礼》仅属士礼，乃孔子以下人所造。《周官》更属后起，当在战国之晚世，或当在《虞夏书》之后。乐则无专书记载。即孔子时，郑、卫之声，已非古乐。孔子在齐闻《韶》，《韶》乐乃自陈达齐，但亦决非传自舜代。惟在孔子时，已属南方之乐之稍古仅存者。至孟子时，古乐、今乐已显相分别。《易》虽古代相传，但孔子时亦仅为一卜筮之书。《易传》则当出秦始皇时代，已杂采儒、道两家义成书。孔子前虽有《诗》《书》，亦不称之为"经"。盖古代学术尚未流通，惟政府最高层始掌有之。故孔子曰："《春秋》，天子之事。"

学术传于社会下层，其事始于孔子。战国诸子著书，墨家最先有经。汉代诸儒以孔门相传有礼、乐、射、御、书、数"六艺"之学，遂误称"六经"。而实是《诗》《书》《仪礼》《周易》及孔子《春秋》，只五书，尚缺一《乐经》。汉武帝乃立"五经"博士，后代经学惟"五经"有传记注疏，此外不再有增。则虽有经学之名，而其学术相传，则惟传述，无创作，与史、子、集三部有不同。

先秦诸子相传为九流十家，最先起者为孔门儒家。孔子为中国自古相传私人讲学之始，前后门弟子共七十七人，后世讹称七十二人。然姓字见于《论语》者，不达半数。《论语》乃孔门师弟子相聚讲论语言之记载。然其书相传，至孟子后，始正式编纂为上下二十篇。故在《孟子》书中，亦尚不见《论语》一书名。墨翟继孔子而起，但墨家先有成书。如今传《墨子》及《墨经》，其书皆出《论语》为书行世前。其他各家成书，则全出儒、墨后。但独有小说一家，则其成书当尚有在孔子之前者。

九流各成一家之言，以其门弟子相聚相传，如同属一家，故称"家言"。家族之"家"，指血统言。诸子成"家"，乃指其所讲贯之道统言。独小说家则不然，因小说家所汇集之诸书，尚远起在孔子儒家讲学之前。古代有史官，由周天子分派于列国诸侯间，世袭其位。又有正史、稗史之别。"正史"居诸侯之国都，"稗史"则散居国都外城乡间。其有关稗史所记载之文字，散见于今传《左传》诸书中者，尚不少。余已在他篇论及，此不详。战国小说家言，则即由其时之稗史来。

如是则在子学中，岂不即包涵有史学？其实不止于此，即如纵横家言，岂非即战国时代有关当前国际事件一种互相分派之争论与抗议？其实尚不止此，即如孔子为儒家开山，但"甚矣，吾衰也。久矣，吾不复梦见周公"，又曰"如有用我者，吾其为东周乎。"则孔子之意，乃欲上承周公。后儒则又自周公上推尧、舜、禹、汤、文、武之唐、虞、三代。墨翟继孔子起，自为家言，则曰："非大禹之道，不足以为墨。"是墨家于唐、虞、三代中，独取夏禹一人为法。道家继儒、墨而起，乃更上推黄帝，而唐、虞、三代皆在其下。但又有为神农之言者许行，创为农家言。其次如阴阳家，则庖牺氏、神农氏、黄帝、尧、舜以至三代，凡中国史历古相传诸帝王，皆在网罗取法之中。而秦之统一，则其君自称始皇帝，是亦上承杂家吕不韦《春秋·十二纪》来。则凡先秦诸子学，实可谓乃无一而非源自史学。

此后汉代史学继起，其太史官司马谈讨论六家要旨，而私意所宗，则更在道家。其子司马迁继之，乃益尊儒家，故既为《孔子世家》，又作《孔子弟子列传》与《孟荀列传》，于诸子中最为特出。其《自序》则曰："究天人之际，通古今之变，成一家之言。藏之名山,传之其人。"是史迁之为史,亦求上承诸子立言成家。则子、史之学,自古人视之,其间实无大分别。此后"二十五史"以及"三通"诸书,乃亦如诸子,各成家言。尤可以宋代之欧阳修为之例。如此中国之子学与史学,岂不貌分而神合,可离而可通乎?

再次言及集部。集部有骈散之分。最先骈体肇始于屈原之《离骚》。《诗》《骚》并言,则《离骚》亦可谓乃上自经来。太史公以屈原与贾生并传,贾谊《治安策》乃汉初一名奏议,则《离骚》岂不亦可通于子与史?其下乃有三国时代之建安文学,乃始由西汉自《离骚》转为骈体辞赋,又转入散文中来。如曹操之奏议诏令,皆可纳入文学之集部。诸葛亮《出师表》,亦入集部。实则此等文字,皆亦子亦史。又如晋、宋时代之陶潜,其所为诗辞传记,如《归去来辞》,如《桃花源记》诸文,皆即其一人之史,亦即其一家之言,岂不史与子与集之三部,实可通而为一乎?

唐代韩昌黎唱为古文,乃始正式由骈变而为散。其自言:"好古之文,好古之道也。"则其言亦子亦史。一人之集,至少乃为其一人之自传,亦即当归入一民族一国家之文化道统中。故集部兴起,乃为四部之最后。其实古代之经,如《诗》《书》,尤其如《古诗》三百首,岂不亦如后代文学一集部?亦可谓集部即是子,但较单纯而已。而其当可列入史部,则更不待论。是则中国四部之学,其实约略言之,只是子、史之两部分。孔子作《春秋》,又与其门弟子所言合成一《论语》。《春秋》经而即史,而《论语》是子,但亦可称为一集部。是则孔子一身已兼有了四部之学,故后人尊之为"至圣先师"。

此下于四部之学最有完整成就者,当推北宋时代之欧阳修,其生平著述,可谓经、史、子、集四部皆备。如其为《新五代史》,乃史部之正宗。又兼修《新唐书》,亦入"二十五史"中。而其于经学,皆有成书。其于《诗经》方面姑不论,而其于《易经》,疑《易传》非孔子作,此乃自孔子以来,一千年后始发其议。欧阳子自谓再历一千年又有第二人,两千年可得第三人,三人为众,则此一人所疑,二千年后,即当成为众人之所疑矣。此其运思持论,何等高明而广大,悠久而深沉。可见由一人之学而成为家学,由一家之学而成为千古之群学,即道统所存,即于欧阳修一人之身,亦已明白曝露无疑矣。

又欧阳修之文,上承韩愈。而其辟佛,则成为《本论》。以一人之所疑、所反对,化而为全国之政教,此即由集为子一明证。故由欧阳一人,而中国四部之学之可得达成于一家,亦即明白可证矣。

余此书专为史学发微,苟其人不通四部之学,不能通古今之变而成其一家之言,又何得成为一史家。上之如汉代之司马迁,后之如宋代之欧阳修,皆可为明证。惟孔子则尤其为至圣先师,为一切中国学人之最高楷模。此则治中国学术,皆当以此为法。此非空言,乃实际标准之所在，则尤贵学者之能深思而明辨之。心知其意斯可矣，又何贵于繁言与空论。

一九八七年一月钱穆识于台北士林外双溪之素书楼，时年九十有三。

序二

西方人重空间观，但缺时间观。古希腊人即有几何学，作航海测量之用，但几何学非以测时间。中国古人，则立标测日影，即知重时间。又曰："风雨如晦，鸡鸣不已。"雄鸡司晨，亦以测时间为重。

阿剌伯人有《天方夜谭》，其间有"能言鸟"一故事。三兄弟同求能言鸟，两兄已失踪，其弟继续追求。一术士告之，循山路上行，路旁有呼声，勿回顾，则能言鸟易得。其弟乃塞耳上山，路旁丛石耸立，呼喝不已，愈上则石愈多，声愈大。其弟因已塞两耳，幸能终不回顾。竟得能言鸟所在，取之以归。路旁石皆起立重得为人。盖皆来寻能言鸟者，闻声回顾，遂化成石。此亦如人读史，过重以往，乃随前人过去，亦如失败，无以向前。历史乃前人一切以往故事，可称已均属失败。回读史籍，亦如人重蹈覆辙，自陷深渊，重归失败。能言鸟故事即此意。古希腊滨海而居，非出国渡海，远向他邦，即无以经商，亦即无以为生。阿剌伯人居沙漠中，非渡越此沙漠，生命亦无前途。故此两种人，多主向前，不重回顾。历史故事皆属以往，非彼辈所当流连。

耶稣则犹太人，其创始宗教，乃谓人生从天堂降谪，死后将重返天堂，俾得安居。凯撒事凯撒管，历史则属人间事，全属凯撒，为上帝所不管。信奉宗教，自不留心历史。西方文化会合此轻视历史之三大渊源，遂无史学可言。

中国人则谓："前车之覆，后车之鉴。"前人随时过失，后人即当警戒。并且前世以往亦并非无成功之处，亦可资后人以承袭与模仿。历史教人向前，即因其能知过善改，亦因其能善所承袭。西汉人言："自古无不亡之国。"其时则中国历史已历两千年以上，庖牺、神农、黄帝以迄唐、虞、夏、商、周，以至秦汉，一部两千年以上之历史，岂不告人以人类已往，历史有得有失，有成有败，使人知所警惕，有过能改。则过而常存，去而复来，乃得依然向前。人生遂能发出前所未有之聪明与措施，而改善其将来。如此则历史所记乃人道，实亦即天道。人类智识贵在此不断过程中，求获将来之新得。故曰："所过者化，所存者神。"如人一日三餐，有排泄，但亦有存留。惟其所存留已非故物，因谓之"化"。化则非属过去，故曰："所存者神。"庄周言："万物一也。是其所美者为神奇，其所恶者为臭腐。臭腐复化为神奇，神奇复化为臭腐。故曰通天下一气耳。"是则历史非尽属过去，乃成一种神化作用。西方人轻视历史，则过去尽成臭腐，如希腊，如罗马，乃至如近代之英法，不久亦当全成为臭腐。而中国则上下五千年通为一体，尽成神奇，此岂西方之所有。人文学中之史学，其功用乃如是。

《易》言："一阴一阳之谓道。"必经以往过失，始得继续生存。孔子曰："执其两端，用其中于民。"过去与将来，即属人生之两端。当前现在，则是其中。历史可贵处，即在其属于过去之一端。不断过失，实亦为不断存在之前因。即在此过失中，求一不断之向往。倘尽放弃其一切过去于不顾，则此端既不存在，亦即无其他一端可言。既无过去，亦即无将来，更又何从寻得一向前之生路。中国人言"死生""存亡"，此即两端。不死又何有生，不亡亦何有存。

中国人又言"道"字。道即一条路，向前一步，则失去了其走过之一步。其实就其不断向前言，则一步过去，亦即是一步完成。但当求前途之所止。而人生无穷，则其前途亦无止。故步步向前，非只是步步过去，实亦是步步完成。人类历史正如此。司马迁引《诗》以赞孔子曰："高山仰止，景行行止。虽不能至，然心向往之。"此见人类远大成功之一境，亦即无可至不能止之一境。而"景行行止"之逐一步骤，则亦尽在逐步向前之途上。即过失，亦进步，同时亦即是完成。此则中国人之历史观。

余尝谓人生即历史。人生之最要过程在能知过勿惮改。历史亦然。孔子时时梦见周公，但其老年则曰："甚矣，吾衰也。久矣，吾不复梦见周公。"周公在孔子当时,实已成为一过去人物,亦可谓一失败人物。傥周公不过去不失败,则周室亦不东迁。故孔子又曰:"如有用我者,吾其为东周乎。"则孔子已知周公当年之道,不复可行于孔子之时矣。孔子又曰:"夏礼吾能言之,杞不足征也。殷礼吾能言之,宋不足征也。"此亦如周礼能言,而鲁不足征。其言不足征,即犹言过去之亡失。但亡失者乃其事,非其道。又曰:"其或继周者,虽百世可知。"杞、宋不足征,即夏、殷两代已在过失中。鲁不足征,即周公与西周亦尽在过失中。其或继周者,有继周而起,此即"自古无不亡之国"之先声。历史在过去中,乃指其事,非言其道。而人生则贵在有将来。但非有过去,又何得有将来?是则历史即人生,但可谓乃指其前一半之已过已失言,非指后一半常存常在之将来言。而将来之可知,则即在过去中。虽可知而不可知,虽不可知而仍可知。此则读史而明其道乃可知。

故人道即天道,当前之中国,或可谓孔子已先知之。所以孔子往日之所言,至今仍有可用。以今日世界之情况言,亦可谓早在孔子之预见中。然而孔子之在今,岂不亦已成为一过去人物?孔子之所言,迄今已两千年,早已过去,又岂得一一有用?是则贵在传孔子之道者,斟酌而善行之。果尚求为东周,则尽人而明知其非矣。但此孔家店,则仍然不得打倒。此则当前之中国人,又谁欤能深识其意旨之所在?

知过去乃知将来，知亡失乃知存在。西方人不肯认有过，又不喜言亡失，故不爱言历史。其所言之历史，则尽属成功一方面，如言希腊史、罗马史，以迄于最近之英法史，当前之美苏史，莫不皆然。使人仅见有当前之形成，而不见有以往之过失。则试问个人人生又焉得仅有生存，而无死亡。西方之耶稣教言，人死仍有灵魂上天堂，则正是此义。

中国人贵能知过，又贵能改过，故其言历史亦常在言人生之过失处。知得人生已往之过失，则亦易知当前及将来之所得完成。西方人则仅知此一端，不知彼一端。如罗马人，仅言己是，不言希腊人之过失处。现世英法人，亦仅言己是，而亦不言以往罗马人之过失处。即如当前之美苏，亦仅能各言己是，而不能言英法已成过去之一切前非。但美苏自己不远将来，亦将自陷于过失中。故西方乃终不能有其如中国般之史学，乃使其人生常陷于过失中，而不能自拔。

孔子言："七十而从心所欲不逾矩。"孔子仅生七十二年，但至七十始能从心所欲，而不见有过失。则其前七十年，岂不亦常在过失中？故孔子"学不厌"，即学求其少过。但中国亦仅有孔子一人为至圣先师，则其他人亦尽不如孔子，斯其毕生多过可知。学史功夫即在知过。孔子作《春秋》，试问《春秋》两百四十年，又谁一人能在无过中？孔子称："微管仲，吾其被发左衽矣。"然又曰："管仲之器小哉。"则虽管仲，又焉能无过？故历史多过，学史在求少过，直待天下太平，始为至善可止。则试问何日能达？故孔子之门人言，孔子之死，亦仅孔子之休息，尚待后学继起，续加努力。西方人只认各有长处，并日在进步中，此乃西方人之历史观。今日国人慕之，不论是非，不问过失，惟知求变求新，日趋进步。即如原子弹发明，亦是一进步，并是一大进步。但不仅不问进步之所止，亦不问进步之当前实况究如何。此为中西双方民生精神之不同，此即其既往历史，亦宜无可相同矣。

中国人言"鉴古知今"，西方人则贵开辟创造，求变求新。即当前之美苏，又当变，又当新。但新又如何？则非当前之所知矣。

又西方人重多数，故其历史亦惟重多数。而在中国则惟少数人能入史，能为历史人物。西方人既不重历史人物，乃有无历史人物，但只惟变惟新而已。故西方人论新旧，中国人则重褒贬。又少褒而多贬，即新亦可贬。又孔子前人言立德、立功、立言为"三不朽"，但孔子则并此而不言，乃惟言一"学"字。过往历史，即在其所学中。而西方人则曰："吾爱吾师，吾尤爱真理。"师则可在历史中，而真理则多在历史外。故西方不重有史学。此一大要端，亦诚不可不深论。

今日国人好骂中国史，谓其全属过失，毫无进步。以另一观点另一角度言，此亦庶或有当。西方人因贵多数，多人所是即为是，多人所得即为得。时刻在求得中，此正当前西方民主社会乃有此，诚亦当前一史实。中国则重己重少数，孔子曰："知我者其天乎。"又曰："人不知而不愠，不亦君子乎。"但孔子作《春秋》，当为中国史学之开山，则宜其难为今日国人之崇慕西化者言之。

今日国人读中国史，亦必稍知中国之传统文化为如何。希读吾书者，其亦深思之。今试再易辞言之，中国人惟知爱重历史，故能蔓延扩张，以有今日。西方人只为不爱重历史，乃日趋分裂，亦直达于今。今日国人惟西方之是信是崇，乃亦分为两国，一崇美，一崇苏。明证当前，岂不与人以共鉴。倘使我当前之国人，仍能回头一读中国史，则此下宜分宜合，亦自当知所从事矣。余既为《中国史学发微》一书作序，意有未尽，再草此篇。

一九八七年二月钱穆识于素书楼。

目次

国史漫话 / 001
中国史学之精神 / 031
史学导言 / 041
中国历史精神 / 117
中国文化特质 / 157
中国民族性与中国文化之特长处 / 203
历史与人生 / 219
中国史学中之文与质 / 233
民族历史与文化 / 245
中国教育思想史大纲 / 257
庄子"薪尽火传"释义 / 299
略论中国历史人物之一例 / 309
世界孔释耶三大教 / 325

国史漫话

此稿成于云南宜良，在余《国史大纲》成书之后，继《史纲·引论》发表于昆明之某报，张君起钧剪存之。携赴重庆，又转恩施，并挟之以赴北平。嗣又携此稿来台。辗转数万里，历时三十载。张君检以示余。余久忘之，重获展读，深感张君郑重此稿之美意。张君重欲将此稿刊布于《自由报》，特附识此一因缘以告读者。（一九六八年七月）

一　国史规模的宏伟

去年五月中旬，始草《国史大纲》（以下简称《史纲》），迄今年六月成书。《史纲》辞尚简要，意有未尽，偶为《漫话》。

草《史纲》既竟，特标四信念于端，曰：凡读吾书，请先具下列四信念：

一、当信任何一国之国民,尤其是自称知识在水平线以上之国民,对其本国已往历史,应该略有所知。否则最多只算一有知识的人,不能算一有知识的国民。

二、所谓对其本国已往历史略有所知,尤必附随有一种温情与敬意。否则等于只知道了一些外国史,不得云对本国史有知。

三、所谓有一种温情与敬意者,至少不会对本国已往历史抱一种偏激的虚无主义。即视本国已往历史,无一点价值,亦无一处可以使彼满意。亦至少不会感到现在我们是站在已往历史最高之顶点,此乃一种浅薄而狂妄的进化观。而将我们当前种种罪恶与弱点,一切诿卸于古人,此乃一种似是而非之文化自谴。

四、当信每一国家,必待其国民备具上列诸条件者比数渐多,其国家乃再有向前发展之希望。否则其所改进,等于一个被征服国或次殖民地之改进,此乃表示其国家民族文化之堕退与消失,并非表示其国家民族文化之发皇与向前。

右列四信念,标之今日,似为突兀。然静待时间之经过,此四信念,终将为我国人所首肯而接受。否则,久而久之,窃恐所谓中国史,亦将追随于埃及、巴比伦之后,为世界热心考古之士,提供以一种所谓"东方学"之资料而已。既根本无所谓国史,则自谈不到上举之所谓信念。怀不能已,复标举之于吾《漫话》之首。义取共鸣,无烦详说。

治国史有一首先应当注意之点,即国史之"大"。所谓大,并非故自夸大。乃有客观事实,可以数字明确指陈者。要言之,一则我国史所包疆域之广,一则我国史所含人口之多。中国为一广土众民之国家,自古迄今皆然。此实使我国家民族能翘然特立于斯世。若不注意于此,则对我国史已往之精神与意义,将索解无从。

西人治史,多盛推罗马。又以罗马建国,与我秦汉略同时,故论中西史,每喜以罗马与秦汉相拟。其实罗马立国规模与秦汉大异(《史纲·引论》中已及之),即就大小一端论,便见两者之迥乎不侔。罗马初创,版图不过四百方哩。以孟子公侯百里、伯七十里、子男五十里之说相绳,则略相当于我春秋时期一子男之国,如郑、许之类。

罗马之扩大,始于腓尼基战役开端之后。第一次腓尼基之战,罗马围攻阿格立真坦(Agrigentum),阵亡及病死者不下三万人。第二次腓尼基之战,康纳(Cannae)之役,罗马大发禄为汉尼拔所败,罗马军队之阵亡者可五万人,俘虏亦万人。量其情形,约略相当于我国初期梁惠王称霸前后之列国兵争。就时间上横切面言之,则第一次腓尼基之战,正当于中国史有名的秦、赵长平之战,秦将白起坑赵降卒四十万于长平。此年即罗马海军迈利之战,对迦太基获第一次胜利之年。第二次腓尼基之战,则当在我东方豪杰革命亡秦,楚、汉相争之时代。就鸿门宴一时言之,项王兵四十万,而沛公兵十万。汉尼拔撒马（Zama）之败，战于迦太基之附近，则正值项王垓下之围之年。兵卒之众，杀人之多，殊不足为其民族国家历史之荣耀。然场面之阔大，牵动之繁复，亦不失为估量当时才力意气之一种标准。楚子玉治军，不能逾三百乘。而韩信自许，将兵多多益善。此正可见双方军队组织力之强弱。

抑且罗马与迦太基，为两异民族之斗争，为罗马历史之向外发展。而战国史上之秦、赵相争，以及秦汉之际之楚、汉相争，则为中国史上之内部变动。惟其向外发展，故经三次腓尼基之战，而迦太基归于毁灭。惟其为内部变动，故秦、赵相争之后，继之者为东西凝合，而造成中国之统一。并非秦民族或秦国打倒或毁灭了赵民族或赵国。至于项王与沛公之争，则如庞培之与凯撒而已。

若再翻阅地图，试将罗马与迦太基三次战争牵涉之地域，约略以红笔划一圆圈，再就战国史秦并六国，乃至汉代创建之地理，亦约略以红线划一圆圈，对照比观，即可知我所指当时双方大小不侔之真相。即以罗马极盛时代而论，虽地跨亚、欧、非三洲，然亦限于地中海四围之附近。东不越幼发拉底河，北不越莱茵、多瑙河，截长补短，仍不能与秦汉疆境相拟。（**手边无书，不能为详细之估计。**）

历史上某一民族，某一国家，疆境之扩大，固亦并不足以即指为其历史之光荣。然论者谓罗马自三次腓尼基战争以后，不仅迦太基从此毁灭，而罗马人自己之自由，亦从此摧毁。自是以往，罗马人兵力所达益远，罗马内部政治则黑暗益甚。是罗马既以武力毁灭他人，更复以武力破坏自己。故名为四百年庄严灿烂之罗马史，及其覆灭，徒贻后代以一段长时期之黑暗，与夫黑暗中对于神圣凯撒之一片想象而已。

论罗马之立国，本为一种希腊城邦式的贵族共和国模型。及其力征经营，扩土益大，成一外表庄严灿烂之大帝国，而实未尝予此大帝国以相符之内容。与我秦汉大一统政府之政制相较，则秦汉政制，实为有一日之长。

自罗马覆亡以后，西洋史重返于破碎。直至最近，中国之广土众民，犹足为世界之冠。然则如何凝成此一和平统一的大局面，而使之绵延不坏，其间自有种种苦心，种种特点，用以造成我国史独有之风格。固当首先指出，为治国史者所注意。

二 善变日新的中国

通览国史，我民族实乃一善变之民族。而我国之所以历久不弊，亦唯我民族善变适应故。晚近国人，每疑自己为一顽固守旧不喜改进之民族。此固由于清季海通以来，国人求变心切。至于最近我们何以急切不能变出成绩来，则当另论。而另一原因，则由于晚近国人不悦学之风气，对本国以往历史实少研寻。

国人每谓我立国于东亚之大平原，环而处者皆蛮夷，其文化力量远不逮我，遂以养成我故步自封、自尊自傲的态度，而永不变进。其实任何一民族，一国家，其政治文化，并无历数百年而不弊之理。若待其民族国家内部之文化政制等已臻腐败，则如果熟鱼烂，并不要外面再有他力，其自身生命即趋毁灭。

当希腊人战败波斯之侵略以后，亦未尝遇到外面有文化更高之力量。然而一马其顿，即足以吞并希腊而有余。当罗马人战败迦太基之劲敌以后，其外面亦何尝有文化力量更高之民族？然而北方蛮族，即足以蹂躏罗马而有余。何以故？由于当时希腊、罗马内部文化力量早已腐败衰息故。且希腊为马其顿所并，罗马为蛮族所破，此后即难再起。何以故？亦由其内部文化力量早已腐败衰息故。

希腊略当于我春秋时期，当时所谓"南夷北狄，交伐中国，中国之不绝如线""微管仲，吾其披发左衽矣"。当时中原诸邦虽遭外患，而犹能保全自己文化维持于不弊。及秦汉之际之匈奴，更为中国当时一大敌。试问万里长城之国防工作，较之罗马之驱逐高卢人于波河与阿尔卑斯山之外者，其艰巨之相异为何如？

阿提拉之统率匈奴人以纵横驰骤于欧洲大陆者，其先则由汉人逼而西迁。可见中国之所以得保存其文化，维持其国家，历久而不弊，并非四围无强敌，乃在其自身内部之别有原因。此原因为何？即其文化力量之不至于腐败衰退。何以希腊罗马之文化力量，经过一相当时期,即归于腐败衰息,而中国独不然?则以中国民族较为善变故。请再具体详言之。

希腊之有雅典与斯巴达,可谓其城邦文化发展之极致。然城邦文化发展至相当时期,即发展至相当程度之后,此种文化即难再继。雅典、斯巴达人不能再从城邦文化变进,而终自束缚于其故套中,则宜乎其卒归于毁灭。

中国春秋时代,中原诸侯之立国规模,亦与希腊之所谓城国者相等。此层《史纲》已言及。后经戎狄侵凌,而诸夏大结合以为抵抗,于是有齐桓、晋文之霸业。此则如希腊诸城邦之有伯罗奔尼撒联盟,及后来亚该亚联盟及挨陀利亚联盟。然春秋诸夏之联盟,为由城邦转进于新军国之一种过渡。此层《史纲》已言之。而希腊诸邦之联盟,则卒无成就。是春秋时期中国民族之善变,而希腊人之不善变也可知。故希腊文化,始终狭窄在各一城圈之内。雅典为其最大之一城,其居民最盛时,殆不过三十万。其他则鲜有过五万者。其中半数或大半数为奴隶与客民,平民中三分之二又为妇女及儿童。

中国西周时代,本为一和平统一的大局面。春秋初期,中原诸侯其国家规模亦复与希腊相类似,此层《史纲》亦略言及,然至战国则大不然。即就临淄一城言,已达七万户。户三男子,胜兵者二十一万人,此皆平等之公民。而齐之为国,共有七十余城。中央之与地方,亦异于征服者之与其领土。试读苏、张策士之文,其估量各国之疆土财力与武备,可见其时新国家之外貌与内容,固已焕然与春秋时代不同。惟其经此一变,遂使当时中国民族之文化益得发皇滋长,而无沦亡于蛮族之惧。今人读希腊、雅典、斯巴达之记载,辄惊异叹赏其文化之高。其时中国春秋时期之诸侯,鲁、卫、齐、晋、宋、郑诸邦,亦复各有其独特面貌。此层《史纲》亦略言及。惟较希腊诸邦为善变,故能调和融通,以开后来之新局。

苏格拉底、柏拉图在雅典之讲学,亦为治西史者所艳称。然以与临淄齐威、宣之时稷下先生讲学情形相较,则规模之大小,亦迥不相侔矣。此专就外面事态言,并未涉及其所讲之内容。重在证明当时中国人意态之开展。关于稷下讲学详况,拙著《先秦诸子系年》有所考订,兹不赘述。总之,希腊人未能超出自己城邦之范围,故其演进不得不告一段落。中国则自春秋城邦跃进而为战国时代之新国家,而其前为西周,其后为秦汉,皆属大一统局面。一善变,一不变,其相异有如此。故中国文化犹得绵延。此即两民族善变与不善变之客观事实。

再就罗马论,罗马其先亦希腊式之一城邦,后乃力征经营而成一大帝国。然马上得之,不容马上治之。昔人之所以告汉祖者,而惜乎罗马人不之知。罗马政制,此篇不详论。姑就其军队一端言,罗马军队本由农民武装而成,军罢则解甲归田,无所谓佣兵。逮第二次腓尼基战后,而始有特别长期雇养之兵。自有此种军队,而渐有所谓军阀出现。后则军人即成富人，而军阀则为皇帝。皇帝常为军人所拥戴，而富厚之骑兵，即以军阀而兼财阀，掠夺各方之货宝，盛养奴隶，以事生产。所谓君以此始，亦以此终。罗马之骄奢淫逸终趋于灭亡者，大要在此。

反观中国，秦人虽称以兵力灭六国，然秦政府之卿相大臣所与谋国事者，如吕不韦、李斯之类，皆东方游士。秦政府乃东方文化与西方武力合组而成之政府。此层《史纲》已言之。此已与罗马社会付希腊奴民以教育之权者，意态远别。秦不久而亡，此不详论。汉兴，军人世袭封侯，与宗室、外戚分握政权，而社会上则商贾、游侠，变相之富人，各掺一部分之势力。然武帝世，汉兴未百年，政治社会上下形势俱已大变。在上则宗室、外戚、功臣即军人，皆已消失其特殊地位；在下则商贾、游侠，亦复销声匿迹。盖汉廷已确立一种崭新的文治政府。此在《史纲》已详言之。内部之问题既解消，乃得转移其精神与力量以对外。此犹罗马贵族、平民之争得解决，乃得展扩其国力向外与迦太基争衡。惟罗马尚是城邦形态，而汉武帝时已为一统一国家之全盛期，此其异。武帝一面出师讨伐匈奴，而一面则奖兴文治，裁抑商人，晚年并下《轮台之诏》。昭、宣承之，虽汉之武力仍不断有向外发展之可能，而汉廷之文治派，则已力求节制。如宣帝时，廷臣对陈汤、甘延寿之意见可见。

其后对于过分之富力与武力，不断有所裁抑。如王莽之新政，与光武之拒绝西域来朝，则为其极端之例。罗马亡于富人政治，而汉则不尔，能求社会上各方面合理之进展。西史家因疑汉代只在以物易物之时代，并无货币之发明。西人并不明中国史，固无足怪。还视汉初，非宗室不得王，非有功（**专指武功**）不得侯，又诸王侯操政治与财富之权，如贾谊、晁错之所痛哭流涕太息而道者。若一直如此做下，则不仅汉代政治终走不上文治之境，而我民族整个文化是否终将为北方匈奴人所蹂躏而毁灭，亦遭罗马同样之命运，实在不可知之数。

故中国文化得继续保持，乃复发扬光大而不至于澌灭消散者，就秦汉一段历史言，即可证明中国民族之善变，此又一至显之例。要言之，罗马政治上之成功，仍不脱希腊式城邦共和制之成功，而又加之以一种武力侵略之成功。继此以往，则军事与政治皆未有一种新成功以与其新环境相应，此即其不善变。

而中国则自春秋战国，以迄秦汉，一千年之时期，其内部自身实不断有一种努力，不断有一种革新，以与外面，亦可说即是内面环境相适应。故得从无数小城邦，逐次转变而凝成一个和平的大一统的民族国家，以直至于今，而生机犹健旺。

《史纲》谓秦汉统一与文治的政府之创建，为中国史上一奇迹。若以希腊罗马对比，知其言之非虚。就罗马情形与中国相拟，与其谓与汉代相似，勿宁谓其有一部分较近似于唐代。如罗马政治破坏于武力之过分向外，与大量之雇兵与军阀，即其近似唐代之一端。汉人绝无此病。然唐代藩镇之祸，仅限于边隅骄兵之拥立留后，而尚未能染指问鼎于中央之王位。直至五代之际，则所谓中央王位，始亦由军人所拥出。而于是有契丹耶律德光之入汴京。然周世宗、宋太祖能继续对骄兵加以裁制，而重新走上文治之运，中国文化终于复兴。就中国史上真有所谓黑暗时期者，则只于五代之际之数十年中，庶乎近之。罗马人生活之骄奢，亦似与唐人为近。然一至宋代，风格一变，正如郁蒸之盛夏，转而有寥亮之清秋。

西洋史必待走到极端后，由其他一种力量来为之改变。如罗马生活后，继以基督教之修道院生活。而中国则始终在其民族文化之内部自身自变。昧者不察，遂谓中国为一顽固不肯变的民族。其实若照唐时之武力与生活奢侈之两形态，继续不变，走到尽头，则即成罗马之末日。此与中国之大亦有关。自一方面言之，大则不易变，小则易变。但自另一方面言，小而不能变，易趋灭亡。大则一部分不能变者灭亡，而尚可希望其新生机之从别一部分中萌茁。细读中国史，自可知之。

三　悠久与自然

中国史之悠久，每易为人所忽。如言古代，则往往以秦汉与罗马相拟。言及近代，亦常以中国与英、法、德、日诸国相拟。中国史之变，亦易为人所忽。常觉中国老是那样不变。其实所讲中国之不变，乃其民族文化生机之与时俱新，历久不弊。外面若不变，非真不变。

今言中国史之悠久，则一经提醒，似乎尽人俱晓。古代文明故国，至今多已灭亡无存。而今之新兴国家，又多无源远流长之观。独中国为不然，至少拥有四千年以上绵延不断之历史，此则尽人皆知，无烦详论。然有一点当加申说者，国人每谓国史绵延虽久，而历代文物留传至今者则颇少，此又为文化自贬主义者所喜。

窃尝思之，若论流传迄今之古代文物，伟大脍炙人口，应莫逾于埃及之金字塔。然金字塔何足贵，供后世之关切与好奇凭吊则可。若埃及遗民，见此等怪物，则当知埃及古代文化，正为此等怪物所吞灭，正葬送于此等怪物之腹中。埃及所谓"金字塔时代"，自公元前三千年至二千五百年间，已有五百年时间。而自始有金字塔以至止不复造，则应有千年之久。古埃及人似乎以金字塔之伟大自喜，不惜继续耗巨量之人力财力以从事于此。然金字塔不仅为古埃及帝王之坟墓，实可谓是古埃及文化之坟墓。

人类心理，莫不要求其生命与事业之传后与可久。埃及人陵寝之讲究，以及木乃伊之制造，可谓代表此项心理一极端。而中国人则此心理，乃似乎寄放于别一端。"不孝有三，无后为大。"中国人乃最希冀有后，所谓"后"，乃不属其肉体身，而属于其子孙。季札之葬其子，大为孔子所称赏。以为人死则归于土，而魂气无不至。故对于遗骸及坟墓，乃加忽视。司马桓欲为石棺，孔子则谓死不如速朽。古代墓祭，乃视为野人无文化者之行为。墨子明鬼，亦言薄葬。耶稣以天国大义诏告其弟子，近人颇谓与墨子相似。然耶稣死后，其弟子门徒深信耶稣之将复活，因此巴勒斯坦之圣墓，不绝招致后世基督教徒之瞻拜敬礼，竟由此而引起长期之十字军战争。至于墨子身后一坏黄土，则绝不见有人能称说其何在者。此非墨子门徒之忘其师，乃由中西双方观念之不同。即如曲阜孔林迄今犹存，然中国士人尊信孔子者，颇不以躬赴曲阜瞻礼膜拜为重。所重者，转在曲阜孔氏衍圣公之家世，绵延七十余代，至今未绝。此真可表示中国人之意境。

然则中国人之所希望传后与可久者，乃不在死的如坟墓与尸体之类，而乃在活的如子孙后嗣之类。曲阜孔家之嬗衍勿绝，此非孔子私人之要求，乃中国民族一种共同要求之表现。耶路撒冷之成圣地，亦非耶稣私人之要求，此亦欧洲民族一种共同心理要求之表现。商、周钟鼎彝器，其流传迄今者多矣。工艺制造之精美则有之，然非以言贵重。此指当时制造所费之财力与物质上之价值言。其款识必曰"世世子孙永宝用"。然则此等器物，在当时既求传之子孙，又必求子孙之能实际利用。超过于实际利用外，人造的伟大与永久，似不为中国所重视。因此中国古人言"三不朽"，乃于子孙家世传衍不绝之上，而有所谓立德、立言、立功。不属私家，乃属社会。而仍重在活的用的方面。

秦人统一，开国史未有之局面，秦人颇以此自夸。其阿房宫、骊山墓之建筑，乃超过于中国人心理要求之上。咸阳三月火，付之一炬。在当时人或不甚顾惜。然秦代大一统政府之一切规模章程，固已为汉人所承袭。汉代诸帝坟墓，乃绝不再有如骊山墓之伟大。其陵寝移民，乃借帝王陵墓修建为政治上活的应用。

秦始皇伟大工程之为后世所承袭而不废者，厥惟万里长城。继秦始皇之后，开第二次中国大一统之盛运，而一时夸扬为过分之兴建者有隋炀帝。然隋末之乱，亦一切破毁无遗。江都迷宫之类，仅见之于传说记载。然隋炀帝伟大工程之为后世所承袭而不废者，厥有汴渠之运道。此可见中国人之意态。

罗马有圆剧场，亦为言罗马建筑艺术及罗马文化者所称道。然至于剧场中以活人与猛兽相搏斗，乃至于数百千角斗士表演节目，相互屠杀，断肢决胸之惨象，为当时罗马贵族一赏心乐事，则并不能与其用坚固石料所建造之剧场同样保存流传，以迄于今。中国当战国时，王国宫廷亦有剑士比武之游艺，如《庄子·说剑篇》所载。汉代亦有猛兽之圈，如汉文帝之入虎圈。亦有因犯罪而使人格斗之罚，如窦太后使辕固生入圈刺彘。然此不为中国人所喜，因此并不能继续进展，而有罗马剧场之伟大创建。且秦汉定都长安，终南山咫尺在望，坚固精致的石料，所谓南山之石，并不缺乏。然中国当时似乎绝少以此等石料为建筑之用。

中国人的艺术观，似乎重于没入自然，与自然相暗合，所谓得自然之天趣。乃使中国趋向于爱生动逼真，朴素有灵气，不见斧凿痕等等。而坚刚耐久，历劫不磨，以及伟大雄壮，可割席而宣告独立之创作，中国人乃不喜为之。

中国人观念，似谓最伟大而最可久者，莫如自然。因此不仅建筑不爱用坚久之石料，乃至如希腊人之人像雕刻艺术，将人类活姿态深深琢上石块，以求其永久保留之观念，中国似亦无之。汉代亦有石刻，然不能与希腊雕像相拟。中国人之传神阿堵，乃好施于绢素。以绢素之绘事与精石之琢工相比，自见更富于自然之天趣，若更不见人力之生造。其实石块乃自然物，而绢素乃人工精制品。可见中国人之希望可久与传后者，乃并不在此等处着想。

秦始皇始有刻石颂功德之举，然汉人并不热心为之。下逮东汉，碑墓之风一时盛行，然其着重点在碑文不在碑石。即谓可久者，乃文字非石块。往尝读汉魏人诗，想见北邙山为一时王公贵人琢墓所聚，意想其地必崇山深谷，葱葱郁郁。而游洛阳，乃知北邙山特一带迤逦之陂陀。今自东汉以至北朝，在洛阳附近出土之碑碣何限，亦多长方一二尺，厚不及五六寸之小石版。以视云冈龙门之石佛，明属两种意境。云冈龙门，在中国艺术史上，要不失有一种新鲜异样之感。隋唐财富物力，远胜北朝，崇佛亦未见骤衰，然云冈龙门之盛事，当时已倦为之。至于墓中之碑碣，其风依然勿辍。可见云冈龙门造像，非合于中国艺术进展之正宗。佛教艺术中如塔的建造，乃颇合于中国人之意味，故石窟造像之风中途既歇，而塔之建造则至今未断。然如北平西山之碧云寺，乃至北海白塔之类，则非其例。

今从兴造方面言之，则中国人对物质上之营造，似乎自始即不含有一种坚久长存之想。而自承袭方面言之，则中国人对已往物质营造之陈迹，亦自然并不十分热心谋为保存，此乃一种心理之两面，无足怪。此并不为董卓、黄巢之徒，对洛阳、长安汉唐文物破坏之罪状作开渡。惟游洛阳、长安者，往往易于联想及埃及金字塔、罗马圆剧场西方种种遗迹，而深怪中国人对古物古迹不知爱护。同时又骂中国人笃于好古，不知创新。以致疑及中国文化传统悠久之一特点。

则我请为进一解。盖由中国文化所理想为传后可久者，并不在金字塔、圆剧场同样相类之一种事物。然则中国文化所理想为传后可久者，其物何在？曰：在投入自然，与自然相欣合，在能世世子孙永宝用。在此点言之，中国宋以下磁器之精美发展，正可与商、周之青铜器钟鼎相媲美。具体言之，则此林林总总之四万万五千万所谓"黄帝子孙"，正我先民所谓最可传后经久之一种活古董。此非戏论，读者若细细参透上文陈说，自可知之。若使此辈活古董常得食息生养于天壤之间，而继续发皇舒畅，则亦何必有金字塔之死堆，圆剧场之残骸，为后来别人凭吊之资乎？在洛阳、长安摆上几个金字塔、圆剧场,换却四万万五千万眼前之活古董,试问值得不值得?

又其次,我汗牛充栋,架床叠屋,举世莫京之文学史记,如上举钟鼎款识以及碑碣文字皆其类。此皆古人先民所谓最可传后经久之物。今国人方深鄙本国之文学与历史,以为无足深究,而又致憾于少一些金字塔、圆剧场之类为点缀,岂不可叹?游长安者,若能熟诵杜甫数首诗,亦能游神于盛唐之胜境。所谓"诗卷长留天地间",此诚一种传后经久之宝物。若国人不读杜诗而习沙士比亚,乃致憾于长安无伊利萨伯时代之建筑,则徒奈之何。

又其次则为制度文物。此所谓"物",乃指日常人生活用的物,与金字塔、圆剧场一类物不同。一切文化传统,此亦我先民所创造,期其为传后可久者。如汉官威仪,北朝君臣迁都洛阳者承袭之。《唐六典》制度,宋人移居汴梁者仍因之。此如长川水流,后水非前水,而逝者如斯,不舍昼夜。此又我先民所想象为最可传后经久之境界。

国人苟明夫此理,则自可深切了解中国史之悠久之一特性,而不以中国之无金字塔、圆剧场之类为憾。

以上所论,似乎有意比长絜短,又近似扬己抑人,而其实则在说明一个民族一个国家之文化历史,各自有其个性与特点。燕瘦环肥,鹤长鸭短,然鸭不自续其脚以效鹤,环不自削其肉以慕燕。言之不庄,恐触国人崇拜欧化者之怒。因窃自比于东方朔之滑稽,要不失为一种忠告。

四　分裂与一统

治国史者，必始自唐、虞、夏、商、周，迄于秦汉，以至今兹。我国家一线相承。其间如春秋战国，五胡之纷扰，十国之割据，乃其一时之变态。转治西史，则见其头绪纷繁，错综复杂，分合无常。盖我以一统为主，以分裂为变。彼则以分裂为主，以一统为变。故"一统"亦中国史一特点。

希腊以小城邦分土角立，未能凝成一国，以迄灭亡。说者每谓此由希腊地形使然。然而希腊固已统一于马其顿之崛起，又复统一于罗马之东侵，又复统一于突厥之统治。及其力抗突厥而独立，血战六载，终脱羁缰。今日之希腊，固明明一统一国家，而希腊之地形如故。希腊可以统一于后，乌在其必不能统一于先。然则古希腊之不能臻于统一，非仅地形所限制，必别有其原因。

罗马帝国虽晃耀一时，然罗马版图之统一，其性质乃与中国秦汉大相异。此层《史纲·引论》已详。故罗马帝国仅如昙花一现。说者每以罗马分东西，犹如两汉之后，继之有南北朝。不知两汉以后，虽有王朝更迭，而中国精神已确立。故汉室亡，而中国则不亡。罗马覆灭，则非王朝之更迭，而属帝国之瓦解。东方之拜占庭帝国，稍后之神圣罗马帝国，谓其窃借罗马帝国之名号则可，谓是罗马帝国之依然存在，则大不可。

以中国史与西洋史相拟，则中国史乃一国统治相承之历史，秦汉兴亡，乃其王朝更迭之一幕。西洋史则为许多国家交错复杂之历史，罗马兴亡，亦只其列国兴亡之一形态。

何以欧洲列国并立，不能如中国之一统？说者亦每以地形之破碎、民族之复杂诸端说之。然以地形言，多瑙、莱茵河之长短阔狭，较之长江、黄河、淮水、汉水、辽河、珠江诸水为何如？比里牛斯、阿尔卑斯山之高低大小，较之阴山、太行、熊耳、桐柏、五岭诸山为何如？试披欧洲地图，其列国疆域之变动，倏起倏灭，忽彼忽此，乌尝见有一自然必分不可合之界线。荷兰与比利时可分，江苏、浙江何尝不可分。德、法可分，山西、河北何尝不可分。故谓欧洲以地形关系，遂使列国分立，实未见其必然。

以民族言，中国何尝非诸族所凝合，欧洲何尝非出于一源。论其语言，则同源于雅利安。论其历史，必同溯于希腊、罗马。论其宗教，又同为信奉一耶稣。论其社会习惯、美术、科学，亦何莫不彼此相同。今欧洲任何一国，固不能摈斥他国人之成绩而独自写一科学发达史，或艺术演变史。彼中常谓罗马帝国之不能凝合，由于其时印刷术未发明，铁路交通未创起。然中国秦汉，又何尝不尔。大陆交通，未见较海上为便。中国之语言文字，未见较拉丁为易。罗马帝国卒不能凝成一坚固之国家，而中国能之，则又何故使然？

以今日言，欧洲文字之传播，交通之贯彻，较之罗马时代，所胜何啻千百倍。然欧洲立国之分疆角立则如故。中国自秦以下，至于清之中叶，其文字之传播固为稍便，交通之进展则未见大异于往者，然中国之凝合为一亦如故。其间有人事，研究历史者当加考究，固不得专从地形、民族等外面的条件说之。

所谓人事，亦可中西两方比较推论。窃谓西方民族，亦未尝不时时有一种要求合一之趋向与努力。其见诸史乘者，大较有二：一曰罗马帝国之政治，二曰耶稣之教义。此二者，皆可为使西方合而不分之一种力量。然而其力量皆不够，于是其历史乃常分而不合，至今犹然。

所谓罗马帝国之政治，其实乃希腊型一城邦势力之伸展，而征服别一城邦，又加以摧残与朘削，压倒与跨驾。此亦马其顿已为其先导。自亚力山大至于凯撒，逮查里曼、拿破仑为之后继。以后其他气魄力量皆不如此两人。明白言之：罗马帝国之统治，即近代欧洲帝国之前身。罗马政治，乃一种城邦政治而加之以向外的武力侵略。其先希腊大哲柏拉图，创为"理想国"，以为一完美国家之民权，应在一千人之限。其后别为一书，乃增其数为五千。亚里斯多德尝谓："人乃政治的动物。"然亚氏之《政治学》书中，亦谓求为司法正当及权力分配起见，公民人口不宜太多。亚氏并主世上有天然为奴隶之人。则亚氏之政治意见，其想象与理解，并未超于柏拉图之上。其心中之所有，亦仍是当时一城邦而已。

古希腊最高哲人如柏拉图、亚里斯多德，其对人类政治之想象与理解，不能超过城邦形式之上，则无怪古希腊之终于自限在城邦共和，以自绝其文化之传衍。罗马武力亦培养于希腊式之城邦共和，然罗马仗其武力而有超希腊之版图。罗马并不能相应于其武力，而有超希腊之政治智慧。故罗马有逾越城邦之帝国，而并未有逾越城邦之政治。徒见罗马军队源源四出，征服外围，而外围富力则源源集中，运输达于罗马。罗马更以四围之财富增强其盛大之雇兵。此辈雇兵则继续外出，朘吸四围之财富，以益增罗马生活之奢侈。大队之俘虏，多量之奴隶，来自四围，为罗马人作生产之工作，而供其享乐。至于希腊之学人，亦复以奴隶资格而来为罗马贵族之家庭教师。要之，罗马帝国之精神，仍不过希腊城邦制之变相，特在希腊城邦制之上，涂之以腐化与恶化之几种色彩而已。而罗马帝国之命运，亦终于在此武力向外，财富向内，腐化恶化之形态下消灭。

北方日耳曼蛮族之崭然崛起，显露其头角，则亦惟承受希腊罗马之遗产。在上者不断希冀为罗马大帝凯撒神王之光荣，在下者则不断想望于希腊市民之自由与共和。欧洲中古时期以来之政治形态，则不外此两种趋向、两种需求之交互起复，互为消长。凡有志于效罗马大帝凯撒神王之光荣者，充其极，不过为欧洲史加了多少纷扰与创伤，其力量不足凝合西方诸城市为一大国之理由，固不烦深论而可得。继罗马帝国之后，足以刺激欧洲人之内心，使西方有凝合为一之可能者,惟耶稣教。耶稣宣传其天国上帝之教训,使人人有博爱之心,知人类之平等,但不能知如何具体贡献其一己于大群。而耶教势力之影响于西方文化之深广,殆于不可估量。

盖耶稣之教训,终于为一种带有出世意味之宗教。其于人类地上之政治教训,非其所重。其对人类之观点,眼光固远超于希腊大哲柏拉图、亚里斯多德之上,但其对于人类政治之理论,则并希腊城邦之规模而无之。欲求将耶稣教旨转移运用于人类政治方面,其间尚有重重障隔,须待打通。

欧洲中古时期之教皇,以宗教领袖而兼顾尘世权益,结果则惟见其有损于宗教之精神,而非能有所长进。罗马教皇与神圣罗马帝国之皇帝,相互关系,遂占欧洲中古时期历史一段重要篇幅。然理论上,罗马教皇纵可有加冕罗马皇帝之权,固不能舍弃宣扬天国教义之重任,终不同于地上之皇帝,亲身预闻尘世帝国之事务。然则耶稣天国之福音,如何渗透罗马皇帝之良心,以遍布于帝国之境内?中国古训所谓"徒善不足以为政"。于罗马帝国之上,加一"神圣"之名号,亦仅止于一名号而已。故耶教之在西方,其于凝合人类为一体之任务,亦终未达成。

至于自"文艺复兴"以还,希腊古籍逐渐光昌,不仅神圣帝国终于解体,即耶教亦有逐步没落之势。于时则个人主义扶摇直上,城市新兴即古希腊城邦之复活。现代新国家络续成立,虽其规模较希腊古城邦远为恢宏，然此特文字传播、交通贯彻之效。其国家内部，莫不以公民参政权为之主脑，此即希腊城邦共和之扩大。其对外则莫不以发展殖民地为其国内营养之资。以经商从事剥削，此即罗马帝国之姿态。罗马帝国之核心为希腊之城邦，希腊城邦之主脑为各个自由之市民。今欧洲新国家精神所寄，仍不越此两型。所由与罗马异者，罗马帝国一时无两，今则多效罗马同时并起。又借科学工具发明新式侵略，可以不再畏蛮族蹂躏。又非、澳、美、亚诸洲之广土，可以任其吞噬，一时遂若海阔天空横逆无前，可以畅行而无阻。然四洲肥美，转瞬且尽，而一九一四年之大战遂以开始，虽创巨痛深之已极，今距一九一八大战休止未三十年，而第二次大战之祸又迫在眉睫。[1]又各国内部贫富界线距离日远，劳苦民众之骚动，日兴月盛，使其国家不务于向外之夺取，即必从事于向内之弹压。两途之间，必择其一。此虽光怪陆离，错综复杂，而剥去外皮，窥其内髓，实不外古希腊罗马之两传统：一曰个人自由，一曰武力向外、财富向内之二端是已。惟其多效罗马同时并起，故古罗马一统之希望遂绝。德前皇威廉第二及今执政希特勒，则皆有志为打倒许多新罗马再造一个古罗马之豪杰。惟其个人权力财富之自由野心甚炽，故对于耶稣天国博爱人类平等之教义漠然淡然。

---

[1] 编者按：此文发表于民国二十八年间，其时二次世界大战尚未正式揭幕。

至于近代西方科学方面之突飞猛进，此亦导源于古希腊亚里斯多德等之所研求，然于人类之凝合与分立无预。汽船、铁路、电报、飞机种种交通工具之进步，并不能促进人类之凝合。化学、声光、热力之学之应用，徒资个人主义攫夺财富之便利。两者相并，更使人类关系日趋紧张，战争需要益形逼迫。而人类相互屠杀，则益趋残酷。今试于西方历史中，掩去耶稣教义及其连带发生之影响。仅从希腊古城邦个人方面之自由，科学与艺术，再加以罗马帝国政治方面之军队与统治，奴隶与财富，试一设想，今日之西方社会，将为一何等之社会？

今再分析而综言之，西方社会对外物资方面之胜利，则由其科学之成功。其人事方面之错综复杂，则有二大潮流交灌互注：一曰希腊城邦之个人自由，加之以罗马帝国之武力外向与财富内向之政治。一曰耶教之天国博爱与人类平等之教义。

既明西方社会之真相，返而视我中国，有恍然易辨者。春秋时代之诸侯，固与希腊古城邦相似，此层已于《漫话》第三则论之。然其内部，卿、大夫、士、民相凝合以共戴一君主，而祭其境内之名山大川。诸侯代表全境为一整体而主祭，卿、大夫、士、民各不得自由私祭。故各诸侯虽各为一城邦，而城邦之上有共主，自与希腊城邦之各自独立者不同。各诸侯既相互联系共戴天子以成一整体，故当时对整体之概念为一大群，而非个人。此与希腊城邦以市民自由为基本者亦不同。春秋时代之各诸侯,其意义早自与希腊城邦不同,故得凝合而仍成为一整体,乃为秦汉之统一。

就其政制言,全国民众负担同额之租税,服同等之劳役。汉高祖五年即帝位,是年即下诏解兵卒归田亩,中央政府之卫兵即南北军,每年由各地方轮番上值,亦不过数万兵额。又各地方各得选派其优秀之青年,以上受国家之教育,而服务于政府。此即博士弟子补郎补吏之制度,即平民参政权之公开成立。至东汉,明定二十万户察举一孝廉,其详均见于《史纲》,此与罗马立国乃迥乎不同一要点。

罗马国境,以其兵力之所到为界线。汉之国境,则并不在兵力所到,乃以能纳同额租税,能服同等劳役,能受同样教育与有同样之参政权而定。故两汉国土之西境,止于玉门关而已。新疆三十六国,乃至于葱岭以西,虽为两汉声威所及,虽汉廷亦派官吏、遣戍卒,然汉人乃目之为化外,终不认为我国家之一部分。罗马观念,凡我兵力之所及,可以朘削其财富以自利,而彼不能抗,此即我国家之属地。此如今日英人之于印度,法人之于安南,莫不皆然。印度、安南何尝与英、法人民受同等之待遇,然而英、法人民必指印度、安南同样为其国土之一部。此等意态,渊源于罗马,亦如古希腊之有天然的奴隶。惟美国政制差为似我。美国各联邦在其国内各有同等之地位,联邦以外并无领土。其偶有例外,不许加入为联邦之一员者,则必许之以自治,如菲律宾。此略如中国之对朝贡国。

我之立国，可以不借兵力压制，而广土众民，融为一体，以长治久安者，其道在此。此等立国规模之终于完成，则由于一辈哲人学者之尽力倡导，而尤著者则为儒家。孔子在春秋末际，有"久矣，不复梦见周公"之叹。梦见周公，即梦想统一。其周游列国，即超脱狭义之城邦观。曰："天下有道，丘不与易。"即欲联城邦为统一。既不得志，归而著《春秋》。《春秋》大一统，故曰"王正月"。"其事则齐桓、晋文"，即为联合城邦以重返统一之领导人。此《史纲》已言之。孔子政治理论之哲学根据，亦详《史纲》，此不著。

孟子继之曰："保民而王，莫之能御。"王天下即大一统，保民而王则与罗马帝国主义迥别。凡纵横、兵、农、刑、法诸家，皆为孟子所深斥。此诸家则以武力与外交阴谋为兼并，即罗马式之力征经营。而杨朱、墨翟，乃更为孟子所反对。以杨、墨之道，近似真理，而走不上人类之大凝合。较之纵横、兵、农、刑、法诸家，更为难辨，故孟子更力斥之。

杨朱为我，拔一毛而利天下不为，提倡一种极端之个人自由，为孟子所反对宜矣。墨子兼爱，摩顶放踵利天下为之，其精神意趣，颇似耶稣教义之平等与博爱。至于其异点，《史纲》已辨之，此不详。何以孟子亦加反对？盖儒家之理论与趋向乃求修身、齐家、治国、平天下，面面俱到，而又一以贯之。《大学篇》虽晚出，然为儒家理论无疑。墨家思想，未免与此背驰。孟子斥墨子以无父，即指其破坏家庭。许行亦墨徒,孟子力辨其政治思想之不通。则推行墨子思想,亦将无以治国。墨子之道盖求径以个人直接天下,亦颇与耶教相似。惟耶教无力凝合西方之社会,成效可观,已如前论。

若以孔孟之政治理想与希腊古哲柏拉图、亚里斯多德相比,即知希腊之何以终于为城邦之散立,而中国之何以终于凝成一统之局面。至先秦其他诸家思想,有助成中国此后一统之功者尚多,此于《史纲》已详之。秦汉政制本于晚周之学术,此层《史纲》亦言之。则宜其立国规模与罗马相判殊。

自此以往,中国士民莫不信守儒家之教义。故政治虽有摇动,王朝虽有更迭,而中国立国之大本大原,终于持守勿失。此中国史之所以长成其为一种凝合统一之趋势。

故罗马立国,其实即希腊古哲所理想之一种城邦政制,不过其外面又加之以多少之涂附而已。中国秦汉、隋唐之盛况,亦即中国古哲所理想的一种平天下之境界,不过其外面尚留有些许之未尽,此乃由古代交通未发展时之情况。今则五洲棣通,世界形势骤变,然不必执今日之见解以笑古人。儒家思想实兼罗马人高掌远跖之气魄,与夫耶教平等博爱之心胸,包举并融,会而通之。我国家数千年来绵延不断大一统之光辉,固非偶然。

惟上之所述,仅就中西政府组织之沿革,及其背后之理想,而略为比较。至于政治理想之高下,与夫对外力量之强弱,固不必即为一事。力量原于组织，而城邦之向外发展，有时以组织紧密而有力。平天下之理想，有时以组织松散而失败。且为平天下之努力者，亦不复有用力对外之想。此层在《引论》中已具。

晚近中西相遇，我乃败衄披靡，一再而不可止。则尤有一至要之异点，即双方科学程度之不相等。此中理由，尚待更端论列。乃国人以躁急之心理，为汗漫之破坏。其先以孔子为教主，而尊奉之。其次则以孔教为宗教，而排斥之。一时慕尚欧化，袭取浅薄之个人主义，凭权利自由之新理论，为强暴奢侈之比赛。掷国家大量之金钱，竞买军火相屠杀，各拥兵力逞淫欢。国家破裂，各地割据，一时城邦四起，俨若有多数罗马贵族之涌现。乃曰："我国家固是数千年来一封建社会之国家。"于是而又激起阶级斗争之仇恨，屠杀复屠杀，肝脑膏草野，骨肉为渊邱，犹曰："我民族乃困于数千年专制黑暗之下，为封建社会之奴隶，乃不能奋起从事于革命。"在若是之景况下，而求科学之发展，固不可得。故又谓："非毁灭我一切已往不为功。"此三十年来之实事，我明明目击而身当之。然而持此义，遍国中求一解者，而奈何其不可遇。天乎！天乎！诚良堪慨叹矣。

（民国二十八年写于昆明，刊某报，一九六八年重载台北《自由报》。）

中国史学之精神

诸位先生：今天所讲的题目是"中国史学之精神"，本人对此问题之研究，本很浅薄，现就粗浅所知，和各位谈谈。

人类的知识对象，大别可分为"自然"和"人文"两界，前者即成为自然科学，后者则成为人文科学。对自然界之研究，均从其量方面着手，故自然科学以数学为基础。对人文界之研究，须从人类的生活过程着手，故人文科学以历史为基础。中华文化，在今天整个世界的学术界里，能占一席地位，并对于人类文化有极大贡献者，正为中华之历史。为什么说中国历史是世界各国中最辉煌的呢？其理由有三：

一、中国把史学完成为一种专门学问之时间最早。

二、中国人对史学兴趣比较其他国家民族为浓厚。

三、就分量言，中国人的历史记载最称完备周详。

我们可以相信，当人文科学有较高的发展，而对人类生活过程要作深一步的研究时,只有在中国的史册中,才可以找到更满意的资料。它不独很完备地详载着人类悠久的史实,并包含有广大的地区和众多的人口为其对象。因此,这份宝贵的史料,我们必须为人类好好保留着。特别是我们中国人,更应该给予这份历史以广大与深厚之爱护和珍惜。

历史是记载人类过去生活史实的。虽然记载像是省力,但在记载以前,对史实的观察,却是吃力的。我们写历史,必须先经过一番主观的观察,即对此史实的看法,直到对此史实之意义有所了解以后,才能写成历史,故世界上绝无有纯客观的历史。因我们决不能把过去史实全部记载下来,不能不经过主观的观察和了解而去写历史。若仅有观察而无了解,还是不能写历史。我们必须对史实之背景意义有所了解,并有了某种价值观,才能拿这一观点来写史。故从来的历史,必然得寓褒贬,别是非,绝不能做得所谓纯客观的记载。

历史不能和时间脱离,时间有过去、现在和未来。一位理想的史学家,由其所观察而记载下来的历史,不独要与史实符合,且须与其所记载之一段历史之过去、未来相贯通。若不能与过去、未来相贯通,此项记载亦绝不能称为历史,而且也不能有此项之记载。若写史者观察错了,了解错了,因而记载的也错了,此将成为假历史,不能尽真历史之责任。写史有史法与史义,如何观察记载是"法",如何了解历史之意义与价值为"义"。如何获得史义,则须有史心、史德、史识。惟其有史家之心智，才能洞观史实，而史心须与史德相配合，那样才能得到史识。

中国人向来所讲的史法和史义是怎样的呢？现在我们先讲几位中国历史上有名的史家，来做说明。第一我们讲到孔子。也许各位会奇怪，怎样孔子是中国的史家呢？其实，孔子自谓：

我非生而知之者，好古敏以求之者也。

他就是由于研究古史之经纬，而集成一家之学问的。《论语》云：

夏礼吾能言之，杞不足征也。殷礼吾能言之，宋不足征也。文献不足故也，足则吾能征之矣。

又云：

子张问："十世可知也。"子曰："殷因于夏礼，所损益可知也。周因于殷礼，所损益可知也。其或继周者，虽百世可知也。"

可见孔子历史眼光之深厚远大。孔子作《春秋》，

> 其文则史,其事则齐桓、晋文,其义则丘窃取之矣。

孔子为鲁人,而他作《春秋》,已能着重兼写齐、晋等国之历史,可见他早已从国别写史之范畴跃进,而以整个国际的眼光来写世界史了。这不是人类历史上一番惊天动地的伟大创作吗?孔子以一列国诸侯间平民的身分,僭越他当时天子之事而来作《春秋》,他自谓:

> 知我者其惟《春秋》乎?罪我者其惟《春秋》乎?

其心底之所隐藏亦明矣。直到西汉司马迁,自承其写史乃学自孔子,又谓《春秋》:

> 是非二百四十二年之中,以为天下仪表。贬天子,退诸侯,讨大夫,以达王事而已矣。拨乱世反之正,莫近于《春秋》。

孔子《春秋》是非二百四十余年,虽天子亦有贬,诸侯有退,大夫有讨,不问其上下尊卑,据义直书,为的是要达王道。《春秋》之义,司马迁此处说得极明白,故中国人作史之大义,实肇始于孔子。其后史迁作《史记》，不以孔子为"列传"，而特为"世家"以表尊异，是亦据史迁一家之史义而致之。

其次，如何才能写得客观之历史，这便是关于史法的问题。要得客观之历史，必须有客观之分析。此不独研究历史如是，即研究自然科学亦如是。中国史家对写史有编年、纪事、传人三体。《史记》分十二本纪、十表、八书、三十世家、七十列传。"书"体原自《尚书》，"表"和"本纪"学自《春秋》，"世家""列传"则为史迁所创。史迁自谓："究天人之际，通古今之变，成一家之言。"而他自己的史学修养，确能达到这三项目标。今天写史而能通古今之变，即已了不得。中国人理想中的写史，不仅要说明历史如何变，更要分析着年代、事迹、人物而客观地苦心孤诣来写。所谓"究天人之际，通古今之变"，这已不仅是历史范畴，而已超入哲学的范畴了。

今人写史多效西洋写法，又多藐视中国"二十四史"，谓是帝王之家谱，此话实在太不确当了。因本纪只以皇帝来作纪年，所纪之事，则乃国家之事，非皇帝一身之事。凡有特别表现之人物，均有写一列传之可能。又如《史记》八书中所载河渠之事，封禅之事等，难道也只是皇帝家谱吗？班固著《汉书》，于八书外更加上了《地理志》和《艺文志》。《地理志》是讲地理的，《艺文志》是讲文艺的。把其时和以往的著作纂成目录，分类写出，说源流，明得失，难道这也是皇帝家谱吗？其后更有《通典》《通志》《通考》等。杜佑《通典》分《食货》《选举》《职官》《礼》《乐》《兵刑》《州郡》《边防》八门，实为一研究政治制度之完备史册。郑樵《通志》有二十略，即《氏族》《六书》《七音》《天文》《地理》《都邑》《礼》《谥》《器服》《乐》《职官》《选举》《刑法》《食货》《艺文》《校雠》《图谱》《金石》《灾祥》《草木昆虫》。郑氏平生精力在此书中，有许多创见，其史识之卓越，即其所标举之二十略而可见，此诚世界仅有之伟大巨献。

近代西洋人写史，知从自然开始，先天文、地理、生物，然后再研究到人类之语言文化等。我们中华则一反其道，如郑樵《通志》，其所序列先依人生本身为中心，故首为《氏族》，而《六书》《七音》，再及《天文》《地理》《都邑》。此则见中西史识观念之不同。我们史学发展，越后越盛。宋代人写史者最多。但明代人已很少能写史。清初人转而为考史。迄清代盛时，更转而讲经学。仅有章学诚写了一部《文史通义》，其中心思想为：

善言天人性命，未有不切于人事者。人事之外，别无义理。（引《浙东学术篇》）

故谓"六经皆史"。章氏又谓：

史学所以经世，《六经》同出于孔子，先儒以为其功莫大于《春秋》，正以切合当时人事耳。

此语亦可见中国之史学精神，在能经世明道，固非仅托空言。孔子谓："未知生，焉知死。"治史即知生之学，能明史，自明天人之际，与古今之变矣。

（一九五〇年冬香港"新亚文化讲座"讲演，载《新亚生活》三卷九期。）

史学导言

引端语

诸位先生，诸位同学：

这次我来作四番讲演，本是要专对历史系一年级同学讲，没有想到听讲的人这么多，罗校长告诉我，他希望改作公开讲演，不专为学校或历史系一年级同学讲话，可是人一多，讲话就难。我这一次来，本因成功大学第一年开办历史系，因此我的讲题，仍然要专讲历史，只把范围放宽，只讲实学，不作空论。

当前我们的学术界，空论太多，诸位初进大学，即应懂得空论与实学之辨。学问一定要实在，始对社会有贡献。

成功大学一向对于理工科占着一个很高地位，有很好的成绩。现在新成立文学院，历史系更是今年才成立，罗校长希望将来文学院也能像理工方面，有同等地位和成绩，这是一个好理想。我们不要认为只是理工对社会有贡献，文史之学对社会同样有贡献，只要它也是实学。不过学理工的易于明白如何走上所谓实学的路，而文史科则不然，易于讲空话，发高论，尽是很多思想与理论。并不是说我们不要思想理论，但思想理论都该从实学上立基础，空话高论要不得。我希望诸位来学文史，先学一本领，少讲话。不要讲自己不懂的话，不要讲好听的话。讲话要小心，不是怕得罪人，乃是要讲的是实学。现在我们正犯着讲话太多，而且理论又太高。如说"科学救国"，难道文学、史学便不能救国吗？还是我们的社会，可以是一个纯科学的社会？我们的学术，可以是一个纯科学的学术吗？我们要提倡科学精神，但要不要有史学精神？凡所讲话的背后，应有一套实学，真知灼见，不讲我所不知道的，这是做学问人的第一戒条，亦是第一本领。我今天的讲题，本是专为历史系一年级新同学而讲，但或许可对今天在座听众都有一点贡献。

刚才吴主任提到我旧著《国史大纲》这部书。我在书前有一篇《序》，曾说今天我们中国人，最不懂得历史，而又最喜欢讲历史。从前在大陆，大家一开口便说，中国社会是一个封建社会。封建社会该打倒，这我也同意，但不知究该如何般去打。这且不论，但我们又何从知道中国两千年来是一个封建社会呢？

又说，中国两千年来是一个专制政治，此"专制"二字究作怎么讲？中国史上的政府组织及其一切制度，究竟是不是专制？皇帝有没有权限？一切法令又如何般建立？这些都是历史。不能只骂它是封建，是专制，那是一句空话。

我此刻所定讲题是"史学导言"，要为有志史学的人引导一条路。此下所讲，还是在史学门外的话，仅准备好上路。但诸位要知，任何一项学问，上路便该跑一辈子。如讲中国史学，三四千年，我们年寿有限，自须要一辈子。若诸位只预备在大学四年，最多进研究院读硕士博士，也不过加上五年八年。在学校总是要毕业，而学问则无法毕业，我们要能跑一条长路，预备一辈子献身于此。若说职业，从来那一个学者无职业？但职业之外仍该有学业。今天诸位要走上这条学业的路，我得告诉诸位一些准备工作。故我称此四次所讲为导言。诸位却不要认我所讲也是空言，或是高论，我开始即说明我自己绝不希望来讲空言高论，我所讲，或许我自己有做不到的，但至少是我想要做的。或许诸位又要说我只是些老生常谈，那我却承认。尽有许多话，前人早说过，只由我口中重述，亦算是我所学到的一点，在我认为绝非空言高论，乃仅是我的一知半解，此层请诸位原谅。

第一讲　学问的三方面

一

讲到学问，应有个大范围，如我们坐在此礼堂，每人只占一坐位，只在此礼堂中的一把椅子上。学问应有大的天地，或学工，或学商，或学理科，或文科，一人也只占一个坐位。但外面大的天地，我们不得不先知道一些。我下面所讲，已经把此大天地缩小范围，只讲今天大学中文学院方面的。从前中国古人讲学问，把来分成为三个部门：一称义理之学，一称考据之学，一称辞章之学。今天文学院里文、史、哲三科，正与此三部门相应。这个分法，并不包括自然科学在内。提出此学问三分法的，乃在清代乾隆时，有两位可说是当时的大学者，一是戴震东原，一是姚鼐姬传。戴震是经学家，姚鼐是古文学家。他们同时都说学问应有此三方面，即"义理""考据""辞章"。因那时清代学者，自名他们所讲是汉学，来反对宋代的理学。汉学重考据，理学重义理。我们也可说，在西方学问没有到中国来以前，中国近一千年来的学术上，有此宋学与汉学的两大分野，一是义理之学，一是考据之学，而同时又另有文章之学，学问就如此分成了三部门。

但姚、戴两人又有同样一个意见，说此三者不可偏废。如讲义理之学，不能废了考据、辞章之学。讲考据之学，也不能废了义理、辞章之学。但此是否即是戴、姚两人的意见，此层还得分说。我想三者不可偏废，应可有两个讲法。一是说学问之类别，如说此人喜讲义理之学，此人喜讲考据之学，又有人专讲文学。如诸位进文学院，分选文学、史学、哲学三系，学问正可分此三大类。不能专有此一类而偏废了其他的两类。此是从学问类别上讲。但亦可从学问之成分上讲，任何一项学问中，定涵有义理、考据、辞章三个主要的成分。此三者，合则成美，偏则成病。如治文学，不能没有义理，诗文写得尽好，不合义理总不成。同时也不能无考据，一字字都该有来历，这亦即是考据。如讲史学，当然要考据，讲历史上每一事，都该有考有据，但亦不能讲来无义理。又该讲得清楚明白，有条理，有分寸，这即是辞章之学。所以任何一项学问，只要成其为学问，则必包括此三成分。

二

照理讲，义理之学似乎所占地位最高。我此处所讲"义理"，并不即如我们今天讲"思想"。义理当然要思想，但思想并不即成为义理。义理也不即如西方人所讲的"哲学"，双方也有些不同，今天不能在此细讲。

中国人讲义理之学，主要都推尊孔孟。孔子一生梦寐以求者，有一个周公。孔子说："甚矣，吾衰也。久矣，吾不复梦见周公。"

年龄老了,精力衰了,晚上不再梦到周公了,可见他对周公是一辈子心向往之的,那不要一番考据工夫吗?孟子说:"乃所愿,则学孔子。"孟子距孔子,已三代一百年,不也要一番考据来了解孔子的所言所行吗?其实老子、庄子、墨子,先秦各位大思想家,都有他们一套考据。他们的思想言论,也各有来历,各有根据,都不是凭空而来。那亦即是考据。

至于所谓"辞章",诸位当知,一番义理,即是一番思想,思想即如一番不开口的讲话。中国古人说:"有德必有言。""言"就该是辞章。试举一很易了解的往事。在民国十七、八年时,我家住来一个小学生,这小学生此刻亦在台北。四十年前,他姊姊带他到我住的那城市来读书,即住在我的家。这小学生下了课,姊姊督促他用功,督促甚紧。那小学生有些不开心,或说是生气了,在他笔记本上连写"打倒""打倒"几行字。姊姊看见了,不断啜泣,乃至大哭。我问她为何哭泣,她把事情告诉我。我说你不能了解你弟弟,他心里有些不开心,何必过分计较。她说不开心尽可,不该要打倒我。我说这因他在学校里所学得的文字不够用。他心里不开心,只能用"打倒"二字来表达。你看外边满街满巷贴的标语,不都用"打倒"二字吗?他心里不开心,或许有些讨厌你,不懂得该怎么说,就说了这"打倒"二字。在你看来很严重,在他到处见此二字,不觉得严重,这是你误会了他。经我此番解释,他姊姊还是好好地督教她弟弟,后来她弟弟进了大学，又到美国去留学。直到两年前我来台北，他特地来看我，问我还记得有他吗，这是一个很简单的例。可是这"打倒"二字，在当时已成为学术界一口头禅，成为当时中国社会上一番大而真的流行思想，发生了绝大影响，绝大作用。直到今天，还有许多人心中丢不掉此两字，甚且在无意中每易见之于事实。

诸位当知思想亦都从文字说话来。一个人的文章和说话，慢慢到另一个人脑子里，会变成为思想。所以我们用一个字，讲一句话，总该有分寸，有界限。称赞人，不要称赞得过了分。批评人，也不要批评得过了分。这是讲话作文的义理。有人主张文化自谴，但自谴得过了分，也成一大病。到此刻，却很难救药。

中国一向自称为是一个文教之邦。文亦有教，言之无文，行之不远。全世界各民族讲话，能行得最远的，只有中国。中国人讲一句话，论其幅员之广，则像一个欧洲。远如黑龙江、云南、福建、新疆，都行得到。若论年代，自周公、孔子传至如今，已越三千年。若从古就流行着"打倒"二字，你要打倒我，我要打倒你，那能有今天的中国？中国古人早懂得讲话要有义理，也可说讲话要有艺术。写文章当然更如此，不能拿起笔来随便写。写白话文，当然可以，但白话也得成文，也得有艺术，有义理。讲话又要有本有据，那是考据之学。讲话要恰到分寸上，即是辞章之学。说中国是个封建社会，要设法改进，此亦是一说。若径呼"打倒"，则竟不知将如何般去打。又如说孔孟儒家思想有些不合时宜，此当逐项提出，研究讨论，却不该便说要打倒。何况说"打倒孔家店"，究嫌轻薄了。又说"只手独打"，此便看事太易。又说"只手独打孔家店的老英雄"，此似施耐庵《水浒传》中语。学问思想，究贵严肃细密，与说部中的英雄行径不同。《水浒传》是元、明以来说部中第一流作品，但元、明、清三代治文学的，终不以《水浒传》与李杜诗、韩柳文相提并论。此中亦自有一番义理，自有一番分别。今人却又要说打倒旧文学，打倒死文学，于是又进而说要打倒旧文化。"打倒"二字挂在嘴边，但到底还是打不倒，然而影响却大。那些影响，又却不是我们所希望的。

三

我此刻讲辞章之学，"修辞立其诚"，正是一主要项目。诸位莫认为口里讲的，写出便可是文学。老子说："直而不肆。"说话要直，固不错，但不该肆。肆则无忌惮，《中庸》称之为小人。所以我说讲义理之学，应该同时要有考据、有辞章。至于史学，自要考据。即如今天报上一条新闻，也该有考据，不能凭空捏造。史学主要在一个"是非"，有事实上之是非，有评判上之是非。要是非不谬，那都有关于义理。不辨是非，如何来讲历史。历史又很复杂，小说上说一支笔不能同时写两件事，多方面的史事，能一条线讲下，此处便要辞章之学。

　　文学辞章之内容，主要在人之情感。今人喜欢说"纯文学"，但纯文学正也不能缺了情感。情感上有哀有乐，一天内有哀有乐，一生中有哀有乐。情感有真无伪，乐须是真乐，哀须是真哀，否则成为无情感的冷血动物。无情感，还讲什么文学、史学，乃至于理学？即学自然科学，也要有情感，只把情感寄放在实验室里。文学情感则表现在人群社会中。但情感也不可以偏而不正。情感过了分，也是要不得。故中国古人说："乐而不淫，哀而不伤。"快乐过了分，便称淫。悲哀过了分，便称伤。不仅伤了自己，也会伤了别人。所以情感该有分寸。把情感表达在文字上，文字也该有分寸。如"哀而不伤"这四字，用白话来说，便有些麻烦。因白话把"哀""伤"两字连用，便辨不出其间之分寸。此刻我们大家使用白话文，也该有人来把运用白话的方法仔细下工夫，好指导人一条可遵循的路。当知辞章之学之背后，便有个更高的义理。没有义理，不成文学。而文字混淆，则义理亦混淆。说话亦得有一番义理，说话中所用字，亦该有考究。如我上举那小学生用"打倒"二字，实非他内心情感上之真意义。误用文字，会使人失其本心，误入歧途。中国人一向所讲的"文教"与"名教"，确曾在此方面下了不少工夫。

　　至于辞章之学何以亦要考据？此层亦得稍加阐说。中国文学源自

《诗经》,《诗经》中有赋、比、兴三个表达方式。赋是直书其事,比、兴较难讲。诗人不肯坦率直书其事,乃用比、兴。如一个十七八岁年轻女孩要出嫁,诗人不肯直说,却要把另一事来作比,来作一领头,来兴起那年轻女孩出嫁之事。不肯直率说,你正是一恰好要出嫁的年龄呀!如此说来,不适合文学情感,因其太直率。于是用一个比仿说,你看这树桃花开得多好呀!"桃之夭夭,其叶蓁蓁",如此般一接下来,才说到"之子于归,宜其家人"。这不是一种巧言饰说,乃是诗人心中一番温柔敦厚真情感之表达。花尽多,但可把来比一个十七八岁女孩的,却须挑选。梅花、菊花只可比高士,不合适来比一年轻女孩子。中国古诗人,单把桃花来比年轻女孩,却是恰切有情。又如两人分别,把什么情景来穿插?中国诗人爱用杨柳,决不用松柏枫树等。诗人胸襟宽大,眼光活泼,自然界一切事物景色,都在他脑里,而且懂得很深很透,很富情趣。遇到作诗,随手运用,宇宙人生,一拍即合。孔子说,学《诗》可以"多识鸟兽草木之名"。凡所接触,不论动植物,它的姿态性情,生活状况,一切在胸中,那是文学家的修养。他的天地大了,生活情趣活泼丰富。心情出吐属,吐属见心情。否则便觉得枯燥单薄。诗人比、兴,也正是一种考据。"考据"二字该活看,不该死看。所以我很佩服戴、姚两人提出这个"义理""考据""辞章"学问三成分的说法。

四

后来，曾国藩涤生又在三者外，再加进一项"经济"。此属广义的，要有经国济世之用才叫做经济。诸位学史学，要知得学了不能经国济世，此则终非所学之最高境界，不免仍成空论，非实学。这样的学问，只是死学问，空学问。又要在死的空的学问上轻易发高论，那真要不得。又何况无学问而发高论，那就更要不得。

诸位当知，学问必有"体"有"用"。如这个桌子、茶杯，便是各有各的体，同时桌子、茶杯亦必各有各的用。更如我人有此身，便是体，但必该有身之用。眼睛便有眼睛之用。诸位说眼睛用来看，但要问看些什么？若尽用两个眼睛来看麻将牌，此有何用？诸位不要太不看重自己这两个眼睛。人生必有一番精神，也如两目两耳，不要不得其用，或未尽其用。该用得的当，用得到家，不该浪费。不要拿人生浪费了，更不要把我们青年这个最重要最有用的时期浪费了。诸位今天来从事学问，不是来浪费人生，消遣人生。今天的社会，却到处只见个消遣。

诸位学一项学问，要有体有用，这才叫做经济之学。若只把学问作谋职业之准备，用得太小，那亦是浪费。曾文正在戴、姚两人学问三部门之外，再加进"经济"一项，这意义很紧要。但我想，这也不是在学问中再加一类别，或再加一成分。只要真懂得义理、考据、辞章,则自然有经济之用。倘使三者缺一,甚或缺二,则将不成为一项学问,不仅没有用,而且还可以有很多的反作用。

中国人讲人,便要完成一个人。讲一套学问,便要完成一套学问。等于做一张桌子,定要完成一张桌子。造一所房屋,要完成一所房屋。此事明白易知。做人做学问,则其事不易知。不是一生下来便可说我已成了一个人,学校毕业便说我已完成了学问。当知学问并不即是学校中的课程。课程可以毕业,学问不易毕业。我希望诸位能把一辈子兴趣放在你所研究的这一项学问上,要求完成,则定是义理、考据、辞章三者兼备。如此为学,乃始不是浪费。自然便成为一种经济之学。

五

从前中国古人,又把学问分成经、史、子、集四大类。史学应重考据,若说中国历史两千年来是个专制政治,是个封建社会,但翻尽"二十五史""十通",却无此"专制政治""封建社会"八个字。若说此是新思想,但思想究不是历史。马克思所讲的是西方社会,他还懂得谨慎,他不清楚东方社会是如何,他并未认为中国社会和西方相同。讲历史该有考据,不能仅凭思想。子学属思想,不论孔、孟、庄、老,诸子百家讲思想,都该归于义理。我们只认孔子义理讲得高,老子讲得比较差,或说低一点,可是他们所讲都是义理。今天却只重思想,不重义理。固然义理必出于思想,但思想亦必归宿到义理。义理有一目标,必归宿到实际人生上。孔孟思想之可贵正在此。其次讲到集部,即辞章之学。诗也好,文也好,一切也仍归宿到人生上。所以子、史、集三部门学问,皆以人生为本。

但中国人讲学,首先必重经学。经学之可贵,不为它是最古的,而为它是会通着子、史、集三部的。文学必先推到《诗经》,它是中国文学的老祖宗。但《诗》三百首是经学,若只称它为文学,则易使人由此以下《楚辞》汉赋一路只限在文学上。必称它为经学,则治《诗》自然会旁及于《书》,那就由文通史。中国古人教人学文学,兼要懂一点历史,如孔孟教人,必兼重《诗》《书》。后人不称此为文史之学,而必称之曰"经学"。因说到经学,则《诗》《书》之外又有《易》《春秋》。《春秋》还是史学,《易》则转入哲学。《诗》《书》《易》《春秋》外又有"三礼",则可归入今所称之社会学方面去。所以中国有经学,并不是要我们都来用功古代的"六经",乃是要我们做学问有一会通大体。学文学,不能不通史学。学文史之学,又不能不通义理哲学,乃及社会礼学方面去。要把学问上这几个成分都包括在内,而完成一大体。有此一大体,自可用来经国济世,对大群人生有实用。汉儒所谓"通经致用",其大意只如此。而亦有历史事实可证,并不是一句空话或高论。

先秦有墨家,也讲经学,但没有像孔子般讲得通。庄老道家则要废去一切旧传统，自然不再讲经学。他们的见解，因此究竟也浅了些。在中国学术史上，治孔孟的无不兼通庄老，因庄老站在孔孟之反面，自成一套，正可用来补偏救弊。大体讲来，中国人讲学，所以重经学，而占据了一切学问之首座，其意义只如此。今天诸位来学史学，将来定要读到《尚书》《春秋》，也会注意到《诗》《易》《三礼》，因其同归在经学一类中。中国的经书，在类别上，则包括了义理、考据、辞章。在成分上，每一经又各自兼此三部门。所以中国后来学问发展，虽已超过了"五经"，而仍必推尊"五经"以为是学问本原所在。今天我们做学问，则都要做专家。但照中国人旧传统，做一专家，仍有此共同本原。离开了此共同本原而只成一专家，此专家亦不足贵。

如西汉扬雄子云，年轻时只佩服司马相如。司马相如乃汉代一辞赋家，扬子云所作辞赋，几可与司马相如媲美。但到晚年他自悔了，他说孔门若用辞赋，"贾生升堂，相如入室矣，如其不用何"，这三句话，却可说明从来中国人做学问一番共同意见。为学必遵孔子，正为要义理、考据、辞章三者兼备。辞赋家则究是太专又太偏了，因此也并不能认为是辞章学之正宗。

六

刚才说过，做一切学问，都该通辞章，辞章之学至少能因辞达意。使用文字，也该如使用金钱般能经济。诸位不要嫌钱少，当要养成习惯，一文钱有一文钱之用，如此则不致常嫌钱少。若说一文钱不当一文钱用，则钱绝不会有多。这是一个很简单的道理。资本主义社会最懂得用钱，他们钱虽多，都用得最节省，能把钱用在分寸上。中国向来是个文教之邦，却最懂得使用文字。从小孩起，便训练他一字字、一句句地读，每字每句都有其意义与价值，都有用。现在我们变了，把文字生吞活剥。今天诸位进大学，我怕诸位读书，也不会一字一句地读，因此也不会一心一意读，不会正襟危坐凝神静气读。如此则只会读报章小说，读报章也只喜读小新闻，不会读大新闻。如此则如何能读文读史，乃至读一切真有价值的书？

诸位进文学院，第一本领要训练自己能读书，要能一字字一句句地读。如上引扬雄所说"贾生升堂，相如入室"这八个字，表里精粗，实不易读。当细读《文选》所收贾、马两人各赋，才知为何一个只跑上堂，一个却跑进室？扬子云这一批评，草草读过，那能领略？今天尽讲大众化，但学问有时不能大众化。如大学，岂能开着大门让大家进？所以扬子云又说，著书要使知者知，不能使大家都知。一个大学教授毕生献身学问，他所著书乃及讲话，岂能定要大家懂？如今提倡科学，科学也不能全叫大家懂。还是科学易见标准，可有不及格，文学院标准不易见，但总不能主张大众化，以易读为佳。此"贾生升堂，相如入室"八字，实不易读。又云"如其不用何"，此五字更难读。孔子门下亦有文学，但如汉代辞赋，必遭孔子排斥。若使孔子生在汉代，绝不会学司马相如作辞赋。扬子云这番话实是讲得对。但辞赋为何无大价值，至少在它里面不能加进许多义理情感。贾谊辞赋不如司马相如，正为他辞赋里还是有义理思想情感，不如司马相如的辞赋是纯净化了。扬子云懂得这道理，但后来自悔所学，回头来要学孔子。学《论语》作《法言》，学《易经》作《太玄》。他说司马相如那一套，等于雕虫小技，大丈夫所不为。他那番话，实表现出中国人讲学问一极高境界，但扬子云的儒学，实亦尚未到家。

七

今问：为什么一部《文选》里许多诗人，最被后人重视的是一个阮嗣宗，一个陶渊明？又如陶、谢并称，何以谢灵运终不能比陶渊明？一部《全唐诗》，作者何限，何以后人只推李白、杜甫？而两人相比，李白地位终是差一点。所以说，杜甫诗之圣，李白诗之仙。不能叫大家学仙人，圣人则大家可学，所以仙不如圣，但此非今人大众化之谓。韩愈、柳宗元以古文齐称，但柳终比不上韩。《西厢记》《水浒传》未尝不是很高级的文学作品，然而不列为文学之正宗。这里有中国学术史上讲文学的共通意见。今日又说要重新评定一切价值，但不知将由何标准来评定。苟无实学，则一切皆成空论。空论过高，流弊更大。

我们此刻再来讲中国以往学术，应知它自有一套特有精神。生为一中国人，在中国社会中，应该懂得从前人那一番道理，否则为学做人，试问如何入门？诸位学史学，"二十五史""十通"，乃及其他一切史书，如何学起，还不是应该先懂得中国史学已往那一套基本大道理所在。史学的基本大道理，仍不能离开上面所举每一项学问中之四个成分：义理、辞章、考据、经济。文学也一样。

中国古代又有"小学""大学"之分。小学亦称"幼学"，大学则是"大人之学"。诸位今天年龄在十八到二十这一阶段，正已进入了大学，应该是要学大人之学。但我先请诸位要做一番补修小学的工夫。外国人的教育理想，似乎主张一段一段切开，小学一套，中学一套，大学又一套。中国从前教育，主张一贯下来。也可说，外国人把小孩当做小孩看，中国人看小孩早当一个大人看。这里是非得失暂不讲，但总该有一标准。不该把标准尽降低来迁就，老怕小孩不懂，无兴趣，降低标准，变成无标准。如说中国文字难学，要创简体字。但若小孩对简体字仍无兴趣，岂能创出一套无字教育来？如一切运动，便是无字教育，但篮球、棒球等，亦各有标准。标准定得高，定得难，反而能激发兴趣，增长智慧。当前我们的优秀青年只爱学理科，正为理科可以显聪明，见才智，也非定为将来出路问题。文科日求低浅，将成为愚人之学。今天要提倡文科，莫如学理科般，只教人去迁就标准，不许毁了标准来迁就人。若要把今天大学文科标准提高，则自见小学文科教育不够。进入大学学文科的，义理之学且勿论，辞章之学也谈不上。只能听讲，不能自读书。中国人一向只称求学为读书，不闻求学只是听讲。此刻中小学文科教育该如何改进，此是一件事，但诸位已进入了大学，而小学阶段基本准备工夫实嫌不够，首先应该培养自己义理观念。事有是非，人有高下，此层不可不知，否则如何来研究历史？第二应先培养自己读书能力。若不能自读书，只在讲堂听讲，将永走不上学问之路。

八

"义理"教我们德行，"辞章"培养我们情感，"考据"增进我们之知识。须德行、情感、知识三方皆备，才得称为一成人。学问皆由人做，人品高，学问境界亦会随而高。人品低，不能期望其学问境界之高。如一无德行、无情感之人，一意来求历史知识，究其所得，实也决不足称为是历史知识。一切知识，并非全摆在书本上，主要乃在学者本人之自身自心上。一切知识，应以德行、情感为基本。一切考据之学，应以义理、辞章为基本。一言一行不苟且，此是义理学开始。一字一句不苟且，此是辞章学开始。预备了这两项条件，才能来读历史治史学。此是我卑之毋甚高论来说实话，务期诸位勿忽略。先把基础放实放稳,才能从事一切学问,史学亦不例外。诸位且先求得史学入门,莫遽想为史学专家。今天只讲到此,语有未尽,留待下面继续。

第二讲　治史学所必备之一番心情

一

诸位,我在第一讲说明了每一项学问,必须包括义理、辞章、考据三成分。因此学者须先廓开心胸,广筑基础,然后可以深入学问之堂奥,获得学问之实用。此在经、史、子、集四部皆然。此讲将单讲史学方面。

首先我们且问什么叫做"历史"?历史究是怎么一种学问?简单地讲,历史只是记载人事,人事记载就称为历史,所以史学只是一种人事之学。所谓"人事",乃指一切人为之事,与"自然"相别。学史学,首先该懂得人,其次该懂得事。

此刻且把中国文化和西方文化粗粗作一比较。我们可以说,西方文化在今天,比我们长的在自然科学。此方面,我们实是远不如他们。但说到人文学,不能不承认我们实比他们强得多。我们不能因为近代西方在自然科学方面胜过了我们,遂连我们自己所长的人文学方面也不自信。丢掉自己长处,去学人家短处,这一事,怕是我们今天学术界一个大错误。我们都知，自然科学基本在数学，人文学基本则在史学。即在今天，我们可以说，中国人的史学成绩，在世界各民族中最为杰出，无与伦比。再没有别一个国家民族在史学方面能超过了中国。这事深处很难说，此刻暂不讲。但从浅而易见处，则一指便明。扼要说来，中国历史最悠久，其他民族国家的历史，有的只有一百两百年，有的还不到，最长也不过一千年。许多古代的，则早已中断，早已消散，不复存在。只有中国，最少该有四五千年长时期的历史演进，而且都详细地记载下来。所以中国是一个历史学上的先进国家，其他民族国家，在历史演进上皆属后起，史学也同样是后起。自然科学西方是先进，但也不过早了我们两三百年的短时期。而中国史学则较西方先进了一两千年。

其次要说到中国历史范围之广大。论中国幅员之大，人口之众，一部中国史，论其内容，实已超过了一部欧洲史。现代欧洲各国，如英如法，拟之中国，皆是小国寡民，只相当于中国一省区。中国史如春秋战国到秦代一统，所辖版图和后代已经差不多。那时的人口，也已有两千万以上。试问在如此广大的版图，众多的人口上，来记载其一切人事，这一部历史之内容，该是何等复杂，何等繁赜？这不仅是现代各民族所不能比，即论古代，如埃及、巴比伦，亦都是小国寡民，纵有历史，亦极简单，断不能和中国相比。因此在中国，历史记载应该是最难的一件事，而中国史却又记载得极详备、极精密、极有条理，而又极富客观可信之价值。除上古传说部分，经后人追记者不论，近代地下发掘如商代甲骨文等，仅可当作史料者亦不论。中国历史之真实记载，当上溯西周初年之《尚书》，这已在今三千年之前。《尚书》分虞、夏、商、周四部分。《虞夏书》多出后人追记，《商书》如《盘庚篇》等虽系当时传下，但严格言之，亦只可当作史料看。但《西周书》，则无论如何已具史书雏形，可谓是中国有正式史书之第一部。《西周书》之主要创始人应属周公，周公是中国古代一大圣人。以后有《春秋》，可谓是中国有正式史书之第二部。此书距今亦已两千五百年，乃孔子所作。孔子是继周公以后中国第一大圣人。可见中国史学，其先乃出圣人之手。亦可说中国史学，本是一种圣人之学。中国古人，很早已知史学之重要。此下递传不绝，又迭有演进。中国文化所以成为一种最富人文精神之文化，其事决非偶然。

二

中国历史最有价值处，在其记载方法之周密而完备，因此中国史书有许多各不同之体裁。举其大者，应分四体：一记言，二记事，三记年，四记人。《西周书》主要在记言，但都属有关政治方面者。此后记言一体分别演进，有子部、集部，都已越出史书之外。《春秋》记事，同时乃一"编年体"。《左传》又把《西周书》和《春秋》记言、记事合为一体，在中国史书中成为编年体之起始。此下两千年中国历史，一天天记载下，没有断，没有缺，成为世界人类历史记载一奇迹。而且此等编年记载，并非在后追记，乃是逐年逐季按月按日地记下。若非中国人把极大精神放在这上面，那会有这样的成绩。

记人一体，更为中国史书主要精神所寄。此体称为"列传体"，创始于西汉司马迁之《史记》，此亦距今有两千年。此下历代相传，此体称为"正史"，到今共积有"二十五史"。我上讲提到今天的中国人，最不懂中国史，而却最喜欢讲中国史。如实言之，不是讲，乃是骂。大家喜欢骂中国史，成为一时风气。如说中国"二十五史"乃是一部帝王家谱，稍读历史，便可知其不然。"二十五史"所载人物，千千万万，如何说它是帝王家谱？而且中国史书，既因人以见事，亦因事而传人。所载之事，如每一代之典章制度、礼乐文物、学术艺文、风尚习俗，凡属人生利病、政事因革，莫不提纲挈领，旁见杂出，岂可目为是帝王之家谱？

惟有中国史书，其中具有一番大义理，寓有一番最广大而极高明之人文精神，不从一观点出发，不由一条线叙述。极多人和事，不仅与帝王无关，抑且与政治无涉。骤看真是千头万绪，细究则既具体，又切实，该算是记下了每一时代之大体相，可凭以推究每一时代升降转变之大关键所在。若把中国史书四体并述，记言溢出史书范围已甚广。分篇记事，自《虞夏书》以降，有历代之《纪事本末》。又有

"九通""十通",专载典章制度。列传体除记人外,并包括编年、记言、记事三体。其他如名人年谱,各姓家谱,各省区各府县之地方志等,林林总总,包罗万象。

近代中国人懒于读书,更懒于读史,而又骄慢成风,遂把中国史一口骂尽。不说中国二千年来是一"专制政治",便说中国二千年来是一"封建社会",又要说一部《二十五史》只是"帝王家谱",如此便可自掩其不学。兴言及此,实堪嗟叹。要雪此耻,正有待于此下史学之新兴。

自然科学最大本领,首在观察,次在记录。中国古人对"人"与"事"方面之观察与记录,其精密审细,较之近代西方之运用在自然物方面者,可谓有过无不及。将来若有人要从头研究人类生活文化演进,求获一番新知识,则惟中国有此一番记录,可供参考。因惟有中国史备有一种科学精神,把人类往迹,分年、分事、分人记下,像是错综,不免重复,实最细密,可获真象。而且中国的史书,又备有一种民主精神,从不把一件事都归在一个人的账上,从不认为一个人可以干出一件事,而没有别人参加。而且一事归一事,如政治学术,各自分开,从不把一事来抹杀另一事,因此也决不把某一色人来淹没了另外一色人。今人却又说,中国史只重政治,不重社会。其实政治即可反映社会,社会也可反映政治。读史应能观其"通",观其"大"。若从细小处作分别观,中国史书中所收材料,已如一无尽藏，尽堪供我们详密稽钩。即如要考究社会经济，如杜佑《通典》书中《食货》一门，记载自唐以前有关于此者，共十二卷，分列十八项目，不为不详。即读此一书，已可窥见唐代以前中国社会经济一大概。试问其他各国，在一千年前，曾有此等条理详密之记载否？又如杜佑《通典》有关"礼"之一门，共有一百卷。其中关于家庭制度之一部分，尤其有关于自东汉以下中国社会上大门第制度之存在与维持，当知此等主要皆属于礼，不属于法。苟非有礼，此等大门第何能存在维持迄于近千年之久。近人无此精力来作探讨，却把"封建"二字来一口骂尽，又把"宗法"二字来轻轻略过。但又怪中国史不详社会事。古人已死，那能爬出坟墓来作答辩？

又有一事值得一提。历史必有文字记载，而中国文字也三千年无大变化。今天一个大学生，只要对中国文字稍有基础，便可直接读三千年以前的历史如《尚书》，两千五百年以前的历史如《春秋》，两千年以前的历史如司马迁《史记》。一西方人要通拉丁、希腊文，始能上究罗马、希腊史。但若把中国史书成绩来作衡量，罗马、希腊竟可谓无史可读。只有中国人，可以直接读三千年以前之历史，而此项历史又已分年、分事、分人逐一详细地记载下。我们生为一中国人，为一中国知识分子，为一中国学人，却不详究中国历史，这亦尚可原谅。不读而开口骂，轻肆批评，实不应该。今天在座，有学历史的，有不学历史的，我希望诸位不要轻肆批评，尽说中国四千年来要不得。何处要不得，该有凭有据，有理有义地批评。批评又该有分寸，有节制。不该批评得太尖太薄，又过了界限。

其实中国古人批评历史的也尽多。有的在批评前代，有的在批评当代。批评也是一事实，也都记载下成为历史之一部分。中国史中所载批评尽多，即如杜佑《通典》所载各部门，都夹杂一类议论文字，都收些批评。那些批评都是切合事实，有情有理。作史者把它记下，在当时则言者无罪，在后世则可作参考。今人却又要骂中国古人只是奴性，好像在政治上绝无发言自由，一惟帝王在上专制。试看历代从政者，对于当时政治上之大意见，大理论，乃及各项具体措施之各种精密筹划，以至相反意见，不仅明白记在史书，又都存在于各人之文集，又汇集在《历代名臣奏议》等书中。在中国政治史上，噤口无言的时期，绝难找到。至于批评历史往迹，更是触处可见。只没有像近人般，把中国自己已往历史批评得那么严酷而已。

因为骂历史过了分，于是对历史多生怀疑。但以往中国史，多是按年按月乃至按日地记下，并不待一事完了再记。事完再记，容有不可靠处。一天天地记，今天不晓得明天的变化。一年年地记，今年不晓得明年的变化。即是帝王一朝，也不待此帝王死了，此一朝换了才有记。官史之外又有野史，中国人一向对史学之郑重，那里如近人所想象。伪造史迹，并不是件容易事。纵有伪造，前人皆曾有辨别。近人尽从疑古辨伪上来治史，所以终难摸到历史大动脉之真痛痒。此刻骂史疑史之风逐渐衰了，但却变成为治史无目的，无意义，一堆堆材料，随意考察，治史只成一告朔之饩羊。

三

中国史主要所在，还是在人物。上面说过，历史只是记载人事，但究是人在做事，并不是事在做人。平心而论，当然人为主，事为副。中国历史最重要的在讲人。讲到汉初开国，决不是汉高一人之事。我们必然会想到萧何、韩信、张良一辈人物。讲到唐初开国，又自然有房玄龄、杜如晦、李靖、李勣这一辈人。中国历史记载，断没有一种英雄主义之表现。汉祖、唐宗，只是一人，同时还有其他文武一大批，几十百人集为一大群，各人有各人所长，各人有各人之贡献。他们的事业贡献，也决非仅是攀龙附凤而来，于是各人有各人之家世，各人有各人之性能。帝王本纪，着笔最简。谋谟功烈，尽归臣下。而且失败一方亦同样有人。成在那里，败在那里，各有其所以然。至少中国历史告诉了我们一个最高最大的真理。即是说，一切事不能由一人做。而且每一件事，也非一成不败，也非命定的有败无成或有成无败。大而至于国家兴亡，乃是许多人共业所成。因此在中国历史上，每人各有篇幅，而其所占篇幅又各有限。

于是又招来近代中国人批评，说中国没有像外国般的传记文学，多么伟大,一个人写成一大部书,洋洋洒洒,累千万言。于是我们又来学做如《秦始皇传》《汉武帝传》《唐太宗传》等。把一切事都归入一人身上。若我们依照历史真理,根据历史实况,究竟那一方更合理,更算得是进步?人生该各有建树,也不专为别人来装门面,凑热闹,跑龙套。但若要各自杰出,各自独立,试问三四千年偌大一部历史,又何从而来?

而且历史上有许多伟大人物,偏偏又写不上历史。这是说用一条线来写下的历史,或是专写浮现在社会上层的历史。如照《左传》体裁,把孔子写进去,也只得少许,决不能比郑子产、晋叔向,而又像是并不重要。颜渊便一字也写不进。所以中国史在编年体、纪事本末体之外,必然要有列传体,而又必然要奉列传体为正史,其理由即在此。

但如此则为难了读史者,读了《史记》好几十篇列传,才知得汉高祖与项王相争始末。但有很多仍不尽详在史传内。如宋代新旧党争,只读《宋史》王荆公、司马温公以及其他各人列传仍不够,还须翻读王荆公、司马温公全集,乃至其他各家集居今可见者。又有许多当时的野史笔记仍当读。在中国,有关历史材料方面,实在写下得多,保留得多。从前人说,一部"十七史"从何说起,此刻已有"二十五史",也只是中国历史一个大概。其他汗牛充栋,浩如烟海,有关史学的书,那里读得尽。然此正是中国史学发展到极高明处,人文学总汇在此,所以可贵。今人高谈自然科学,却不看重人文学，又在静待西方人对人文学方面也有进展，俾可补偏救弊，却对中国人已往成绩，抹杀不理。心嫌其难，反又怪中国史书太琐碎，不科学。不知科学正在不怕琐碎。中国古人，已把人事往迹存之心见之事的，都尽量记录，尽量保存。后人若果有意探究人事真理，中国现存史料，也可说已是取之无尽用之不竭了。

四

但尽如此说，岂不为诸位有志史学者先出了一难题？其实史学也实是难，因其为一切人文学基本所在，而人文学也实是难过了自然学。此刻要为诸位有志史学者先提一个简单扼要的方法，好使有志者能得一入门。此刻诸位讲研究学问，总喜欢讲方法。今我要为诸位提出一套史学方法来，但方法也非一句话可尽。我想尽先提出第一项八个字。此八个字，不仅学中国历史须如此，在我想，学西洋历史也该如此。但我又怕诸位要疑心我顽固守旧，是三家村学究，不懂现代思潮。或此等话未经西方人道过，终是要不得。但我感得非说不可。我认为治史只有八个字最重要，一曰"世运兴衰"，一曰"人物贤奸"。治史必该从此八字着眼，从此八字入门，亦在此八字归宿。

诸位且莫认为世界总是在进步，就历史言，这世界有进也有退。不仅中国如此，西方也如此。我幼时喜欢看《三国演义》，在小学中，有一位体操先生，知我喜欢看此书，却对我说，这等书最好不看，它开头便讲错了，说什么天下一治一乱，这是中国历史走错了路，才会治乱相寻。现代西方如英国法国，他们便治了不再乱，和中国不同。我当时深受此影响，也可说，我有志治史，却从那先生这番话引起。但到今隔了六十年，试看今天的英国、法国又如何。但我们又会说英法固是衰了，美国人兴起，该不会再衰，所以有人要无条件一心学美国。照历史往例言，中国人说出"世运"二字，实不能说它无道理。世事常在运转中，兴了会衰，衰了又会兴。一兴一衰，其间却有个大道理。诸位治史，先须知有兴衰，再在兴衰中求它道理。我到过美国，曾说："幸而有一个苏维埃大敌在前，美国社会尚可维持。苟无苏维埃，怕美国社会会出毛病。"此是十年前话，不谓言而不中。此刻美国社会种种问题层见叠出。但有人说不要紧，美国人自会有办法。由我想来，明白得历史上兴衰之理，自可有办法。若不然，只据目前，认为兴了便不会衰，不去研究历史上一番兴衰之理，则终会靠不住。

说到人物贤奸，人总是有好有坏，此层不得不先承认。但人的好坏究竟分别在那里？不能说富而强的便是好，贫而弱的便是坏。又不能说只要目前有办法有出路便是好，目前无办法无出路便是坏。中国近人常说，孔孟大圣大贤，为何不能救春秋战国之乱？程朱理学大儒，为何不能救北宋之衰、南宋之亡？如此论人论学，实无是处。春秋战国何以有了孔孟还不能救？两宋何以有了程朱也不能救？此项问题，正须治史者来解答。但治史学，那能不懂得人有好坏？坏人总是干不出好事来，所以好事不能交与坏人手去干。有好人来做事，此事自会渐渐转好。羼进了坏人，此事便会渐渐转坏。历史上无骤兴，也无骤衰，其兴衰必以渐，而主要关捩则在人。不识得人有好坏，便也不识得事有得失，如此又何从来讲历史。

五

诸位今天有志要学历史，又当知治史必以国家民族当前事变为出发点。莫谓此等和我不相干，我只为自己求知识谋出路。如此心情，断不能求得真学问，更何况是史学。史学是大群人长时期事，不是各私人之眼前事。诸位如无关心民族国家的一番心情而来治史学，则正如无雄之卵，孵不出小鸡来。

但话再说回来，如诸位治史，能懂得注意世运兴衰、人物贤奸，积久感染，也自能培养出一番对民族国家之爱心，自能于民族国家当前处境知关切。诸位当知治史学，要有一种史学家之心情与史学家之抱负。若不关心国家民族，不关心大群人长时期演变，如此来学历史，如一人不爱鸟兽草木而学生物，不爱数字图形而学几何与算学。如此来学历史，最多只能谈掌故，说旧事，更无史学精神可言。

诸位又当知，历史乃是一种生命之学。有生命，必有精神。生命藏在里，精神表露在外。由生命表露出精神，也可分两面说：一是其性格，一是其力量。个人如此，民族亦然。此民族具有此民族之性格与力量，才能开创出此民族之历史。各国家民族，性格不同，力量也不同。举一眼前实例，如中国对日八年抗战，此一过程之后面，便充分表露出了中国人乃及日本人双方的性格与力量。由此双方之性格与力量，才来决定此一战争之种种经过及其最后胜败。

故治史学，须能见其大，见其会通。古今中外人类历史一切兴衰成败，有大关键，有大道理，谁也逃不掉，谁也跳不出。

我们学历史，好像只看古人事，但今人古人同是人，知道了古人，也就知道得今人。历史像如一条长蛇，但是条活蛇，不是条死蛇。拉他尾巴，他头会动；拉他头，他尾巴会动；拉他任何一部分，他全个身子都会动。人类整部历史，是一部活历史，非是一部死历史。知古可以知今，知今也可以知古。知我可以知彼，知彼也可以知我。必得如此，乃始成为一种有体有用之史学。如讲数学，岂不是古今中外到处一律？

但史学则通中仍有别。今天我们讲史学，自与汉唐人时该有不同，又和日本人、美国人来讲中国史学不同。只因我们近代的中国人轻蔑自己，崇拜他人太过了分，如讲鸦片战争，不仅要采用英国材料，又要采用英国人意见，如此始称为有世界眼光。以前某大学历史系某主任，他曾向人说，他不请不懂西洋史的人来讲中国史。如此说来，从前中国古人压根儿不知有西洋，宜乎他们写下历史，全无是处。又如中国八年抗战，打胜了日本，我在后方亲听人说，中国人那能胜日本，一切都是美国人帮了忙。试问如此心理，如此言论，中国人那能有份长此立国于天地之间？

今天我们不能讲自己以往历史，并连现代史也不能讲。如中国如何打胜了日本，又如何从大陆逃避到这里，此等眼前大事总该讲。但我们自己不愿讲，也不能讲，却在外国有一辈"中国通"代我们来讲。我们只为了眼前切身利害，也知外国人讲法要不得。但该拿出自己一套讲法来，这是当前中国史学家责任。当知得意事易讲，失意事难讲。中国现代一百年来，正在失意时代，更该自己有一个讲法，才能从失意中再爬起，不要让我们老如此长自失意。

如在抗战前，中国东北出现了一个满洲国。外国人那时，也懂得讲民族自决，却说既有满洲民族，便该有满洲国。到今天，又有人在讲台湾独立，他们认为台湾人不是中国人。他们也在讲历史，可惜对中国史实是一无所知。这也不足责备。可耻可叹的，是中国人不懂中国史，不讲中国史。目前正有不少优秀中国青年去到美国、日本学中国史，那就值得我们之警惕。

六

但话又说回来,埃及、巴比伦亡了,不再有当年之埃及、巴比伦。希腊、罗马亡了,不再有当年之希腊与罗马。只有中国,屡踬屡起,屹立了四千年。此刻的中国人,还有人肯信中国会复兴。此是一部中国史有大意义大价值之真凭实据所在,虽经此一百年来中国人自己尽情自谴自责,但到底没有完全失掉此一份信心。有信心自会有希望。当前的史学家,正该在此契机上把稳舵,向前驶进。一时风狂浪恶,也自不足患。西方人有一套较发达的自然科学,还能自骄自傲。中国人有此一套极精美的人文学,为何不自奋自发?诸位当知,自然科学是世界性的,我们落后了,可以向外求。历史则是各别自我的,中国历史只有中国人来发掘阐寻,不能也把此事来让别人做。因此诸位学史学,必要养成一番广大的心胸,乃及一番远大的眼光,来看此历史之变化。更贵能识得历史大趋,一切世运兴衰,背后决定全在人。决定人的,不在眼前的物质条件,乃在长久的精神条件。须知我们大家负有此时代责任,须能把我们自己国家民族以往在长时期中之一切兴衰得失,作为我求知的对象。如此般的知识,可谓之是"史识"。历史上有过不少为民族为国家为大群体长时期前程而立志操心的大人物,他们此种心情,可谓之是"史心"。培养史心,来求取史识,这一种学问,乃谓之史学。史学必以国家民族大群体长时期上下古今直及将来，为其学问之对象。由此培养出一番见识与心智，其自身始得成为一历史正面人物，便是能参加此民族国家历史大趋之人物。其所表现，则在此人物之当身，在此人物之现代，在其当身现代所干之事业。此即是一历史事业，不限于其当身与现代。

此等人物之出现，与此等学问之被重视，却又多在衰世更过于盛世，至少在中国史上是如此。因在衰世易于感觉此需要，亦正为如此，乃使衰世又转成为兴世。兴之久，盛之极，把此需要渐渐淡忘，于是又由盛转衰，此是历史大轨辙。中国今天的大毛病，在以己之衰而学人之盛。如贫人学富人生活，富人不计较的，贫人也不计较，势必益增其贫。又如一久病人，强要学健康人之饮食操作，在一健康人的饮食操作，无害其健康，而且还有益，但一久病人学之，则适以增病。

学历史不能不知时代。我们今天的时代，不似汉唐，也不似明清之全盛时。我们只在积衰积病中，如何起衰补病，应该另有一套。今天美国富强，已达巅峰状态，那里是我们今天所该学？我们今天发挥史学，正该发挥出一套当前辅衰起病之方。识时务者为俊杰，史学可以教人识时务。史学复兴，则中国必然有一个由衰转兴之机运。

现在我再奉劝诸位，诸位若将来处身外国社会中，先莫回头来骂中国社会。我们此刻正处在历史上之衰世中，也莫回头来骂中国盛世，骂尽中国全部历史。在中国全部历史中，也曾有过不少时期的光昌盛世，与夫不少色样的光昌社会。在当前，我们能对历史多研究，少批评，更所力戒的是谩骂。即此一小小转变，总不失为是当前学术思想界一件大好事。

第三讲　历史上之时间与事件

一

我上面两讲，第一讲要先为学问筑广大基础，义理、考据、辞章皆备。第二讲要有史学心情，关心国家民族当前处境。此下预定还有两讲，若要具体讲述如何研究历史，时间短促，恐讲不了什么。十年前，我曾有八次讲演，专讲"中国历史研究法"，记录稿已汇印成书，台湾也有发行。历史系同学及其他对史学有兴趣的，都可买来一阅。今天想避开具体问题，提出有关学历史应该具有的几点新观点，好对历史易有新了解，仍为诸位作入门准备。

上次提及，历史上时间、事件、人物三要项。由第一项，才有编年史。由第二项，才有纪事本末体。由第三项，才有列传体。中国史书即分成此记载年代、事情、人物的三大类。此下我拟讲学历史的对于这"时"与"事"与"人"之三项新看法。

二

我们常说，时间有过去、现在、未来。过去的过去了，未来的还没有来，现在则像在过去、未来的一条夹缝中，等于几何学上两个面交切所成的一条线，并无广袤可言。而又是变动不居。我口里说到现在，此现在即成过去。甚至我心里想到现在，此现在也即成过去，永不停留。今我要问，过去的已经过去，未来的还没有来，又没有一个真实的现在，如此则人生与历史究将在那里安放？诸位当知，如此说时间，只是一种数学上的时间，或说是一种自然科学上的时间。其实自然科学上的时间也不如此，这只是一个抽象的时间，好像时间可以脱离事物而独立。实际上，一个真实的时间，并不能脱离一切事物而独立。如说一天二十四小时，此乃依附于地球环绕着太阳转动这一事件而说。又如我们手上戴一只表，不断转动，六十秒成一分，六十分成一点钟，一秒一分地在那里转，其实是依附在一件机器上而见其如此，并不是真时间。真时间则不如我们所想象，过去的过去了，未来的没有来，而现在又永远不现在，当知天地间并没有这回事。

我们此刻来讲一个历史时间，历史时间亦必附属在一件历史的事情上。如此刻我在此讲演，这是一件事，这讲演则以两点钟为一单位。这两点钟的时间，则附属在此讲演上，亦即表现在此讲演上。现我已开始讲了五分钟，但此五分钟却并没有过去。倘使这五分钟过去了，诸位将听不懂我下一句所讲。正因这五分钟所听还在诸位脑子里，所以得继续听下。若使现在再跑来一个人，他不知我上面讲些什么，他将感到摸不着头脑。所以说，过去的并未过去。若论未来，我告诉诸位，它早来了。我此讲演，共要两个钟头，不会下一分钟便停止，除非有出乎意外的极大事变，否则诸位必会安安顿顿地听我再讲一点五十五分钟。那是无可怀疑的。而且我所讲内容，也早就决定。诸位虽还不知，但我则早已知。好像今天有人台北家里来信，此人在此听讲，尚未接到，但此信在台北早已发出，或早已到了此人家里或宿舍内，此事则早已来了。

我说过去者未过去，未来者早已来，此是第一点。再深进一层讲，此刻诸位在此听讲，一堂两三百人，我所讲是同样的一番话，而诸位所听，则可成为两三百番话，绝不一样。接受不同，反应不同，人人相异。此因诸位并不是专把现在这一时间来听讲，乃是带了诸位一应的过去来听讲。各人所听不同，正为各人过去有不同。诸位不能把各自脑子里过去所存一切洗掉来听讲。所以说过去的并没有过去。至于我此所讲，进到诸位脑子里，有的可以保留三天或三个月，或三年，乃至一辈子。诸位听我说，对诸位必有一番影响，反应深浅不同，影响久暂亦不同。诸位不要认为今天听完这一堂讲，跑出去，这件事便成过去，那是不会过去的。这番话进到诸位脑子里，会发生影响，各生变化。影响不同，变化不同，不仅由于诸位的过去不同，而诸位的未来也将因此不同。所以说，诸位此刻在此听讲，诸位的过去并未过去，而未来却早已来了。

若说到现在，刚才所讲的现在，只是一个假现在。此刻诸位在此听讲，这个现在，乃是个真现在。此一真现在，却有一个很宽的面，亦是一个大现在。我们的一生，更是一个真现在或说大现在。如我活八十年或一百年，此八十年与一百年成为我生命的一单位，所以说是我的一生。若我今年二十岁，说以前二十年都过去了，下面八十年还未来，我都不知道。此种人生，则是虚伪的假人生，决非真人生。试问如此，叫我们怎样做人，又怎样做学问？人生既是如此，又怎样会积成为历史？诸位学历史，主要在学知人事，学知人生。一切人事，各有一时间单位。各个人生，亦有一时间单位。此项时间，不应把来一秒一分一小时那么分割。诸位要一口气把握有两小时时间，才能听完我此一讲。诸位要一口气把握有几十年时间，才能完成此一生。我们中国民族，则已一口气把握住了四五千年以上的长时间，才能完成此一部中国史。

诸位要知得，时间各有单位不同，一切过去，都该能保留在未来中，不要认为过去的已过去了，当知过去可以永远保留。未来的可以早侵入到过去，过去的也可早控制着未来。如诸位来此读书，便都有一个未来侵入。诸位必先有期望，才来此读书。那都是心中先有了未来，才会有今天的现在。但诸位若没有过去小学、中学一番学业经过，又何得有今天的现在。故说未来已侵入到现在,过去亦仍保留在现在。

我们的过去并未过去,而且要一路进入未来。否则诸位对各自的人生,都可以不负责任,随意消遣。睡一晚,一切过去了,清晨起床,便有一新的未来降临。试问那里有这回事?

所以一个小孩新生,最好就该有胎教。没有生下来,便在母亲肚子里教养他。当他孩提无知,他父母已为他定下一个五年十年计划。待他稍有知识,便该懂得立志,有他的一生计划。不能如吃甘蔗,吃了一段再一段。不管将来,只管今天。如此便成瞎碰,碰运气。诸位当知,历史和人生,并不是在碰运气。诸位读历史,应懂得放长眼光,一看就是五十、一百年,一看就是两百、一千年,才知得此中意义。若对自己一生,不懂得有一个长距离的时间之存在,怎能来主张自己的一生?人之一生,有其孩提时代、青年时代、壮年、老年时代。实际上,此四个时代成就了他的一生。生命不能各自切断。从孩提时代转进到青年、壮年、晚年,并不是在各时代中无变化,但到底则只是他一生。整部历史也如此。只有我们中国古人,很早就有这一套长时间观念,故能早作久计。中国文化绵延迄今,断非偶然。即如中国的家庭和社会,都如此。早有许多圣贤远见,为它作了长久之计。我们的人生理想乃至教育方针,亦无不如此。

三

《孟子》书里有两句话说："所过者化，所存者神。"此可把来讲人生，也可把来讲历史。尤其可用来讲中国史。一面是"积存"，一面是"变化"。一切过去都积存着。如诸位今年二十岁，这二十年的生命全没有过去，只是积存着。人类生命，是一架任何自然科学所不能创造的最奇妙的机器。二十年生命，一点都不会丢，都积存着。只是一天天新生命加入，便一天天在积存中发生出变化。永远积存，永远变化。先是小变化，慢慢成大变化。诸位起先都是一小孩，此刻都进了大学。大学四年毕业，又就各有变化。有的像样，有的不像样，变化可能各不同。真有一好老师，应会告诉你，这样便将来有希望，这样将来便不会好。好老师好父母应能看你五十年、八十年。

让我再作一浅譬。一杯开水，调进两匙咖啡，咖啡就在水里发生了变化，但水还是在那里，咖啡也还是在那里。再加进一些牛奶和糖，又变了。但这杯水和咖啡、牛奶、糖，也还都在那里，这样你便可以把来喝。这是一路积存，一路变化。一路变化，同时也一路积存。"所过者化"，不是过去了，乃是变化了。"所存者神"，这更奇妙。诸位要知这杯咖啡怎么成的，或许诸位喝惯了不注意。它便是一个"存"，同时又是一个"神"。你喝它，它会在你身内起变化，那不是神吗？一人从小孩成大人，天天在变化。加进这样，加进那样，比一杯水加进咖啡、牛奶和糖复杂得多了。今天是一个二十岁的大学生，这二十年生命便是"所过者化"。但要知，还有一个"所存者神"。你此刻还是个青年，将来不晓得你又怎样地变化，奇奇怪怪各种花样都会有。所以此刻要有教育，要自己立志，要有你的理想和抱负。当知一杯咖啡，尚会有刺激兴奋，在人身内发生作用。在你身心上，加进了些什么，会对社会有何作用，那是何等地重要。

《庄子》书里也说："臭腐复化为神奇，神奇复化为臭腐。"糟粕可以化精英，精英又化为糟粕。人到老死，不是变成了糟粕臭腐了吗？然而从这糟粕臭腐里面又可变化出神奇精英来。古人都成糟粕，但变化出了今天的我们，不神奇吗？我们也可说，中国五千年历史文化，变化出今天的我们，它实是许多糟粕，而且又臭腐了。此刻剩下的只是我们，现在看来，我们也实不行。但当知，全部历史只是所过者化，同时又是所存者神。我们岂不也还可以化，还可重新又化出神奇来？古代一切精华，都要变成糟粕，都会臭腐。但若没有古，没有你父母祖宗，便不得有你。没有中国自古唐、虞、夏、商、周、秦、汉、魏、晋、南北朝、隋、唐、五代、宋、元、明、清那一连串，会有今天吗？我们这个今天，是一部大历史从头变下来的。变到今天，那一个具体事实摆在前面，我们觉得平常，其实是所存者神，并不平常。

孩子生下，都当是个宝贝，每个父母，都看这小孩是宝贝。现在诸位考进大学，回看小孩时代，都成糟粕。大学毕业，谋得职业，又把大学时代看成了糟粕。这些全在我们如何去看。我告诉诸位，人生就有两方面。神奇糟粕，糟粕神奇。形而下的都是糟粕，都要臭腐。形而上的都是神奇，都是精英。主要在其能变化。不能变化，便一切真成了糟粕。我们今天且勿骂我们的古人，说他们变出了我们这一代。我们这一代不像样，却骂我们四千年古人，要打倒孔家店，打倒旧文学，打倒旧文化，认为这些都是糟粕腐臭。我们此刻，一意要学外国人。但当知，我们自身有病，不是我们祖宗不好。外国、中国各有一番历史，四千年、三千年、一千年以上的历史，中国并不比外国差。差了的，只是近三百年、近两百年来的事。但历史并不即此便止。外国历史也有变，此刻英、法诸国，诸位又看不起，大家只看上了美国，这些只是一种近在眼前的功利观。今天大家又说，我们该变。但当知有变化，尚有积存。化只是化其所存，没有存，何来有化？化则正是我们的责任。古人已往，何关他们事。我们要推翻一切的旧，却不知怎么地推得翻。你若看别个同学比你强，你不该回去骂你父母，说怎么生了如我这般，要你父母重来重新生一个你，那是不可能。人生究不如一杯咖啡，可以全杯倒了，重来一杯。

四

今天讲历史，似乎都讲错了。说历史已过去，不必讲。讲中国史，便说他守旧。诸位纵说要重新做人，也仍是从你"旧我"来做成一"新我"。没有旧，那有新？又如诸位生了病，去请医生看，医生便会问到你过去，昨天怎样，前天怎样。问你的以前，正要帮你的以后。你若说我们今天中国不好，我得问你不好在那里，严格说来，你该拿一部"二十五史"来同我讲。你若说中国有了一个孔子所以不好，但此事却无法改，已成了历史。历史有病，还得从历史上去讲。如你身体不好，便该为你方脉，为你检查，才能看出你身上的病来。此身非不好，只是身上有病始不好。中国目前有不好，但我们不能不要这部历史。这部历史就已放在我们大家身上，我们同是一个中国人，那能摇身一变，变成为外国人。尽多中国人去到外国，三十年、五十年，还是一个中国人。又且中国有七亿人，不能全到外国去。全都到了外国，却把外国变成了中国，那岂不更糟糕。法国人还是法国人，英国人还是英国人，印度人还是印度人，日本人还是日本人，只有中国人野心太大又太猛，要把中国一口气变成为外国。

又有人说历史不讲未来，还有人说历史不会重演，其实历史怎么不重演？吃饭也是一件事，但吃了得再吃。每吃一顿，必有积有化。诸位又莫说讲历史就不讲变化，我们讲中国四千年历史，便是要讲此四千年中的变化。但要懂得"化"之内还有"存"。要讲变化，不是一种虚无主义。纵说要摇身一变，亦要有此身，才能把此身来摇。孙行者七十二变，到底还是个孙行者。我们讲历史，决不是讲死历史，一切已经过去。我们该换一个眼光来讲，全部历史都活在这里。一部中国史，便活在今天我们中国人身上，中国人心里。诸位如此来学历史，才懂得历史意义，才懂得历史价值。历史是一个大现在，上包过去，下包未来，是一个真实不动的大地盘，我们即凭此地盘而活动。

我今天在此讲演两点钟，成为一时间单位。诸位到大学求学，至少四年，是一个时间单位。若诸位要学历史，则不应四年便止，该把你一辈子作一时间单位。不仅学历史，一切学问都如此。诸位说，我毕业后不要谋一职业吗？那如一杯咖啡加进牛奶加进糖。从来做学问人，都不是无职业的。不能说做人一辈子只要谋职业，只能说做人一辈子只是要做人。我们的一辈子，则要做一中国人。如此讲来，则我此番演讲，对诸位总还有用。用在那里，则为此刻的计算机所算不出。任何一分钟，丢进到生命过程中，有积有存，此皆为计算机所不能算。变化之大，则只有把长时间来衡量。中国古人早讲这一套学问，而且讲得很高明。我此刻说，提出在人生和历史上对于时间的一项新观念，其实只是中国古人的旧观念。诸位此后多读中国书，多研究中国学问，将会时时碰到此观念。以上是我讲历史上的时间观念，到此为止。

五

其次再讲到历史事件。诸位读史，自见有一件一件事接续而来，即如诸位早起以至夜睡，一天都是一件一件事接续着。今年二十岁，也是一件一件事接续了二十年。但我们对于事，也不能这么简单地看。若定要认真分着一件一件事简单看，那么我来此讲演是一件事，在讲演前讲演后，好像没有事。如此看法，我们每一人将觉有事时少，没事时多，大好生命岂不是虚度了大部分。今天我们中国人，正苦无事。太太们打牌，年轻一些的看电影，总要在这生命时间里充进一些东西来消磨。但诸位当知，天下没有无事时，此层极重要，但我将留着慢慢讲。

先说事情有大有小。一件大事之内，可包括许多小事。许多小事，会合成一件大事。如读史，汉高祖、楚霸王相争，此是件大事。鸿门之宴，垓下之围，都是其间的小事。但小事中还可分出小事。如鸿门宴中有项庄舞剑，垓下围中有虞姬自刎。而此诸小事中仍可分出几多小事来。如此分析下去，在一件事中，不晓得有几多小事可说。其实楚汉相争，在历史上也只是件小事。只要我们讲历史的换上一个题目，如讲"西汉开国"，那么楚汉相争也仅是一小事。又若再换一题目，讲"两汉兴亡"，则西汉开国也变成一小事。诸位当知，一切事，要活看，不能死看。不要硬认为当真有这么一件一件事。只因我们在历史过程中定下几个题目，遂若真有这么一件一件事可以分开。真的历史则并不然，把来分作一件一件事的，只是人为的工作。所以历史事件可分也可合。如说"秦汉统一"，此乃由古代的封建政府转成为此下的郡县政府，这在中国历史上是一件大事。若如此看法，便又把秦代开国和汉代开国两事合成了一事。我们若把夏、商、周三代认为是"封建的统一"，秦汉以下称为是"郡县的统一"，如此来讲中国历史，岂不把四千年历史只分成了两节，只有由分而合、由小而大一件事。此一件事中便可包括一切变化一切事。

如此看法，可知民国初年北洋军阀割据，只是历史大流中一小波澜。中国则只是个中国，民族抟成与国家创建，这是中国历史一条大趋向。也可说全部中国史，惟有这一件事，即国家与民族之创成与扩展。如像三国分峙，南北朝对立，这些只是一时变态。等于人照例一天三餐，今天偶尔吃不下，少了一餐，或是多吃了一餐，都是一时之变。不为常，不可久。外国人不懂中国史，中国不像希腊般，没有统一成为一国家。也不像罗马般，成为一个帝国，占地虽广，但真个罗马国则只是一罗马城，最多也只能说是一意大利半岛。不能把凡所侵略的，都认作罗马般，共成为一国。正如今天英国、法国般，他们以前所侵略的，今天都已吐出，岂能说英国、法国此刻分裂了？实则只是他们的帝国崩溃了。

至于中国史，四千年来只是一个民族抟成与国家创建。外国人不懂也罢，中国人自己不懂，学着外国人口吻，说中国二千年只是专制与封建，二千年前则更存而不论，那真要不得。

六

诸位当知，全部欧洲史，便没有统一过。直到今天，帝国体制各自崩溃，而又大敌在前，还是照样四分五裂。他们不学罗马，便学希腊，最近要来一个商业上的共同市场，也几经摇兀，不能扩大，也不能安定。他们以己度人，如何能懂得中国史？不仅不懂，还要存心破坏，来毁灭中国，搞满洲国独立，搞台湾独立，他们却说是民族自决，更是笑话，但还有人在后面鼓吹怂恿。此刻的中国人，则崇洋媚外过了分，只要外国人说的，总该有理。外国人只说封建与专制，中国人也争说封建与专制。外国人说帝国，中国人也说有秦帝国、汉帝国。中国历史惟一大事，乃是民族抟成与国家创建，形成一个民族国家大统一之局面。但外国人不说这些，因此我们也不说。外国人说现代国家，中国人便说要赶上也成一现代国家。但现代国家之最高理想，岂不应该是一个大一统的民族国家？这是中国史上久已完成之一件事，惟有由此基础，始可走上世界大同。中国人说修身、齐家、治国、平天下，到此时，国治了而后天下平，始是世界大同。现在我们则要学外国人，争谈个人自由，要一夫一妇的小家庭制，要学别人家对内用法律，对外用军事的所谓"现代国家"，试问如此般的现代国家，又如何走上世界大同之路？

既不了解中国史，自也不能了解中国人理想。但反过来说，不了解中国人理想，也将不了解中国史。现代的中国人，全看不起中国人的自己理想，也看不起自己历史，只想把中国以往历史一笔勾销，一刀两断，拦腰横斩，好从头学外国。但如我上面所讲历史时间，恐怕要切也切不断。譬如抽刀割水水还流，历史自有一大趋势，此谓之"历史大流"。拿刀切水，水不抵抗，可是流则依然。此数十年来，打倒孔家店，打倒旧文化，也已无所不用其极，只没有叫出"打倒中国人"那一句口号。但能做一个外国人，总觉得荣耀像样。做中国人，好像没有面子，大家失掉了自信。只有一部中国历史，却四千年绵延到今，不像西方希腊、罗马、中古时期，乃至现代国家兴起，以至今天的欧洲，忽断忽续，波浪滔天，但其大流则只是一分裂。但我们又会说，科学是现代一大流，科学应世界化，这话自是不错。现代科学已自西欧泛滥到美国，泛滥到苏俄，自然也可泛滥到中国。但自然科学究与人文历史该有一分别，不该把这件事径当作那件事。若我们要论人事，仍该重视历史。科学可以共同一流，历史显是彼我异趋。不能只知有科学，却不认有历史。

上之所述，崇洋媚外，其实也即是现代中国史上一大事。其始由何起，已无法推溯。此后于何止，亦难预料。要之，已是经历了七八十年以上。其事愈衍愈大，愈进愈深。其影响力量，更难估计。但言近代史者，每不易认出此为一大事。实则耳所闻，目所见，生于其心，害于其政。发于一二人之心向，而已成为社会风气，时代特征，断然有此事之存在。而且我们自身，即都参加在此事中。试设为浅譬，如人饮食，知为一事，呼吸则忘其为一事，而呼吸之事实更重于饮食。叶落知秋，履霜坚冰至，一叶之落，一夜之霜，其事易见。秋来冬到，像若无可见，实则即见在叶落、霜降那些事件上。上面说许多小事合成一大事，此亦一例。此一大事，隐藏在许多事后面，又渗透进许多事内里，故有事若无事，其事不易见。

七

读史者该能见到每一时代之社会风气，人心特征，而其事则甚难。如诸位来此求学，各人有各人之心向，一校有一校之风气，此事极端重要，但每易根本不认为有这一事。但此事实有一真的存在，这是许多事件之根本，却叫我们认不出。在历史上，又每每不把那些事独自记载，于是学历史的人，分开一件一件事死看，便认不得历史真相与历史精神。

即如秦始皇焚书坑儒，在当时是两件事。那一年焚书，那一年坑儒，历史上分别记载得很清楚。此两事，只是秦始皇许多事件中之两件。始皇把封建变成为郡县，此是一大事。而历史上反不曾大书特书，明白指出。在当时，有很多博士官，在某一天的大酒会上，公开发表言论，反对秦始皇作为，主张复封建。秦始皇因问宰相李斯，李斯不主张再封建，因此把许多博士官罢黜了，大加澄清一番，又把那些被罢黜的博士官所掌书籍烧了。在当时，似乎只认焚书是件小事，郡县、封建的争论却是件大事。后来事过境迁，却把当时那番争论看成了小事，把焚书看成了大事，又和另一年的坑儒连作一事看，说秦始皇"焚书坑儒"。直传到现在，只说到秦始皇，便会想到他焚书坑儒。举此一例，可见历史上各项事件极难看。小事可化为大事，大事可化为小事。一事可分为两事，两事又合为一事。历史事件如此般地变动不居，某些事件已过，但到后世，此等已过事件仍会变动不居。只要后人看法不同，前代历史事件也随着变动。

诸位又当知，并非是许多事积成了历史，乃是由历史演出许多事。正如人之生命，并非由许多次的呼吸饮食等积成此生命，乃是由此生命演出了无穷无限的呼吸与饮食。此层难于细讲，今且再设一浅譬。这个房子雨漏须补，风吹须修。那里坏了，我们便该注意到那里，但不该把这所房子一并打垮。纵使打垮了这所，另造一所，还是同这所差不多，还是同一个样子。若要画新图样，只要学过建筑学，便知一切图样还是差不多，只加上了些少变化，而无极端彻底的不同。此刻我们要学外国建筑，至少应在图样之外得懂建筑之原理。同样道理，要学外国史，便该知道些中外历史之异同。

八

中国历史背后有一大图样，才成此大建筑。其实是有一番大生命存在，这即是中华民族五千年来的一番大生命。此番生命，还该无穷无限地继续。犯了病，只如屋子遇到风吹雨漏须加修补，却不能把整个生命来彻底改造。当知一切生命，在原理上还是差不多。此项生命大原理，固然可在历史中寻求，但历史上却又往往不能把来明白写下，此处便是学历史者之大难题所在。

很多大事，往往不在普通历史上写。如孔子讲学设教，此是中国历史上大生命、大精神所寄，但诸位读《左传》则不见，读《史记》又嫌略。孔子讲学，却描画出此下中国历史一大图样。要学历史，须能把全部历史在大心胸、大智慧下融通一体，见其大又能见其通，此须我们学历史者之聪明与学力。我们要看得一部历史只是一件大事，中华民族此五千年来也只是一件大事，而分着为这件那件各别的小事写上历史了，而又有不写上的。我问诸位，在诸位一生中，有没有，或该不该有一件大事？岂只是零零碎碎、断断续续、乱七八糟地便过了这一辈子，这样便活得有何意义？至少我们有一件大事，即是我该要活这一条命，而且要开心适意地活下去。这总不错，这总是我一生惟一的一件大事。做这样，做那样，不过要活我一条命，不过要活得开心适意便好。一人如此，一群人，一民族，乃至全世界人类都如此。我们学历史，便要学到懂得历史里面只是一件事，等于我们人生只有一条命。父母生我下来，只这一条命，富贵穷达，一切须自己挣扎，自己奋斗。想要向别人换条命，那怎能换得？中华民族已是四五千年来一条命，要丢也丢不掉。那条命，就记载在历史上。我们要了解历史，只是要了解自己这一个民族，这一条绵延着四五千年来的大生命。有此大生命，才有我们今天各自的小生命。只有中国古人最懂得此一种所谓生命之学，即是做人之学，因此能四五千年到今天，拥有七亿人口的一个大生命，没有任何民族、任何国家能如此。

若说今天中国人不行，那只因今天我们是中国民族的不肖子孙，不能像我们的祖宗，不能如我们历史上的中国人。万不该翻过脸来骂祖宗，说中国人从来不长进，是顽固，是落后。试问如此如何会到现在，有这样一个国家，拥有七亿人口，造成这样一条大生命，我们岂不该从历史上来仔细研究其所以然？

我们各个人的生命，只是一自然物质生命。历史所见，则是文化精神生命。今若撇开眼前自然物质生命暂不论，专论历史文化生命，那么中国仍是全世界人类中之第一位。今天的中国人，无论如何还是从一个悠久历史、高尚文化中产下。只有中国人，早已为世界人类历史描绘出一套大图样，指示出一条大趋势。今天的我们，若要做一个肖子肖孙,仍只有遵循我们祖宗所定下修身、齐家、治国、平天下那一条大路向,要能使世界人类都跑向中国历史理想,如是才能有我们所唱的"以进大同"那一句。诸位当知,只有在中国史里,有这一套理想,而中国史也已走了一条很长的四五千年的路,成为今天世界上惟一独有的一个大民族、大社会。这件事并未过去,此刻还在我们身上,还要继续到将来。

九

史学正要讲将来。耶稣也讲将来,说人类祖先犯了罪,由上帝罚到此世界上,将来此世界会有一个末日审判,上天堂的上天堂,下地狱的下地狱,此世界便没有了。释迦牟尼也讲将来,他说一切生命现象是一轮回苦海,俗世一切空,一切假,他教众生摆脱轮回,超入无余涅槃,使此俗世终归灭尽。只有自然科学家根本不讲这些,不注意在人生,只注意在机器,注意在人的物质自然生命上。此刻人类又有了一光明面。人类一次两次上了月球,此下还可无数次继续。但也有一黑暗面,人类是否将有第三次世界大战,即是毁灭人类的核子战?但科学家似乎不大管到这些。只有中国孔子,及此下儒家,讲出一套修身、齐家、治国、平天下的大道理,期望着世界大同。中国历史大趋,便是在跟着孔子之教而前进。因此到今天,中国在世界上,历史最久，疆土最广，民族最大，而又不是凭物质富强得来。我们读中国史，应根据此一大事件，一大理想，而看其过程中之种种成败得失，与夫顺逆进退。要把研究历史发展，当作人类社会一条大生命前进之一项图样、一种法则来看。不要把我们的智慧聪明和精力，只限定在历史上一件一件事看，把历史事件看得太死，只看见一件一件事，在事之背后则无意义、无价值。把一切意义价值看得太狭太浅，太单纯，太短促。学历史须能观其大，观其通。诸位更不要认为历史后面可以无义理，又不要认为历史只讲过去，不涉将来。诸位该把明天的中国、明天的人类常放在脑里，才能来研究昨天和今天的一切。那么要那样一个人才配做这种学问呢？我已说过，至少该肯化我自己一辈子生命专当一件事来用在此上面。中国古人称此曰"立志"。诸位没有这样一个志，须该立。不立这个志，便也无此智慧，无此聪明。只见历史上千头万绪，一事又一事，能记忆得一两朝代三四百年事，也就了不得。那能把四千年历史来总其成，会其通，说出一番道理来。

我今天所讲，是历史上的时间和历史上的事件，下一次，我要和诸位讲历史上的人。其实我们便都是历史上的人，讲历史上的人便如讲我们自己。我讲历史时间，和历史事件，再讲历史人物，这三项好像都是我自己的新观念，其实都是中国古人的旧观念。我想诸位能把这观念去学历史，应该能学到历史学上一个最高境界。好了，余待下次再讲。

第四讲　历史上之人物

这个讲演已讲过三次，第一次讲一切学问都要有一个广大基础。第二讲治史学定要有关切国家民族的心情。第三、第四讲有关历史上三大项目，一是历史时间，二是历史事件，三是历史上的人。时间与事件，上讲已讲过，今天接讲历史上的人。此三项，我都将加一些新的观念来讲。

一

我们当知，人应有两个身分，也可说人是生活在两个圈子之内。一圈小，一圈大。我们是一个"自然人"，同时又是一个"历史人"，亦可称为"文化人"。天地自然生此人，此是生在自然大圈之内，但也生在历史里面。如诸位或生在台南，台南至少就有三百年历史。诸位进入成功大学，成功大学也有三十年历史。我们的一切衣食住行，如身上穿的衣，至少有几千年历史。吃的住的，也都有长久历史。道路交通，同样如此。离开了历史，我们只是一野人，一原始人，不会像今天我们这样的人。

故说我们生在历史里面，也将死在历史里面。诸位说，死了不是完了吗？其实不然。上面已讲过，一切过去并未过去，一点小事情，也都积留在那里。如此刻我们所在的这一个建筑，已多少年到今天，这是一段历史。我们正在这历史里面工作活动。当时许多建造这屋子的人，或已不在，但他们的工作则仍在。又如这屋子的材料，一砖一木，都有人做下来。这些人是过去了，而他们的工作，都积存为历史，保留到现在。可知诸位不能不负责任。诸位的小人生，都要过去，但都会积存在此历史的大生命里面。

上一次亦讲过，我们的所谓"历史"，把文字记载下来的，只是一些狭义的历史。我们的人生过程，我们人类大生命的过程，才是广义的历史。我们当然也是在此大过程中的一份，仍得长久保留存在。所以历史的不朽，即是人生的不朽。这是从中国人的人文观点来讲我们的不朽。只要历史不朽，我们的人生也就不朽。有它的意义，有它的价值。试看世界上很多各不同的民族，有些到今天根本没有历史，没有了历史这一内圈，他们则只在自然这一外圈之内生存。有的民族跑进了历史，但又中断了。先从自然跑进了历史，又从历史退回到自然。像古代的巴比伦、埃及、希腊、罗马，它们都有一段很光明灿烂的历史，而又慢慢地退出了。退出了历史，还是一个人，可是只成了一个无历史的自然人。他们的人生，多半只是仰赖着别人家的历史来过活。只有中国民族，跑进了历史圈，跑进了这个狭义的历史，所谓有文字记载的历史，至少已有三千年到今天，这是我们同别人家所不同的。

此刻有一问题，为什么各民族历史不同？有的有了历史，重复退出。有的根本没有跑进历史。只有中国，跑进有文字记载的历史已有三千年。无文字记载以前，尚有传说追记，自三皇、庖牺、神农、黄帝、尧、舜一路下来远在四五千年以上。正为是人生不同，才产生出历史不同。人是历史的创造者，又是历史的表现者，同时亦是历史的主宰者。因于人不同，而所创造、所表现、所主宰的历史也不同。因此我们今天来研究中国史，最重要的便是要研究中国人。

历史只是一件大事，即是我们人类的生命过程。但在世界各国各民族中间，懂得这个道理，说人能创造历史，在历史里面表现，而历史又是一切由我们主宰，懂得这道理最深最切的，似乎莫过于中国人。我们如把一部西洋人写的历史同中国人写的历史作比，他们似乎看重事更过于看重人。中国人写历史，则人比事更看重。人生总有事表现，而中国人则更看重在其事背后的这人，西方人则更看重在由此人所表现出来的事。这是一个很大的不同。

二

中国历史有一个最伟大的地方，就是它能把人作中心。中国历史里所记载的人，很多很详，然而我们真要从中国历史里面来研究中国人，这一个工作，即说是专指历史上所记载的人吧，此事还是很不易。我在上面已讲过，中国人记载历史的方法最客观，最有一种科学精神。试举一点来讲,中国历史记人记事,仅是记载,不加批评,务求保持一种客观的精神。一事之得失,一人之好坏,我所谓"人物贤奸",要待读者自己去衡量。而且每一件事必然分写在各人身上,如是则每一人之事,也都分散在其他人身上去了。这里却有一重要大义理,应该知道。我们切莫认为一人可以单独做一件事,至少这样想是不科学的,或说是不民主的。每一件事必得有很多人合作,又且一人一辈子也不会只做了一件事。而且每一事之本身,并不是可以把来和另一事严格分开,常是这件事那件事纠缠在一起。所有历史上的事,就其牵涉到人的方面讲,则愈分愈细,每一事牵涉到许多人。就其事之本身讲,则每一事又混合上许多事。这里面却见中国历史有一种很高明很巧妙的,也可说是一种很合理的记载法。我此刻如此讲,似嫌空洞,诸位也许听着不清楚,摸不到具体意象。我试举一个例。

我此刻是要来讲人物贤奸,试举一个大家都知道的历史人物,一个很著名的人物,亦可说是历史上一个大人物,此人即是三国时代的曹操。他是中国历史上一个杰出的大人物,并不是有了一部罗贯中的《三国演义》,才使人都知道有一个曹操。若看正史,曹操的各方面更是详备。首先曹操是一个大政治家,此刻当然不能细讲,可是曹操在政治上确有许多建树。更要在制度方面,曹操在魏国确推行了许多好制度。如军队屯田,此事乃用枣祗、韩浩建议,而此两人却无传,乃略见于他人传中。如枣祗见《任峻传》,韩浩附《夏侯惇传》,

而屯田之事，又详见《邓艾传》。又若问屯田制度如何是当时一好制度，则必待读了当时的田制演变和社会实情，以及郡县官吏职权等种种状况才能知。此皆旁见侧出，分散在其他篇章里面去。由此可见中国史法之写实性与客观性。

又如九品中正制度，此是陈群出的主意，而曹操听了他话，但此事在《陈群传》亦不详。若要问九品中正制度由何要创立？它的实际是如何？它对当时及此下影响又如何？则又分散到其他篇章中去，该要上面看《后汉书》，下面看《晋书》《南北朝史》才知道。要之，曹操是一个政治领袖，在他手里建立了很多制度。有了屯田制，才能打平吴、蜀。有了九品中正制，为下代留下深远影响，此制直到隋代才结束。据此，我们知曹操实是一大政治家，在制度上富于种种创建性。但专看《曹操传》则不易见。所以中国历史难读，而亦不能不说它极合理。它只是据事直叙，而又把诸事分别在各人身上，终不容作史者自凭己见。

曹操除了是一个大政治家以外，又是个极杰出的军事家。当时削平群雄，在他幕下，真所谓"谋臣如云，猛将如雨"。曹操用兵，既分散在作战的对方袁绍、袁术、公孙瓒、吕布等诸人传上，又分散在其许多谋臣猛将的传上。但谋略由其决定，将才由其指派。必须会合而观，乃见曹操在军事学上之了不起。曹操又有一部《孙子兵法注》，直传到现代，这便要参读到子部去。

同时曹操又是一个大文学家，在他同时一辈能文之士，都网罗在他幕下。曹操及其子曹丕、曹植父子三人皆擅文能诗，创造出一派新文学，后世称之为"建安文学"。此在中国文学史上，有极高地位和极大价值。关于此一方面，又须读到集部，如《文选》及各家文集始知。所以我们要读中国史，一部"二十五史"称为正史的已很难读，但有很多材料并不在正史内，又不在史部内，而又为我们所不能不知。一面可见中国文化积累之博大深厚，一面又见中国史书既极丰富，亦极精练。不通中国史法，亦无从入手来探究中国史。

除上述政治、军事、文学三者以外，曹操更能赏识人才，而又求贤若渴。固因曹魏在中原之地得人最多，但亦因曹操求贤心切，故能招揽到许多人才。任何一方面，只要是一人才，他就想拉来用。这又是曹操得成为一大政治家之主要条件。但经曹操赏识之人，其事迹都分载在各人传上，并不汇集在曹操一人传上。中国史家，并不曾把全部三国史都放在曹操一人身上，此是中国历史最伟大最特出之所在，然而使我们读历史的人则会感其不易读。

现在让我讲几件故事以见一斑。刘备曾从曹操在许州，操礼之极重，出则同舆，坐则同席。一日，曹操从容谓刘备曰："今天下英雄，惟使君与操耳，袁本初之徒，不足数也。"时方食，刘备为之失匕箸。其时刘备败衄流亡之余，而曹操特具慧眼，识其高出群雄。备则惧其图己，故至惊失匕箸。又刘备手下大将关羽，为操所擒，操亦加厚礼，表封为汉寿亭侯，又叠加重赐。但羽尽封所赐，终于逃归于备。操曰："各为其主，可勿追。"此又见曹操之爱才及能识大义。

又有一人徐庶，与诸葛亮友善。徐庶荐亮于刘备，曰："诸葛孔明者，卧龙也，将军岂愿见之乎？"备嘱偕来。徐庶曰："此人可就见，不可屈致。将军宜枉驾顾之。"遂有"三顾草庐"之事。后曹操军南下追备，亮与庶并从，庶母为操所获。庶辞备曰："本欲与将军共图王霸之业，今已失老母，方寸乱矣。"遂去诣操。此人实是三国时一人物。能识诸葛亮，是其一。能于老母被擒，即辞备归操，是其二。然其归操以后，更不见有所表现，必是内不直操之所为，故宁默默以终，是其三。此人在《三国志》正史上不为立传，因其无多事可述，只附于《诸葛亮传》，载其荐亮及归操之两节。然此人必是一人杰，曹操必先闻其名，故于乱军中能生获其母，而促使庶来归己。然操能得庶之身，终不能得庶之心，亦无奈之何。徐庶在历史上乃一神龙见首不见尾之人物，所见又只是只鳞片爪，有贵于读史者之心领神会。

曹操又赏识到司马懿，要辟用他，但司马懿不肯为操屈，托言风痹，不能起居。操使人往刺探，司马懿整日夜坚卧不动，曹操也罢了。后来隔了几年，曹操终于要他来，再派人去，说若他再不动身，便把他拘了来。司马懿惧怕，终于来了。

以上只举刘备、关羽、徐庶、司马懿四人，实皆不肯为操所用。至于曹操手下多用人才，可不详说。而曹操之善识人，能爱才，已由是可知。

如上所述，曹操兼能政治、军事、文学，又能用人，备此诸能于一身，故为中国史上一稀有人物。但曹操终是一大奸。若操能开诚心，布公道，尽力扶持汉室，刘备不致定不与他合作。关羽自不必说，徐庶、司马懿亦能共辅操业，岂不可使汉室一统重获维持？此下六百年弑篡相承，使中国历史陷入一段中衰时期，曹操不能辞其咎，此已成历史定论。但史家照例不肯自下己见，也不必下己见，只罗列事实，操之为人，已昭朗无遁形。操尝问许劭："我何如人。"劭曰："子治世之能臣，乱世之奸雄。"此十字后人引以为操之定评。然其语不见于《三国志》，而见于孙盛之书。范晔《后汉书·许劭传》则曰："君清平之奸贼，乱世之英雄。"然后人评操之为人，终取孙盛，不取范晔。此中亦有一番大道理，待诸位此后自为辨别，此刻暂不深讲。

又如刘备、关羽、徐庶、司马懿四人，虽各不愿为曹操所用，但此四人又是各具一性格，各自成为一人物。要之，不识人，则不能读史，不能来讨论历史上的一切事。历史以人为主，有人始有事，只有人来决定事，不能由事来决定人。读史者对此，最该深切了解。

三

现在再说，曹操、司马懿都是中国历史上的大奸雄，换句话说，他们是历史上的反面人物。单就个人论，操与懿各有才能，各有成就。魏、晋两朝，即由操、懿两人开业。但何以说他们是历史上反面人物呢？因他们不能领导历史向前，却使历史倒转向后，违背了历史的大趋向。他们既不能领导历史，又不能追随历史，跟在历史趋向后面追上去，而要来违犯历史的大趋向。刚才讲过，历史是一种人生创造，亦是一种人生表现，怎的又说违反历史呢？这因历史自有一条大路，人人都该由此路向前。能指点领导此路的，始是历史上的正面人物。孙中山先生说，他领导国民革命四十年，在求中国之自由平等，此乃是指导中国近代史的一条大路，亦即是中国近代史此下一大潮流大趋势。袁世凯则只为个人，不为国家民族，违逆了此一趋向，所以他也只成为中国历史上一反面人物。

若通观中国全部历史，中国人的历史大趋向，早在曹操以前就决定了。至少远自周公、孔子以来，我们中国历史的大趋势，可说已经走上了一条路。这话怎讲，那要请诸位把中国"二十五史"详细读，自然懂得。要把我上面所讲历史上的时间和事件之新观念详细参味，自知得历史只是一件大事，过去早已规定了未来。如此一条大路，有一段已走过，有一段还未走。我们生在这历史过程中，却不该走错路。曹操、司马懿纵是中国史上第一等大人物，但路走错了。为何会走错路？简单一句话，他们各具一个私心，为己不为人，为家不为国。不论一切事，先论一个心。此番道理极简单，但极重大。三国时代又有一人，后世推尊为当时第一大人物的是管宁。他先是逃避到辽东，曹操把他请回来了，又请他去朝廷，他不去，说有病。曹操派人去看，回来写一报告，那一份调查报告，也保存在历史上，曹操就不勉强他了。曹操用人，用不到管宁，却用到了司马懿。曹操毕生事业，就此可想而知。

我此刻告诉诸位，读历史，定要懂得人物贤奸，这是中国人一向极端重视的一番极重要的大道理，也可说是中国人在人文学上一番大发明。决不是只要不犯法，便是贤，不是奸。也不是信受了一项宗教，便是贤，不是奸。又不是有本领能做事，便是贤，不是奸。本领愈大，事业愈大，如曹操、司马懿，更是一大奸。批评历史人物，自有一标准。所以我们要学中国的史学，便不得不懂中国人的义理之学，那是比史学更大的学问。今天我们又只想要翻案，对于历史也想要翻案，要打倒旧观念，重新估定新价值。我们不要认为今天学到了一点外国皮毛，有了新知识，便可来批评中国历史上一切，重新估定价值。打倒一标准，却不易另建一标准。只把外国标准作标准，无奈我们又不能真照着做。没有标准，尽去翻老账，翻来有什么用，而且又是翻不转。曹操也曾想翻老账，他要拔用不忠不孝之人来自便己事，但历史往事摆在那里，正可让我们作参考。你今信了耶稣，不该骂你祖宗不曾信耶稣。你懂得了科学，不该骂你祖宗不曾懂科学。我们今天懂得崇拜外国，却不能骂我们祖宗不懂得崇拜。至少此是忠厚存心，亦是一种道德。若我们认为旧道德要不得，也该有一番新道德，一切还待我们自己努力。

四

我们讲了历史上有正面人物与反面人物，现在再接讲历史上的人，有一种在上层，有一种在下层。有浮面的人，也有底层的人。浮面上层的人，如三国时代曹操、刘备、孙权、诸葛亮、司马懿、鲁肃、关羽等大家知道，写在历史上，他们是上层的人。可是还有下层的人。前已讲过，任何一件事，不是一个人所能做。中国历史写得尽详细，还都是些上层人物。可是还要有下层人物，历史上根本没有写下。像我们，或许将来历史上都没有名字，可是我们确确实实活在这个历史里面。我们的生命，将来亦会永远藏在这历史里面。有记载的历史，亦有不记载的历史。项羽率领江东八千子弟渡江而西，历史上只写一个项王，八千子弟姓甚名谁，历史上不曾写下。但若没有这八千人，项王一人渡江有什么用？所以我们讲历史，不是要专讲历史的上层，还要讲历史的下层。即如这学校，外面人只知道校长、院长、教授有姓名，不管许多学生。但得师生合作才成一学校。政府有大官小官，亦有不做官不进政府的。但得大家合作，才能有一好政府。

此刻我要告诉诸位，中国历史上遇有问题，多在上层，少在下层。西方历史上有问题，多在下层，少在上层。梁任公曾说，中国人不懂革命，只会造反。造反只是下层作乱，纵是推翻了上层，但一切改革，则仍在上不在下。西方历史上像美国、法国大革命，此是由下层来改造上层。我想此或是梁氏说"革命"与"造反"之分别。但中国历史上层有翻覆，下层还是安安顿顿，这可说是我们中国历史基础稳固。上层屋子破了可以修，掀了可以重盖，若地基一摇动，就会变成了埃及、巴比伦、希腊与罗马。

历史的上层是政治，下层是民众，但中国历史上主要的，又有中间一层，即是知识分子学术界，中国人称之曰"士"。中国社会由士、农、工、商四民合成，我特称之曰"四民社会"。那士的一层爬上去就是做官，干政治。留在下面，就从事教育，指导农、工、商，各尽己责。

今天西方社会中层阶级是商人，做生意，营财利，故称"资本主义的社会"。他们乃是各由个人来自由营谋，自由发展，故又称之曰"自由资本主义的社会"。但中国历史上自有一条路，此一条路几千年直维持到今天，则因有中层"士"之一阶级，亦可称为"学术阶级"。逢到学术昌明，此辈人多往上到政府方面去，则天下治。政治不清明，天下乱了，此辈人回头来只在乡村小都市从事教育，以待后起。所以这个社会能获一永远稳固的基础。

诸位当知，这是历史里面一个大问题。历史进退，不能全由上面少数人负责，该要社会全体负责。在中国，有此一个中间阶层，可上可下，所以中国人一向看重读书人。诸位该研究中国学术史，才知中国历史乃是掌握在中国的学术上。历史决不是一部少数人的，也不是短时期的，乃是多数人经过长时期而形成的。但今天，中国学术中断，下层也摇动了。我们社会的中坚学术界，究把什么来教导我们后一辈的年轻人？明天的中国，究将是什么一回事？我们把昨天的全忘了，明天的无根无据，只知崇拜外国，这事相当危险。

即如学历史，先不问人物贤奸，又不问事情大小，更想拦腰切断不问过去。若真能切断，上面水不来，下面水干了，那一条历史大流也就没有了。但问一个国家、一个民族的悠长生命，怎么可以一刀切断？近代美国还是从英国来，近代欧洲还是从中古时期，从希腊、罗马逐步地变来。今天我们中国人，要想把五千年历史切断，来接上西方那条路，我不晓得是否能有这样几个伟大人物把此事做得成。一条电线，一根自来水管，可以切断这里，接上那里。我们只说要迎合世界新潮流，但也不能忘了自己的本源。今天我们的想法似乎太简单。

五

现在我再进一步讲，人类历史大体说来，可以分成两型：一内向，一外向。"内向型"是把向外所得来充实内部。只要内部充实，有精力，有作用，自能常存而益进。"外向型"是把内在所有来扩展向外，但此扩展应有一限度。若因向外扩展而内部为之耗损，则扩展将不可久。历史一本于人生,人生也有此两向:一是内生活,一是外生活。"内生活"注重在生命本身与其内在德性之完成。"外生活"注重物质利用与其外面事业之放大。也可说一是偏向在"心生活",一是偏向在"物生活"。刚才讲过,人有"自然人"与"文化人"两身分。开始是自然人身分多,定是向外。若不向外,不能在物质方面能利用、能驾驭,他将不能存在。而且除对付物质以外,还须对付敌人。在自然人时代,人与人之间都像是敌人。人类文化渐高,内心生活便日占重要,遂称此种外生活为世俗的生活。人类文化大趋,乃是从自然生活、世俗生活即外生活渐渐转向内部,来进入更高一层的内向心生活。当知生命重要,内更胜过外,心更胜过身。因此人类文化演进,自会有宗教。宗教都在指导人的内生活。耶教讲灵魂,讲上帝,都只能由人从内心去体认。佛教更然,教我们离家出世,远离物质与世俗,在深山僻静处求取涅槃。这些都是侧重在内生活。只有中国,周公孔子之教,要把内外调和。正心、诚意,这是内生活。修身、齐家、治国、平天下,这是外生活。忠孝仁爱,内外合一,内外交向。从内向外,同时亦从外向内,把内外融成一体。世俗即是道义,道义即是世俗,这是中国文化的最特殊处。

讲到其他民族如埃及,必然会联想到他们的金字塔。金字塔岂不至今尚在,又是何等伟大,然而当时埃及人的聪明精力则都消耗在这上了。又如罗马的斗兽场,不仅在罗马首都有,只要罗马帝国势力所到地多有。其建筑之伟大可勿论，论其娱乐享受，何等紧张，何等刺激。猛狮噬人，不仅无动于衷，反而认为是乐事。这也是一种外生活。在中国古代，既无金字塔，又无斗兽场，没有这般的遗迹留下。只有几个圣人的故事，长为后代传述。那些故事，又不是什么大功大业。尧为天子，他的儿子不好，把天下传给了舜。舜亦本无大功大业，只为其能孝，给尧知道，便把天下传给他。中国古文化传下来的主要是这些，这些只是人生内心方面的德性。换言之，也可说，这些只是讲的人。中国古人，则只把这些人、这些人的德性传下了。

中国人理想，要有一个完整的人生，此项理想，表现在几个理想人的身上。直从尧、舜、禹、汤到文王、周公、孔子、孟子，如是一路传下。我们主要说："人皆可以为尧舜。"此乃是说，此一文化遗产，人人能保守住，并能把来发扬光大。金字塔、斗兽场等，不能永远无限地建造扩展，所以埃及、罗马的历史也终于中断了。正因这些是向外物质进步，但物质进步不能永无限止。一方面是人的内在德性，却可永远继续。

物质进步有限止，但同时又是无限止。如金字塔，纵是伟大，但人总还想有更伟大的出现。刺激人的，终于要成为不够刺激。人之德性，并不刺激人，却可使人自我满足。今天人人都讲要进步，但只讲进步，将使人永不满足，也就永不稳定。不满足，不稳定，专来求进步，此事有危险，而且当下也就使人不快乐。满足与快乐，须在人之心上求，稳定须从人之德性中来。今所求之进步，则只在外面物质上计较。从人类所有各项宗教讲来，这些都是外面世俗生活，究是要不得。至少这决不是生活之究竟。

六

每一人生，总有两方面：一方面是我们的生活，一方面是我们的事业。事业外在，生活则内在。内在生活满足稳定，外在事业自可有进步。内在生活不满足不稳定，只在外面事业进步上来求我们内在生活之满足与稳定，此事必会有危险。因此该看重生活更过于事业。诸位不要误会我此所讲的生活，也指向外，如看电影、打球、游泳等，中国古人无此生活，诸位便说现在我们进步了。诸位当看舜如何般生活，孔子如何般生活，这是内在德性方面的生活。此等生活，不能像我们今天般时时要进步，但此等生活，论其满足与稳定，却胜过了我们。

诸位又当知，中国人所讲一切道理，大都尽是在历史本身演进中觉悟得来。如汉代人有一句话，诸位听了，或许会觉得很腐朽，或说太陈旧了。这句话说："黄金满籝，不如遗子一经。"是说家里有满筐黄金传给儿子，不如只传他一部经书。此一部经书中讲的便是尧、舜、周、孔诸圣人的内在德性生活。从前中国的贤父母们，都懂得这道理。传给他儿子一本经书，可教他懂做人的道理。做人便得在历史大流中做，可得继往开来。所以中国社会上不断有孝子，他们便都在继往开来，他们便都是历史人物，又是历史的正面人物。不断有历史正面人物，历史自然不会断，所以能五千年到今天。黄金满籯，须要事业。传子一经，则只注重在生活。诸位今天在学校求学，若是只为谋职业，把谋职业作为目的，一切知识技能都成为是手段，这种生活理想便都是向外，事业重过了生活。

诸位或许会说，今天的西方人，难道无内在生活吗？中国古人讲德性，难道能没有职业、不吃饭穿衣吗？那自然是不错。但人生内外无法明白分别，却有个轻重主副之异。中西历史在此上确是有不同。如中国衣服重舒适，西方衣服重工作方便。中国家庭制度，亦是为生活重于为事业。西方家庭制度，则是为事业重过了为生活。中国从古看重礼乐，亦是生活重于事业之一例。西方社会亦有礼乐，但大体皆从宗教来。中国礼乐则从政治来。换言之，一重出世，一重入世。大家说中国社会重人情，此是生活。西方社会重功利，此是事业。论到学术，姑举文学一项言。中国文学偏重内向一型，文学中所表现，即以作者自己生活为主。西方文学偏近外向一型，其表现与完成，乃成为一番事业，在作家之身外，而不在其自身。今天人类登上月球，也是为事业心所策动，而非由于人类生活内在之要求。归结言之，人类终是为了生活而要有事业的，不是为了事业而要有生活的。换言之，人生当以"身生活"来完成"心生活"，不当以"心生活"来完成"身生活"。人类渐从自然人生走进文化人生,此是一条大路。但文化人生仍必建基于自然人生之身上,不能如宗教家想法,要摆脱世俗生活。但应在世俗生活上有理想,不能即奉世俗生活为理想。只有中国人,创辟了此一历史大趋。但我们今天,个人主义功利思想弥漫日盛。中国四民社会中"士"的一阶层,本要在世俗社会上建立历史理想,把如何做人即如何生活,奉为如何做事即如何建功立业,作基础,作准绳。德性道义生活更重要。但此刻则此一阶层渐趋没落。我们也将追随西方,只重个人的外生活,重功利,重事业,新社会亦将以工商经济为主要中心,一切听命于此。此从中国传统历史讲,乃是天翻地覆一绝大转变。我们要把中国历史大流堵塞,另开新流,此事艰巨且不论,其是非得失,亦该有讨论。

七

西方共产思想,即是自由资本主义社会一反动。此刻在西方自由资本主义社会中,嬉痞成风,也是个人功利主义一反动。他们中间,何尝没有人不想把生活转放在事业之上,把德性转放在功利之上。然而除却宗教,实未有一套历史积累可资凭借。而今天西方的宗教力量,实已抵不过他们的世俗人生,所以有"上帝迷失"之叹。然而今天西方的个人功利主义、自由资本社会,亦有他们两三百年的历史演进，因之还是有许多在他们是对病下药之安排。我们今天，要急速使社会资本化，人生个人功利化，效果未见，然而我们却已是迷失了德性，迷失了道义，以此较之他们之迷失上帝，将更为可怕。我们的生活，亦急剧转入不满足、不稳定，如此则又何从希望能有事业。我们不能专把此一切归过于物质条件、经济条件上。诸位只要稍一研究我们的现代史，试看中国此一百年来之经过，究竟毛病是出在物质条件、经济条件上，抑是出在人，即是出在我们不够生出许多合理想的人物上。其中是非轻重，即易了解。

我们不要把人才问题转换成经济财力问题，又把"人品"问题忽略了。近代中国史上的人物，也不是无才，乃有些是无品。所以我要诸位读史，能注意人物贤奸。先问其人之品，再论其人之事。事业上要才，但生活上则更要品。我们不登上历史舞台，无才也不要紧，但不能不生活。生活主要在先有品，我先所说之德性与道义，乃是分别人品之主要标准。历史既不是个人的，也不是十年八年短时期的。不像此室中一盏电灯，只要有人来拿手一按此开关，便可满屋子光明。在人生历史上没有这回事。所以我要劝我们每一个人都要懂得如何参加进此历史大趋，来主宰此历史。天下兴亡，匹夫有责。今天在座诸位，并不是都要学历史，但对于国家民族当前的大问题，都有我们一份责任，也都可有我们一份贡献。诸位或说我是学自然科学的，但就中国历史讲，则人都该有品，都该有他一份德性生活与道义生活，然后才能在此上来参加历史，作一历史上的正面人物。若是学历史的，我此四番讲演，虽没有切实讲到中国历史上长时期中之许多人和许多事，但学历史之主要着眼点则应在此。

总之，我们当知，至少我们全是历史上一无名人物，谁也逃不掉。但我们全要做一历史上的正面人物，不要做历史上一反面人物。此一辨别最重要。我已讲得太多，浪费诸位时间，我亦即此停止。

（一九七〇年台南成功大学讲演）

中国历史精神

提　要

个人有"习惯"，社会有"风气"，一国家民族之整体，则有其已往之"历史"，此皆其民族中个人与群体生命之表现。

生命又当分内、外两部分，外在部分属物质，内在部分属精神。内、外两部分，又各有其相互融合会通处。故在每一生命中，又必可分"物质"与"精神"之两部分。

今以历史记载言，又可分四大部分：一曰政治组织，一曰国际形势，一曰社会结构，一曰思想学术。前两项乃其生命表现之粗大部分，而亦当分内外。中国史重在安内以攘外，故以政治组织较国际形势为重。西洋史重攘外以安内，故其国际形势尤重于政治组织。

中国自古乃一宗法社会，由"亲亲而尊尊"，乃有封建政治。故由社会大群形成政府，而政府民众上下可如一家。西方自古乃一工商社会,向外市场活动其重要性尤胜过于其向内之乡土安居。故西方如古希腊,有城邦,无国家。罗马则向外扩展成为一帝国,乃由政府来控制社会大群,非由社会大群来形成政府。故其上下间,有尊而无亲。

亲亲尊尊,人贵能"尚贤"。中国古代,由宗法社会演进而成四民社会,"士"之一流品,高居农、工、商之上。又演进而为士人政府,则已由封建统一转而为郡县统一。除君位世袭外,宗法在政治上之地位已不重要,而社会中又渐有门第兴起,此乃由士族宗法所形成。魏、晋下分为南北朝,南朝乃由士族门第来操纵政府。北朝政府则由胡族与中国之士族门第合力组成。直至隋、唐,推行考试制度,门第之势力又渐衰。然士阶层之势力则更盛。

下至宋代,儒家张横渠言:"为天地立心,为生民立命,为往圣继绝学,为万世开太平。"此见中国士人在历史上之至高之地位与其至大之任务。元、清以异族入主,政府变于上,而社会则安于下。社会不变,斯政治传统亦不能大变。社会则依然一四民社会,政府亦依然一士人政府。故清儒顾亭林言:"国家兴亡,肉食者谋之。天下兴亡,匹夫有责。"其所谓"国家",即指政治组织言。其所谓"天下",即指社会结构言。而中国士人之思想学术一项,遂更占重要之地位。惟其主要则仍重其人内在之德性,而非外在之权位。

故中国历史,士人德性远重于权位。"德性修养"为人品高下分别一最高标准。性、道合一，事业纵败于一时，而其传统影响，则终大成于千古。德性列下品，则事业纵荣于一时，亦必贻身后以耻辱。事业成败见于历史之记载，而德性高下则属个人内心之修养。中国古人言立德、立功、立言为"三不朽"，又其贤而有德者亦多必有言。故中国之士主在立德，次之在立言，而其立功不仅在己，又赖于外在之机会，惟其立德、立言之功，则可长垂于历史，永传于后世。

中国历史重人品，德性为上，才能为下。才能低，德性无缺，亦为完人。才能高，而德性有缺，则为奸为邪，为非人。其事业则为罪恶，财力权势更所不计。一国之经济武装，皆一本于人道。平安和睦为人生一大理想，而富强则非所求，此始为中国之历史精神。

一

中国历史有一套"悠久"精神，又有一套"广大"精神。一指时间，一指空间。中国历史绵延五千年，疆土辽阔，只此两者，乃为举世其他民族所莫能比。

中国历史更主要的，乃有他的一套一统精神与传统精神。何谓"统"？须有头绪，有组织，合成一体，谓之"体统"，亦称"系统"。中国自古即精于丝织业，"统"字观念由此来。大群聚居一地，便该有头绪、有组织，合成一体，此之谓"一统"。中国人称

"大一统"，乃说此合成一体之统，乃是人类生命事业中最有意义最有价值之最大者。故亦最伟大最可宝贵。而此一个统，则又贵其能世代相传，永久存在，此则为"传统"。中国史之悠久与广大，则正在此能一、能传之"统"字上。

二

今再进而言中国历史之内容，大体言之，可分三统。

一曰"血统"。父母子女各具一体，各为一人，但超此分别之上，则有一个生命之统。此统是无形的，但实会合此诸分别之体而成为一体，今称之曰"血统"。

自然人生有男女之别，不仅人，飞禽有雌雄，走兽有牝牡。即植物，亦分阴阳。两性配合，乃有新生命。人类由男女而结为夫妇，生育子女，始为父母。故夫妇为人伦之始。

何谓"伦"？如丝织有经纶。人生亦有伦，乃为人生之经常大道。故严格言之，孤男不得称为一正常人，独女亦不得称为一正常人。必男女组合成伦，始成一正常人。得为正常人，始得真有人类之大生命，此之谓血统。

夫妇、父母、子女合成为一家。使无家，我之生命何由来？使无家，我之生命又何由传？故人之一身，乃其小生命所寄。其一家，始是其大生命所寄。父母之上，更有父母。子女之下，更有子女。始是其生命之宏大而悠久。男有婚，女有嫁。女嫁向外，又成外家。每一家各有其外家，历世皆然。于是外家之外又有外家，如是则始见其生命之广大。而在此悠久而广大之大生命中，则有一个统，此之谓血统。

中国人早认识了此血统之意义与价值，故在很早之古代，即已成为一氏族社会。依古人惯例，男称氏，女称姓。同姓不相婚。男性同居一地，同治一业，则称"氏"。氏族在家庭之上，其实不啻即如一大家庭。战国以下，男女姓氏渐不分，男亦称姓。此即是重血统更重于职业之一证。此一情势，直迄东汉晚期以下，乃有门第社会之兴起。唐以下，门第渐衰，而氏族观念则仍为中国人所重。宋初乃有《百家姓》，其书流传，直迄于今。故中国社会传统，特有看重姓别之一观念。

每一姓，又必各有其家谱，详记其一族一家之由来。每读一家之家谱，由其本族，兼及外家，即可旁通于数千年来国史之大概。今称"民族"，亦由家族、氏族之"族"字引申而来。亦可谓一部中国史，即一部中华民族史，亦即可谓乃一部《百家姓》之共同家谱之最重要之综合记载。中国历史之寓有甚深血统之观念与精神，亦由此见矣。

三

血统之上，又有"政统"。政治乃管理众人之事。中国人重血统，亲亲而尊尊。凡所亲，则当尊。一家之中，父母最亲，亦最尊。一家之事，即由父母主管。一家之外，同居一地，同治一业，同一氏族，必有家以外之大众公事，则须择族中之贤者来管理。由是遂于血统上，渐建有政统。

中国每一氏族，必有一始祖。此始祖则必为一大贤大圣。如周氏族之始祖为后稷，乃姬姓。然后稷有母姜嫄，姬、姜两氏族通婚，其来已久。后稷既有母，必当有父，即姜嫄之夫。但周氏族则造为神话，说姜嫄"履帝武敏歆"，说她在路上踏到了天帝的大脚印，而她腹中动了，遂受孕生后稷。这是说后稷乃由天生。但当时之姬姓，早有一部落、一社会，非只姜嫄夫妇之一家。《大雅·生民》之诗，备详其事，兹不再述。但后稷教民稼穑，乃其族中一大贤大圣，故后世周氏族乃群奉之为始祖。姜姓始祖，则为神农，其人尚在后稷前。但神农、后稷，同于农业有贡献。后稷名弃，神农何名则不可考。故中国人于亲亲尊尊外，又有"贤贤"一义。贤贤即是尊其贤，尚其贤。每一氏族之始祖，则必为一贤人圣人。岂得谓于每一血统中，乃无贤无圣之可亲可尊乎？惟尊此贤圣为一族之始祖，而此贤圣以前之父祖，乃可置之不论。此"尊贤"一义，则又为我中华民族所独有，并世其他民族则无之。

今言陶唐氏，其氏族乃以从事陶业得名。尧则其氏族中之贤者，其后人亦遂奉为其氏族之始祖。但尧不仅管理陶唐一氏之政，亦兼管理其他氏族之政，而贵为天子。此即中国古代社会由血统进而有政统之一例。同时有舜，乃有虞氏。虞乃古代掌管山林禽兽之一业，世袭其职，遂成一氏族。尧之使舜摄政，又让位，乃以天子之位，由此一氏族让之他一氏族。至尧之子丹朱，则当仍可管理陶唐氏之事。舜又让天子位于禹，然舜又封其弟象于有庳。舜之子商均，亦必有位有职，可以管理有虞氏之事。则中国人之于血统、政统两者间，又有其共同相通处，中国社会上层之政统，乃由其社会下层之血统演进而来，而相与共成为一体。以其血统之悠久，遂成其政统之久。以其血统之广大，遂成其政统之大。政统之久大，即以巩固其血统之久大，此乃所谓"人文化成"，政治、社会一体相通。虽有进步，并非改变。中国人谓"化家为国""化国为天下"，此非纯属一种哲学理想，实乃中国历史演进之实际情况则然耳。

尧舜禅让，汤武征诛，此乃历史上偶发之事，非可视为先有此一必然之规律。至于自天子以下之职位世袭，无论在民间业务，或上层政治，莫不皆然。又必期求此世袭之制能永存而不变，于是在政治上乃有"封建制度"之成立。尤著者，则为西周初年周公之封建。不仅大封其姬姓同氏族者为列国之诸侯，又"兴灭国，继绝世"，凡属中国历史上有名之大圣大贤，其曾立有国，以代表其氏族者，今其国虽亡，世虽绝，乃重新建立，使之仍得为一列国之诸侯。则周代之一统，乃统其当时中国之凡百氏族，有圣有贤之参加于古代国史之过程中者，兼容并包，而成此一统之治。故西周之一统，不仅为当时政治上之一统，实可谓乃是我民族历史文化上之一统。而中国历史之悠久广大精神，亦更由此而见矣。

秦以后中国政治由"封建制"改为"郡县制"。其与前相异处，则全国只留一中央政府，其下更无列国诸侯之分封。其中外上下政府官员之任用，则一以"选贤与能"为标准。惟最高之君位，则仍由世袭。此因远在两千年前，中国已为一广土众民之大国，教育既未普及，交通又多不便，政治最高元首，难由民众选举。勉强定一选举制度，徒易引起争端，亦未必能定得大贤人。故仅求于君权严加限制，为君者仅其长子得世袭君位外，其伯叔、兄弟、子侄辈，一家近亲，乃均不得参预政事。即或间有封位，亦仅食禄，不许预问政事。古近"亲亲"之政，乃一转而为此下之"尊贤"，此亦不得不谓乃中国政统上一大转变，一大进步。

中国此一郡县制之政统，上起秦汉，下迄清末，历二千年之久而不变。其间亦有未能常保其一统之局者，则为乱世。于是乃又有正统、偏统之争。如东汉之末，魏、蜀、吴三国并列，陈寿编为《三国志》，即不专尊魏为正统。此下南北朝对立，亦各非正统。唐末五代十国并存，则五代亦非正统。北宋有辽、夏分峙，南宋有金与夏分峙，然南北宋则不失为当时之正统。正统与非正统之别，其间寓有深义。论政统，则又必兼及于"道统"。

四

今言中国之"道统"，上文已述及亲亲、尊尊、尚贤，此三者乃皆中国人所谓之"大道"，实即乃是一"人道"，乃人与人相交之道。人与人相交，不得不亲其亲，不得不尚其贤。而亲亲、尚贤，则必兼寓尊尊一义。故尊尊非人类之不平等，亦犹亲亲、尚贤之非为不平等。其亲、其尊、其贤，则为人类之大多数而定。而能知此道、明此道、守此道、行此道者，则乃人类中之少数。故能由人类多数中产出此少数，又能由此少数来代表多数，领导多数。多数少数，融成一体，此始为人道之最高理想与最高境界。

唐虞禅让，汤武征诛，征诛与禅让，其事若相反，实则乃相通，相互结合而共成为一道统。君位变动，朝代更易，其意义皆重在多数民众之利益，不在此君位一人之私。西周东迁，天子政令不行，乃有齐桓、晋文之霸，挟天子以令诸侯。然霸道非王道。孟子谓王道以德服人，霸道以力服人。中国历史上之政统，重在其遵道义，不在其仗权力。秦汉以下，郡县政治中之为君者，虽只其一人贵为天子，但亦有王道、霸道之分。故封建与郡县在政治制度上则有变，而政统大道之贵王贱霸，贵德贱力，则一承而不变。此非细读一部中国"二十五史"，此道义与权力之辨，亦不易知。因此一分辨，非属中国人之空想，乃中国历史实际情况大体乃由此分辨而演进。

五

综合上述之血统、政统、道统三者而言，政统既高于血统，道统又高于政统，三者会通和合，融为一体，乃成为中国历史上民族文化一大传统。惟其有此一文化大传统，乃使五千年来中国长为一中国，中国人则长为一中国人。历久而不变，与时而弥新。古今新旧，则长融和在此一传统中。此惟中国始有之，而并世其他民族之历史则不能有。

今再言中国历史，乃一人文精神，或文化精神之历史。"人文"与"文化"二词，皆近代语，译自西方。然中国古书中有"人文化成"一语，译词即本之此。何谓人文？"文"犹俗言花样。天亦有花样，如阴、阳、寒、暑。地亦有花样，如山、川、海、陆。万物生其间，亦各有花样。有生物如飞、潜、动、植，无生物如金、木、水、火、土皆是。人为万物之灵，故其花样亦最多，此之谓人文。

人文即人生花样，必多变。随时、随地、随人、随事、随物而有变。但中国人文则必一统之于"道"，道则虽亦时时在变，而终有一"常"不可变。故中国人言变，又言化。《易·系辞》言："化而裁之谓之变。"如人之一生，自婴孩、幼童而成年、中年、老年，而至于死，其身随时有变，然其内在生命先后相承，以成其为一己之生命者则终不变。中国人言此乃一体之化，或一气之化，即生命之化。于此一"化"的过程中，而加以裁割分段，乃始谓之"变"。故万变只在一"化"中，化则"常"而非变。一人如此，一家亦然。高、曾、祖、父迄于己，已五世，若在变，然其为一家生命之血统相传，则终无变。一家如此，一国亦然。上自庖牺、神农、黄帝、尧、舜，下迄晚清之末，历五千年之久，虽事变无穷，而民族大生命、文化大传统，则相承不变。故五千年之中国，则终是一中国。中国人亦终是中国人。此五千年来之中国与中国人，乃由人文化成。而一部中国历史，亦即由人文化成。世界其他民族之历史，则全不能与此相比。

姑举西洋史言，希腊之后有罗马，但不得谓自希腊传为罗马，亦不得谓由希腊化成罗马，只得谓希腊变而为罗马。罗马以后有中古封建社会，又有现代国家之兴起，但亦皆是一种变，不得谓自罗马传来，或自罗马化成。即如当前之美、苏对立，又是西洋史上一大变，亦不得谓自西欧英、法等现代国家所传来或化成。故中国古代之"人文化成"四字，在西方历史上全用不上。西方人言"文化"，实与中国人观念大相异。西方人知有"变"，不知有"道"。其变乃偏重在人生外面之物质上。故西方无史学，西方史学乃起于近代。西方史学家言人类社会，乃自石器时代变为铁器时代，又变为铜器时代，又变而为近代之电气时代，乃至核子时代计算机机器人时代等。其言变主要均在外面器物上，其他一切人文则追随而变。中国人则称古代有有巢氏、燧人氏、庖牺氏、神农氏，不称穴居时代、巢居时代、熟食时代或牧畜时代、耕稼时代等。此则因中国人重人文，由人文来发生出物变。西方人重物变，由物变来影响及人文。一以人为主，一以物为主，双方观念不同，而其言历史演进亦随之而不同。

六

但中国人文之化，亦非不看重外面物质世界。人生在天地万物中，乌得脱离天地万物而独立以为生？故中国人言"天"，必连言"地"。"地"即万物中之最大一物。余家在无锡城外四十里啸傲泾上之七房桥，自十八世祖建宅卜居，明、清以来，已逾六七百年。余撰《八十忆双亲》一文偶及之，一美国人翻译余文，特参考读《钱氏家谱》以相证。美国立国两百年，英国人最先移民北美亦仅四百年，而余之一家，则已具六百年以上之历史，无怪此美国人见以为奇。离余家四五华里有一小丘，名鸿山。东汉梁鸿、孟光离洛阳来此隐居，死而葬焉。则距今已一千七八百年。此山又名皇山，亦称让皇山，乃周初吴泰伯让国来此，亦死而葬焉。则距今已三千二百年。又离余家十里左右有荆村、蛮村，乃吴泰伯来荆蛮，故相传有此两村之名。后人改蛮字为梅字，今称梅村。有《泰伯梅里志》一书，列举四围一二十里内各地故事，已如读一部欧西小国史。而中国历史上之血统、政统、道统三大精神，亦胥可由此一小书中窥见。

又如无锡县，早见于秦代，至今尚有锡山。并有梁溪，则从梁鸿得名。其他古迹不胜举。吴县与无锡毗邻，即苏州，古迹更多。如胥门，即以伍子胥名，其人其事乃在春秋时代之末。有虎丘，在城外，乃高僧竺道生在此讲法"顽石点头"处，则距今已一千五百年。其他不具述。姑举城内之园亭言，则唐代有网师园，宋代有沧浪亭，元代有狮子林，明代有拙政园。除网师园较不著名外，其他三处，游人群集。古代规模，大体犹旧。则游览一苏州城，岂不一部"二十五史"中几多材料，几多故事，依稀想象，大体犹在目前乎？则此苏州一城，亦即所谓"人文化成"之一具体例证矣。

以上特就余一人早年所生所住地而言，其他全国各地莫不有名胜古迹。如四川灌县离堆，有二王庙，则自秦代李冰父子在此治水害，而两千年来自灌县至成都数十里内，各地区各时代之水利兴修，乃均历历在目。如江西庐山，北麓有西林寺，乃自南朝高僧慧远所创建，迄今亦已一千六百年。又如游西湖，有白堤，乃唐代白乐天所筑。苏堤，乃宋代苏东坡所筑。自宋代林逋以下，名人古迹，又何可胜举。尤其如游山东曲阜之孔林，此一坟墓，实只在平地上栽些树木而已。

然二千五百年来，长受国人保护瞻拜。果读孔林中历代碑碣，则必多有使国人不胜其痛悼追忆者。如金、如元、如清，异族政权所立碑碣又何限？即游孔林，而读其碑碣，一部"二十五史"中，两千五百年来之治乱兴亡，盛衰起伏，文化传统之演变，亦几乎可大体在目矣。其他如游黄河，游万里长城，到处皆然。此不详论。

中国一部"二十五史"，主要在列传。人物传记，乃为中国正史中一主要项目。惟自班固《汉书》以下，即各断代为史。唐杜佑《通典》，宋郑樵《通志》，元马端临《文献通考》，后人称之为"三通"，此下又有"六通""九通""十通"，乃始为中国断代史以外之通史。西方人则以希腊史、罗马史、中古时期史以及现代欧洲列国史，互不通者，纷罗杂陈，谓之"通史"。中国则于历代演变一线相通之外，特举政治制度及其他人文诸要端，群策、群力、群业所成，不出之于各个人之事业行为者，始谓之"通史"。即此一端，亦可见中西历史精神绝大不同之所在矣。

抑中国历史之所谓"通"，不仅通于人与人之间，更有通之于自然万物者。故中国五千年来之历史，并已融化在中国之大地上。全部中国疆土，可谓皆由中国历史之人文化成，乃为中国之一部活历史。每一中国人生在每一城市乡里中，即不啻生在一部中国文化五千年之活历史中，乃使其能在不知不觉中，而化成为一中国人。不仅如此，如家谱，如地方志，及其他如寺庙志等，亦各古今相通，可同目为通史。

七

中国人文不仅通于地，亦犹通于物。如丝绸、如陶瓷、如玉器铜器、如饮膳、如房屋建筑、如桥梁，凡属食衣住行，佩带玩弄，人生日常所需诸品，虽亦历代有变，而亦一气相承，古今相通。即如书画亦然，此为中国之最高艺术，亦有历史演进。故每一中国人之有其家，有其乡里，即不啻在其生命中，即各自占有了国史之一部分。而其在一客堂一书斋中，悬挂一书一画，陈列一盆一瓶，一室之内亦已涵有国史之一部分。又如中国之文房四宝，纸笔墨砚，考其渊源，究其流变，则不啻两千几百年来一部中国文化史，一部中国科学史与艺术史，亦已撷精挈要，罗列在一桌之上矣。故中国人又连称"文物"，则人文中之有物变，亦已一以贯之。物变即以济人文，人文乃以成物变。而一切则惟以人为主。全部中国史则亦惟此一语尽之矣。

故中国工业皆艺术化，皆与人类之内心生活、性情深处密切相通，亦皆由人文化成。与西方工业之趋于科学机械化，商业财货化，仅为人类向外谋生之一种手段者绝不同。故中国则物亦通于史，而西方则物与史别，抑且物为主，而史为副，此又其一异。

中国人既重历史，故重时间观，虽一文一物，必求其历久相传，一气贯注，如一生命之存在，乃无古今新旧之隔阂。即如三千年来一泰伯墓，在吾家乡村间，亦一气相承，一体相融。乡人只感其可敬，未觉其为远古之与我相隔也。即如客堂书斋中一幅古字画，亦可属数百年、千年以上物，虽甚可贵，但与其他陈设亦一体相融，未觉其古今之相隔。即如《诗经》三百首，《论语》二十篇，使家中子弟诵之，亦可朗朗在口，默默在心，使吾心与三千年、两千五百年前古人心融为一体。亦未见有古今彼我之相隔。故凡中国人心，苟受相当教育，具相当修养，则我心即史心，五千年中华民族之大生命，即融入吾此短暂狭窄之小生命中，而有何古今新旧之足辨。中国五千年历史文化之一气相承，亦即此之故。

西方则转若以物变为主，人文为附。西方人亦非不尊古，不好旧。惟其所尊所好之古与旧，则多属物，少属人。希腊一古建筑，英国人全部迁之伦敦。法国一古修道院，美国人全部迁之纽约。埃及之木乃伊，欧美诸国博物馆无不各有珍藏。古罗马诸建筑，今其遗迹，仍保留在罗马一城之内外者亦不少。而如巴黎之凯旋门与凡尔赛宫，伦敦之西敏寺与白金汉宫，岂不皆为英、法两国人所瞻仰崇敬，而兀然尚存，引为一国之光荣。中国人之尊古好旧，则异于此。秦始皇帝筑阿房宫，项王付之一炬，后人不以为惜，特引以为戒。斯其人文精神之相异，岂不显而易见。

余三十年前初来台湾，乃于郑成功外，又知有吴凤。即于台南瞻拜郑王祠，又于嘉义瞻拜吴凤庙。三十年来，台湾经济繁荣，物质建设，层出不穷。各公园各观光区，后来居上，日新月异。甚至如台北淡水之红毛城,乃由外国人建筑,亦同目为古迹,郑重修理。而吴凤庙则已退居不足重视之列,为游客所少至。此亦近代国人观念转变,重物不重人,亦慕效西化一要征矣。果以阿里山比之美国西部之大峡谷,吴凤之杀身成仁,舍生取义,不仅使高山族与平地居民长得和平相处,今已同化如一。中国人文化成之理想,即由吴凤一人身上表现,岂非一具体史实乎?而美国人之西部开发,则印第安人之命运又如何?故美国西部仅有大峡谷可资游览,但无吴凤其人可资崇拜。双方历史精神之不同,岂不亦由此可睹。而近人则并吴凤而弃之不信,西化之程度有如此,亦良足深叹矣。

八

今撇去人与物之问题不谈,再谈人与事。余二十年前在美国,曾论历史乃人事记载,而事则由人,故中国历史以人为主。一美国史学家询余,人与事有轻重分别,斯固然矣。但其人苟不为一历史人物,亦不得载入史籍中。余谓此正中西双方历史大不同处。西方人把历史看成人事中之一项,故有历史人物与非历史人物之辨。中国人之史学,则会通全部人事,人生即历史,历史即人生,两者二而实一,故无特殊之历史人物可言。在中国史籍中,西方人所谓之非历史人物,记载乃特多。此非细读中国史不得详知。今姑举一例,平剧中有韩玉娘,此女姓名不传,论其生平,自当非一历史人物,而今已全国皆知,实不啻乃中国历史上一特较显著之人物。又如陶渊明卒在宋,而晋、宋两史均加收载。严格言之,渊明不为五斗米折腰,乃一诗人,亦非一历史人物。而在中国人之观念中,非历史人物之更见重于历史人物,其事早起于远古。

周武王伐纣,伯夷、叔齐叩马而谏。西周得天下,伯夷、叔齐耻食周粟,采薇首阳之山,卒以饿死。此两人这一节故事,对殷周兴亡之历史大变动,可谓并无作用与影响。亦竟可谓非当时一历史人物。而八百年来之周人,乃盛称之。及西汉司马迁为《史记》,首创列传体,伯夷、叔齐乃高居七十列传之第一篇。中国文化重人,其人乃可无当时历史事业可言,更不论其事业之大小与成败。伯夷、叔齐之叩马而谏,纵谓其事乃当时一大事,但并未成功,全归失败,全无影响。但三千年来中国人,对此二人不绝称颂。而其地位与影响,从另一角度讲,则可谓更高更大于周武王。非明得此等故事,即不能读通一部中国史,亦无以论中国文化之特质。

秦末楚汉相争,田横为齐王。韩信灭齐,田横遁一海岛上,从者五百人。高祖既定天下,召之曰,来则非王即侯,不来则加兵搜捕。田横偕其客二人登陆。高祖时居洛阳,田横行到洛阳前一驿,告其二客,汉帝召我,不过欲见吾一面。我死,持吾头往,面尚未坏。乃自刎。二客持田横头见汉祖,汉祖大感动,立封二客。二客乃亦自杀。急派使赴海岛，招其余客。乃五百客闻讯，亦皆自杀，不赴招。此一故事，傥以放入西方小说中，岂不成为一文学上品？即如项王邯郸渡水之一战，鸿门之一宴，垓下围中之一歌，乌江亭前之一番话，岂不亦皆文学之上品？但西方实际人生中不见此等事，乃由文学家来创作捏造。中国则即人生即文学。惟就当时历史情况言，则邯郸一战，鸿门一宴，亦可谓对当时大局有关系，有影响。若如垓下围中之一歌，乌江亭前之一番话，则局势已定，多此一番花样，似无意义价值可言。而田横之一死更然。但中国人视此等事，则皆目之为人文中之绝大事项，既可称之为文学，亦得列入历史记载中。故中国历史，乃一由人文化成，而非从人文大体中某些功利观念，分别出一些特殊事项来认为是历史。此则又是中国历史一种特殊精神，为其他民族所少有。

进一步言之，历史又必求其能影响于后人。故从悠久之历史言，其所影响，则汉高祖亦或有不如项羽、田横处，吕后亦或有不如虞姬处。中国人自秦汉之际两千年来，几乎无不知田横与虞姬。其深入人心，影响之大，前之如有伯夷、叔齐，后之如有韩玉娘。惟其为历史人物之分量少，而其为文学人物之分量多，而卒成为一中国的历史人物。故其影响人生，乃较文学人物而更大。除文学人物外，尚有其他各项特殊人物之记载在中国历史中者，兹不具详。而中国历史之真意义，真价值，乃与其他民族之历史亦无可伦比，无可衡量矣。故研究中国历史，实首当以人物为主。

今日国人竞尚西化，提倡新文学，必以小说为宗。于是人人知有林黛玉、薛宝钗，却淡忘了韩玉娘，乃至如柳如是、李香君等。人人知有贾宝玉，乃或不知有程鹏举。但不知中国自古亦有小说，如战国时九流十家中之小说家言，实即稗官野史，仍与历史相同。《春秋左氏传》材料，即由此等小说来。而西方小说则多捏造，又与中国小说不同。而今日中国则崇洋自鄙，人心变，斯人生亦随而变。此下中国一部新历史，亦必与已往五千年旧历史精神情节无可相拟矣。

九

中国人有人品观，此亦中国文化一重大要项，主要特质。班固《汉书·古今人表》分人为上、中、下三品，每品又分上、中、下，共九品。自上古迄于汉，一应人物均分别填入表中。贵为天子，居全国政治最高领导地位，而其人列入下品，竟有列入下下品者，为数不少。其列入上上品者，自尧、舜、禹、汤、文、武、周公以下，惟孔子一人。其列入上品三品中者，多数非政治人物。亦有多数可谓非历史人物。如孔子，或可谓之乃一政治人物。如伯夷、叔齐，列入上中品或可谓之乃一历史人物。如颜渊，亦列入上中品，则显非一政治人物，亦可谓非一历史人物，并亦不得谓是一文学人物，而终亦当上了中国五千年历史上一第一等第二品大人物。故非一读班固《汉书·古今人表》，则不知中国古代人所抱有之人生观，亦将无以知中国历史与文化之特质所在。

今人好言平等，中国人之人品观，则为一种人生内部之不平等。即从人生外部言，亦有其不平等。一是贫富不平等，一是贵贱不平等。希腊人争求富，罗马人争求贵，此风直迄近代欧洲之资本主义、帝国主义，皆在争富争贵，争不平等。民主政治言贵贱平等，而民主政治下终亦有贵贱。共产主义争贫富平等，而共产制度下终亦有贫富。故西方社会，在法律规定外，实无真平等、真自由。中国人则于贫贱富贵一体视之，惟于人品上有不平等。孟子曰："人皆可以为尧舜。"对此人生理想共同目标，人人可以各自努力向前，此则人人之自由与平等。

故中国历史精神，在人必分贤奸，凡事必有褒贬。西周制礼，有死后之谥。上自天子列国诸侯，以至卿大夫之在上位者，死后皆有谥。此下则免，所谓"礼不下庶人"也。如成王、康王、宣王皆美谥，幽王、厉王皆恶谥。此即其人生平死后之评骘。其在人群中所负之责任大，则不得免评骘。然为子者理不当谥其父，则天子诸侯之谥，乃皆由其下位群臣为之。其制度之详虽不可考，要之，其事大可惊怪，实为并世其他民族所无有，而惟中国特有之。秦始皇始废此礼，自称"始皇帝"，二世、三世以至万世皇帝，死后再不加以谥。然汉代以后，谥礼终不尽废。直至晚清之末，犹有谥。班固《汉书·古今人表》，亦可谓即承此死后加谥之意来。此亦中国历史中道统精神之一种表现。俗称"盖棺论定"，可见中国人观念，每一人生都该有一评论，定此评论则贵能有定。若是富贵贫贱，皆属人生之外部，不足为论定其人之标准。

西周制度又有史官之设置，由中央政府分派出驻列国，其官亦皆世袭。列国有事，由史官上报中央，亦分送其他各国。则中国历史记载本亦由一种政治制度来。但史官职权独立，更不受政府中其他职官之牵制。齐崔杼弑其君，驻在齐国之史官，秉笔直书"崔杼弑其君"五字。崔杼不能忍，杀之。其弟承其位，又照样仍书此五字，崔杼又杀之。其又一弟仍照样直书，崔杼不能再杀，乃任之。又尚有史官驻在他地，闻其事，秉笔来，拟续书，知此事已得直书而返。其实齐君亦非崔杼亲手杀之。周室东迁，天子命令久不行于诸侯，其又如崔杼何？而此三史官之奉公尽职有如此。但此三史官之姓名，竟亦不传。可见虽一世共尊之人，亦有其名不详于史者。此非中国史之所略，亦可见中国人文之充实而光辉矣。

据此一故事再加推想，当时列国史官不能守其职者，宜亦多有。孔子有忧之，晚年因鲁史官旧文作为《春秋》一书。笔则笔，削则削，胥由孔子一人自加判断，自下褒贬。虽游、夏之徒不能赞一辞。而孔子实非一史官，故孔子曰："《春秋》，天子之事也。知我者其惟《春秋》乎？罪我者其惟《春秋》乎？"则孔子之作此书，实已侵犯了当时周天子之职权。但亦自有其用心。盖孔子晚年自谓道不行，其作为《春秋》，则亦期其道之行于后世耳。故曰知我罪我，惟在《春秋》。而《春秋》乃成为中国第一部正式之编年史，亦可谓中国第一部正式史书，乃出于中国第一位大圣人之手。则中国历史精神，亦可据此一端而知矣。

孔子《春秋》虽对列国以往君臣作为，极多褒贬，但亦未受当时鲁国及其他列国君卿在上位者之干涉。而学者递传，乃有《穀梁》《公羊》《左氏》三传之迭出。《公》《穀》两传，主要在发明孔子《春秋》褒贬之大义。《左氏》一传，则遍搜当时列国野史各种记载，以详述当时之史事，为孔子《春秋》所未详者。而孔子《春秋》褒贬之义，亦可随以见矣。今果只读《左氏传》一书，亦见当时列国事态纷纭，而各经时人之记载。既彩色之缤纷，亦条理之朗然。其中多一人一事可以流传后世，亦如后世之田横、虞姬，而犹多超而上之者。此则见非仅中国史学之美，实乃中国人文之美。亦即中国人生花样之多，而亦各有其意义与价值之所在。实使人如游太虚幻境，必有"此间乐不思蜀"之感矣。今人多求一游埃及、雅典，以见古代西方物世界之遗迹为乐。则试一读《左传》，可见中国古代人世界之详情，其为乐又何如？

十

西汉有司马迁，其祖先亦世为史官。迁承其父谈之职为汉太史，因罪下狱，幸免于死，改为中书令，乃武帝之内廷秘书长。迁乃无意于政事，遵其父遗嘱，成《太史公书》一部，今名《史记》，为中国"二十五史"之第一部正史。但迁自谓，其书乃承孔子之《春秋》而作。其书上起黄帝，下迄当世，为中国史始创列传体。可谓中国历史看重人物更大一进步。即如其记载春秋时公孙杵臼、程婴两人事，乃《左传》所未及。此故事元代人编为《搜孤救孤》一剧，流传入德国，其文学家哥德谓其时德国人尚在树林中掷石捕鸟为生。哥德乃指元代言，不知此故事之尚在孔子以前。故中国之小说戏剧，其取材多本之历史事实。亦可谓中国历史，极富小说化、戏剧化。换言之，即中国人生之极富小说化、戏剧化。则中国人生之情味横溢，中国之人文精神亦可知。

然史迁之书，主要则仍在褒贬。远者不论，即自西汉开国，高、惠、文、景以至于武帝，迁书中不仅有褒，亦时有贬。即当朝之武帝亦不例外。故迁自言，此书当"藏之名山，传之其人"，初不料此书流传之广。继迁而起，求为之续者，不断有人。此亦同时可见中国人心胸之广大，情味之真挚。

中国史官始终承袭。唐太宗乃一世英明贤君，其心不忘后世之毁誉。一日,晤史臣,欲一读其所记载。史臣对,所载皆以供后世人阅读,君王乃当事人,非所宜读。太宗亦不之强。此一故事,亦可见中国历史精神之一端。西方希腊无史,罗马亦无史,中古时期更不能有史。近代三百年左右始有史,由社会私人为之,无一定之规模,无共同之理想,亦不有人品之褒贬。其得人重视,亦尚不能追随小说与戏剧。最近美国几任大总统,于退职后即汲汲写自传,自述其任内之作为。出版商高价争购。诚使唐太宗生近世,亦得为美国总统,退位后得自写传记,其心神愉快又如何?中西双方人情国情不同,文化学统不同,双方历史亦难相同,亦即此而见。

中国史既人分贤奸,事定褒贬,执史者虽能自由下笔,亦不随时传布,秘而不宣,必待前一朝代亡,后一朝代兴,乃本前代史官所书,及其他材料,由后朝编成新史。故自西汉以下,乃为断代史。元代人编造《宋史》,不害其有文天祥。清代人编造《明史》,不害其有史可法。元、清皆异族入主,然编造前代之史,亦必招集当时之名学人为之。其他列代,亦可推而知矣。此又中国历史精神之大传统所在,亦即中国文化道统之所在,而政统亦不得不俯就。惟近代国人则慕效西化,中国传统精神亦随而沦丧。民国初编造《清史》,亦广集学人,历时亦非短暂,书成乃不为国人公意所许,其书终名为《清史稿》,未臻定编。乃迄今已七十年,仍未能有一部《清史》之正式定本。道统已沦,人各是其是,非其非,只可各写一部《清史》,自由出版。再来一部众意所同之国史，则已非其时矣。

惟一人之贤奸，一事之褒贬，其在中国史上，亦有历悠久之时间，而未获遽成定论者。如三国时有曹操，其人乃一大政治家，亦一大军事家，曾注《孙子兵法》。同时又是一大文学家，建安文学即由其创始。此诚一不世出之人才。而又关心身后之名，乃立意效为周文王，终身为一汉相，使其子为周武王。然其子篡汉，谥为魏文帝，而曹操则谥为魏武帝。彼一时，此一时，岂能一一承袭，亦岂能一如曹操私心之所想望乎。曹操人品不如同时之诸葛亮，则早成定论。但亦非可即认为一大奸。唐人诗"将军魏武之子孙"，则得为操之子孙，下迄唐代犹以为荣。下及宋代，议论始变。朱子为《通鉴纲目》，魏、蜀、吴三国孰为正统，与司马光《资治通鉴》意见有异。诸葛亮六出祁山乃"征"魏，非"侵"魏。一字褒贬，而曹操之人格亦随而变。然朱子自称，其写字书法曾学曹操，则操犹得为一艺术家，亦并非一大奸雄。直至明初罗贯中《三国演义》，而曹操始定为一大奸人。后世任而不变。中国小说，亦寓有传统历史精神。而分别贤奸，则为历史一大任务。时多贤，斯为其时代之进步。时多奸，斯为其时代之退步。而曹操之为贤、为奸，其评判标准，则不在其政治、军事、文学之一切成就上，而别有其所在，则在操之居心。此乃中国历史一绝大精神所在，其最后定论，则出之一小说家之手。近代国人论文学、论史学，则似均无此观念矣。

又如唐末五代，短短五十余年，而八姓十三君。其祸乱相乘，亦可谓至矣。冯道列相八姓十一君，自称长乐老，世人竞慕之。得为一冯道，斯亦当时人生之至高境界矣。下迄宋代，冯道依然见尊。欧阳修为《新五代史》，始加贬斥。而冯道之为人，遂再不见称。韩愈言："诛奸谀于既死，发潜德之幽光。"此乃史官之任。欧阳修崇拜韩愈，其为《新五代史》，非在史官之任，亦如孔子之作《春秋》，乃有其不得已之深心。后代中国人，群诵欧阳修《新五代史》，薛居正《旧五代史》则几成废物。近代国人，乃以薛书取材富，记事详，可资考证，一时又转居欧书之上。然非欧书，则民族大义、修身大节皆无以见。使北宋一代，欧书不出，恐此下中国亦无得如今传之中国。

实则奸尚易辨，贤更难识。三国人物，群推诸葛亮。而晚明遗民王船山，遁迹山林，不仕清代，晚岁著《读通鉴论》一书，乃谓三国人物，管宁尚在诸葛之上。其实船山亦清初一管宁，其姓名已若晦若失，其著作亦多隐沦不传。直至晚清，其人其书始大显。辛亥革命，主编《国粹学报》之人，尽力提倡王船山，于宏扬当时革命风气亦有其大贡献。若以历史人物论，则王船山当犹在李二曲之后。然而船山则更为中国历史上一大人物。欲读中国历史，实首当于此等处注意。

又人之贤奸系乎"道"，而"道统"尤尊于"政统"。则贤人居乱世，纵无位，纵无业，其一言一行，乃一世之表率，为一世精神生命之所寄，亦不烦言而知矣。故读《元史》，首当注意黄东发、王深宁、吴草庐、赵仁甫、刘静修等诸人。此皆与当时政治、军事、历史大事件无关，皆不得谓乃当时之历史人物。然此诸人，实皆元代史中之大人物。使无此诸人，则此下一部《元史》恐将不得再为中国史，而亦将无《明史》之继起。读《清史》，亦首当注意孙夏峰、顾亭林、黄梨洲、王船山、李二曲、陆桴亭、颜习斋等诸人。此诸人亦非当时历史人物，然亦皆清代之大人物。凡此元、清两代初兴时期诸人，亦可谓乃五千年中国史中之大人物。承上而启下，继往而开来。天地已变，而此等人之立身言行，仍为中国传统理想一人物则无变。中国人之一套旧式花样，则仍然显在诸人身上。使无此等人物之出现，则中国人皆将变样。旧式人物不复见，而道统亦无以存。中国人之仍为中国人，中国之仍为中国，中国史亦仍然为中国史，则惟此诸人是赖。顾亭林所谓"国家兴亡，肉食者谋之。天下兴亡，匹夫有责"是也。国已亡，而天下犹存；政已亡，而道统犹存。政治乱于上，而社会定于下。此等意识，此等精神，则惟中国有之。使无此等意识与精神，则亦无以会通明白此一部中国史。

十一

民国肇建，至今已逾七十年。论其人物，首推孙中山先生。民国由其手创，然革命成功，仅在大江以南。中山先生为临时大总统，仅数月之久，即以让位于袁世凯为民国第一任正式大总统。而中山先生则隐居在沪。及其去广州，重组革命政府，终于北上，与段祺瑞、张作霖言和。病卒北平，和谈遂以中止。以中山先生较之中国历史上历代开国人物，似为未竟其功。但论其品格，则尧舜禅让，汤武征诛，中山先生一身兼之，已为千古所独有。而其创为"三民主义"，则志在传道，上毗孔孟，更为尧舜、汤武所未有。然今国人，则虽尊中山先生其人，于中山先生之德之志，则似欠深切之体会。

中山先生"三民主义"首为"民族主义"。今国人，非不爱国，但不重中国人，不敬中国民族。必求尽变其旧，尽变其常，创为新国新民，乃得进而创为新历史，以追随欧美之后。中山先生提倡民族主义，而今国人则似求创为新民族。最多可谓今国人尚求保存民族之旧血统，但必创造民族之新道统。中国文化与中国历史之旧传统则必当变。何由变？则曰"西化"。故中山先生之三民主义，乃必兼采美国总统林肯民有、民治、民享之三语而合一并说之。但林肯当时乃主解放黑奴，平等视之为美国之公民。故今日在美国，则黑人、犹太人与西欧白人，几已似鼎足之三立。当前美国之国际外交，其亲以色列，或更胜其亲英国。故林肯之倡为民有，乃就美国当前之历史而发，决不当与中山先生之民族主义相提并论。

又林肯之言"民享"，乃谓黑人、犹太人亦当同享美国之所有。

中国人之传统观念，则人生非为享受。志在享受，则其人之品格已低，其人之生活亦不足道。圣君贤相，立法施政，乃求一世同归于大道，而人生享受亦已兼在其内，不烦特提。如伯夷、叔齐，如颜渊、闵子骞，其所享受又系何？如文天祥、史可法，如王船山、李二曲，其所享受又系何？即如吴凤、丁龙，其所享受又系何？中国人言"享福"，此"福"字即兼涵在"道"字内，未闻有违道之福。中国人之在天地间，较之其他民族，非最富，非最强，然可谓最多福，乃得享其五千年绵延不断之历史。亦可谓一部中国史，乃为举世各民族中最多福之一部历史。而中山先生之"民生主义"，乃求吾国人能重享此人文传统多福之人生，物质人生亦已包括在内，而并不占主要之地位。又岂林肯所谓"民享"之意所能比。

至中山先生之言"五族共和"，则中国人重视道统更在其重视血统之上。其说已详在前。所谓"五族共和"，乃指道一风同言，非指生活享受言。此亦中国传统文化精神之所在。

亦可谓近代国人，其对历史意义之认识亦已变，故必求依据西方观念来对中国历史作纠正，亦对中国人作纠正。即如言中国自秦以下二千年为君主专制，而中国人则尽成奴性，即其一例。"专制"两字，中国史书中未见。一君主若求专制其一国，必先擅有军、财两项：一为赋税权，一为兵权。赋税用以养兵。汉代政府之财政机关分为二：一曰大司农，一曰少府。大司农管理政府财，少府管理王室财，而其两机关之大小，即观其名而可知。此两机关，又全归宰相统辖。至如军队，则在当时早已全国皆兵。一国之民，皆须充当兵役。养兵之财属政府大司农，不属王室少府。而军权统治，又属政府，不属王室。则为君者，又何所赖以得成其专制？

下及唐代，全国政令皆由中书省发布，帝王不得自发政令。中书省所发，又必经门下省同意或封驳，或修改。故常中书、门下两省开联席会议，政令始定。乃发下至尚书省，始得通行全国。汉代一宰相之权，至是分而为中书、门下、尚书之三省，则帝皇又何从得专制？财权、兵权全属尚书省，但不闻尚书省可以出而反抗中书、门下省，又不闻此三省可以出而反抗皇帝。近人则又谓中国人惟知服从，一听帝王之专制。不知古人乃服从天、服从道，即服从自我一己之性命。今日国人昌言民主，又教人服从法。但法亦由人制定，中国历史上一切制度皆是法，亦皆有人制定，亦岂专指刑律而言。今国人不读"三通"，又何得空谈中国历史上之一切政府立法与其制度。

至如中国人之所谓"道"，则由于天命，由于人性，由于中国大圣大贤之所发明与倡导。由于此道，乃有五千年悠久广大之一中国民族。而中山先生之民族主义，则亦本此传统之道。既属血统，又属道统，乃由此以建立其政统者。

今国人又谓中国乃一封建社会。不知中国乃有封建政治，非封建社会。封建政治乃一种分权政治。诸侯分封，是为"国"。一统于中央政府之天子,是为"天下"。全国统一于中央,而中央天子则仅治其邦畿之内,其他疆域乃由列国诸侯分治之,此之谓"封建"。

封建改而为郡县,亦非由中央政府专制,而由各郡县地方政府分治。举其最大一端言之,则全国政府所用人员,皆经由地方政府分别察举而来。先由中央政府派出人员赴地方政府任其职,再由地方政府分别推选人来中央,成为中央与地方政府任用人员之唯一来源。试读一部中国"二十五史",列代政府人员,每一人各有其所生地之记载,及其受任用之经过。故中国全国,乃由同一中央政府来统治,此之谓中国之"政统"。而此政府乃由在中国全国人中选出贤能以共同组成,此之谓"道统"。若谓"君权",则君自有权;若谓"民权",则民亦自有权。惟与近代国人依照西方政治所想象之权利有别。

中山先生之"民权主义",则谓"权在民而能在政"。此见"权"与"能"有别。中国人言"能力",不言"权力"。又称"贤能",不称"权能"。又称"职权",亦称"职位",此见权之隶于职,定于位。此即中山先生所谓权与能之分别所在。故曰"选贤与能"。若不论贤能与否,而仅论其权,则在中国当可称之曰"权奸",但绝不称"奸能",重要分别在其人品上。中山先生之《五权宪法》,有"考试权"一项。当知政府有能,始能用考试来选拔贤能。此非通晓民族主义,熟读一部中国"二十五史",何能来发挥中山先生特于西方三权分立外，又增出考试一权之用意由来。

中山先生又于考试权外增"监察权"。当知中国历代政治制度，即帝王君主，亦受政府监察。如汉制，御史大夫为副宰相，即掌监察权。御史大夫下有两辅：一曰御史丞，一曰御史中丞。此中丞即主监察王室宫廷内事。而于郡县各地方政府，又有十三州刺史，分任监察之责。直至清代，布政使即负各省行政，监察使即负各省行政之监察。近代西方民主政治，又谁来任其监察之责？此为中国政治制度较西方细密处。倘果君主专制，又何来考试、监察两制度？

中国虽有地方分权，而其权亦有限，故其民间下层亦有近似于西方之所谓"封建社会"处。此因各地民情风俗不同，则其为治亦不同。惟其统一于中央则同。如明代西南诸省有"土司"制，直至现代犹存。此即犹如西方之封建社会。即如蒙古、西藏，归附中国，而其民情风俗亦有各不同处，则各许其自为治。此亦犹有中国古代诸侯封建之遗意。要之，中国封建有其政治性，宁有脱离政治一统而自有封建社会之存在。

且既有专制政治，即不得再有封建社会；既有封建社会，即不得再有专制政治。非知中国政府有地方分治一义，则不足加以说明。而中国各地，乃又有上层政治所不问之自由。远言之，如孔子之周游列国，不闻列国间有出境、入境之限制。即此一端，余可推想。晚清之末，一德国人来中国，见北京王畿之内，乃无警察，大加惊异，遂留中国不归。认识中国字，读中国书，详加研究，老死于中国之山西省。其后裔犹有为汉学家者。但中国历史文化如此其博大精深，由一外国人来作研究，又无中国人之指导，又多闻中国人崇慕西化者之反面理论，曰"专制"，曰"封建"，一言尽矣，警察之有无又何足深论。是则终无门以入矣。今欲研究中山先生之"民生主义"，当知中国社会可以无警察，此虽属一历史问题，却深该研究及之。

又近代国人好言汉帝国、唐帝国。不知汉代之中国，乃由中国人统治，非由丰沛人统治；唐代之中国，亦由中国人统治，非由陇西人统治。又凡为中国人，在政府之统治下，皆属平等，则又何得称之为"帝国"？今问中国非一帝国，其疆土又何由而日廓，其民众又何由而日繁？又如清代有蒙古，有西藏，有乾隆之"十大武功"，又何谓之非帝国？则当知蒙古、西藏乃中国之藩属，而非中国之殖民地。以西方观念来治中国史，则必无一而可矣。

近代国人又好言革命，乃谓中国历史有造反无革命，或竟高捧黄巢、李自成、张献忠为农民革命之英雄人物。洪秀全自称"天弟"，尊耶稣为"天兄"，国名"太平天国"，所至焚毁孔庙，今国人则尊之为"民族革命"。实则洪秀全乃以西方观念来革中国之命。使太平天国常存，则尧、舜、禹、汤、文、武、周、孔断必失其存在，而新中国人则惟天父、天兄、天弟之是尊矣。曾国藩以湘乡团练平其乱，后人又斥其为满洲皇帝之走狗，不啻为中华民族之罪人。此则仅知有民族血统，而不知在血统之上当更有民族文化之道统。否则吾民族又乌得绵亘五千年以迄今。

十二

中国史与西洋史有一大相异处。则为中国人于治国之上又有"平天下"一观念，此亦为西方人所无。近代国人又加以讥笑，谓仅知一中国，不知世界地理，又何得妄言天下？但中国人言天下，即涵有道统之深义存在。故能不专限在一狭义之国家观念之下，即不专限在一民族血统之狭义政府之下。如孔子，其祖先乃宋国人，其生在鲁国，但孔子则欲行道于天下。不得志于鲁国政府，则去而之他国。墨翟继之，亦然。墨翟乃宋国人，不得意于宋，亦周游列国，以求行道于天下。其他战国诸子百家，亦莫不皆然。但其时，如齐、如楚、如秦、如燕，皆已立国逾六七百年之久。即韩、赵、魏三国，乃由晋国分裂而成，然晋国亦已历六七百年之久。故秦始皇帝之得以兵力统一中国，乃由战国时代两百年来学术思想之一种潜力有以影响促成之。西方则希腊无国家，罗马乃一帝国，与中国人观念中之"国家"不同。而欧洲现代国家，则相互分裂，迄今仍有三十余国之多。七十年以来，迭经两次大战，大敌当前，不啻希腊之遇马其顿，而仍亦各自分裂。求一商业经济协定，而亦意见龃龉，不相和协。岂终将重蹈古希腊之覆辙与否，亦无以自知。亦可谓在西方历史上，终因少一段如中国历史上之战国时期，乃终无希望有秦汉一统之来临。

今再深一层言之。西方历史亦历三千年以上，应亦有其进步处。惟其进步则多在物一边，不在人一边。不得谓今之英法人、德意人、荷比西葡人，乃及其他西欧各国人皆属进步，已胜过了其古代之希腊人、罗马人。实则其一切进步，均在其商品武装上。此一意见，询之西方人，当亦大体承认。而中国历史之进步，则实进步在人，远胜其在物。黄帝、尧、舜、禹、汤、文、武、周公，虽为中国后人所同尊，然不得不谓春秋时代之中国人，大体上已胜于西周时代。只论春秋两百四十年人物，当其晚世，如晋有叔向，齐有晏婴，郑有子产，吴有季札，宋有向戌。西周时代之人物，何得在同一时期内，有如此之盛？而战国时代人物之盛，则尤盛于春秋时代。诸子百家，纷起迭兴，春秋时代岂有之？而两汉人物，则又盛于战国。虽如孔、孟、庄、老为后世所永尊，然其他人物之纷起迭兴，则两汉终盛于战国。魏、蜀、吴三国分崩战乱，但在短短一时期内，其人物之盛，择两汉中任何一时期，亦难与之相比。此下专论人物之盛，则隋、唐盛于两汉，两宋又盛于隋、唐。甚至蒙古入主，一时人物亦胜过南北朝时。清初又胜于元初。异族入主，而无伤于中国人物之旺盛。虽亦仍守孔、孟、庄、老之道以为道，然其处境之艰难困苦，则有远超于孔、孟、庄、老之上者。

在政治上有开创，有守成。而守成之时，其旺盛必超胜于开创时。如汉武时代，远盛于高惠时代。开元时代，亦远盛于贞观时代。学术思想，亦有其开创与守成。西方人观念，则似仅知有开创，不知有守成。其所开创，亦多主在物，而人为副，物变而人随之。如近代有核子武器，有计算机，有机器人，而一世之人其生活亦随而变。中国人言："人惟求旧，物惟求新。"又言："十年树木，百年树人。"今则人随物变，又乌得有百年不变之人？是则物常在开创中，而人则无可守成。故亦可谓西方乃一部"物变史"。马克思主张唯物史观，可谓实得西方全部历史之真相。近世西方人，则多斥其共产主义，乃未闻有人能力斥其唯物史观者。中国史则只重人，远过于重物。今国人则亦重物求新，不再重人求旧。人心变，斯历史亦必随而变。

惟中山先生民族主义，乃亦一仍中国旧传统，重视人与人之分别，倡为"知难行易"论。分人为先知先觉、后知后觉、不知不觉之三等。又主由"军政"而"训政"而"宪政"之三阶段。不幸中山先生乃始终在军政时期中。傥其最后北上言和而有成，则必号召国人致力训政可知。今问当何以为训？则必本民族主义，以中国历史传统之修、齐、治、平大道为训。中国古代圣贤，则为先知先觉。近代国人之贤者，则为后知后觉。尧舜性之，汤武反之，是则汤武即后知后觉也。孔子"述而不作，信而好古"，则孔子亦仍自居为一后知后觉。

此后中国人之常好守旧，以至五千年来得长保有此一中国民族之存在与进步，则胥承此风而来。中山先生之所欲训于国人者，其大意恐亦无逾于此。否则又何必以"民族主义"冠于三民主义之首？今日国人则群认外国人为先知先觉，中国古人则为不知不觉，务勉今日国人为后知后觉，则此下之中国亦惟求之器物之日新，而民族主义自无可言。若仍主有民族主义，则惟求此下之重新创造，得成为一新民族，以与西方欧美人媲美。而旧民族则无可保，无可守。中山先生之民族主义，岂果如此其然乎？

居今而言，中国历史精神中开创与守成相承一贯之一义，似首当为今日国人所注意。敬以浅见，供之读者，求加是正。

（一九八三年为阳明山庄专题研究教材写）

中国文化特质

提　要

　　文化即人生，人生有其长成之过程。在此过程中，时时"变"者为"生活"。而有其一不变者贯注其中，此之谓"常"，乃"生命"。惟生命有长有成，乃生活之目的。而生活则仅为生命长成之手段。

　　此一不变者，中国人谓之"性"。此一过程与其终极目标，中国人谓之"道"。性道合一，乃为中国人生最高理想，亦中国文化一最大特质。

　　"性"为个人小体生命所各别具有，"道"则人群大生命之共同趋向，由此以成其悠久广大之大生命。

　　性之合于道者谓之"德"，德具于内，不待外求。食、衣、住、行物质生活，皆须赖于外。苟求之外而忘其内，丧其德，有生活，无生命。生活日变,在今日而已忘其昨日,亦将不知有明日,此之谓"无常"。无常则是人生一大苦痛。生活不能日新又新,而生命能之。生活不能进步无疆,而生命能之。生活只有变,而生命则有常。

生活赖于外,而生命则成于己。生活人相异,而生命则群相同。生活无大小,而生命则有大小之别。生活不能脱离自然,而生命则乃融成人文。中国人言人生,则曰"性命"。此之谓"一天人,合内外"。

中国人在生活中表现其生命者为"礼"。"礼"在外,属人文。"仁"在内,属天性,亦即属自然。由天性自然之仁,演化出人文行为之礼。社会结构,政治组织,皆本于仁而立于礼。

生活维持为手段,生命成长为目的。"知"为手段,"行"为目的。中国人则必言"知行合一",或言"知易行难",或言"知难行易",行以生其知,知以成其行。

孔子仁礼并言,又仁智并言。仁属行,智属知,违于仁为不智,戾于行为无知。故中国人言"德行"。又言"学问",学与问皆属行。行有常,在外为道,在内成德。

生活是可分别的,生命则是共同和合的。由共同和合的大生命中演化出小生命,非由分别的小生命中可凑合为大生命。大生命属天,属自然。人是小生命,乃有生活。

生活必多欲,生命则多情。欲必向外争取,情亦向外而求和合。

中国人生大道有"五伦",皆本于情,非本于欲。中国文化最重人情,但不重物欲。欲当知足,情无止境。道由情来,不由欲来,日新又新,日进无疆,乃指德言。德亦主情不主欲。多欲即缺德。近代科学进步,乃以供人欲,非以养人情。情愈薄而世愈乱。中国古人早以为戒。

道见于群,德本于己。中国人尚德,为己即以为人。西方人尚欲,欲必求于外,取于外,于是乃为人而失己。虽主个人主义,而成唯物史观,物为主,人为奴。其实人已物化,更何己之有。今人又好分言物质人生与精神人生,其实此心多欲,亦是一种精神状态。惟中国古人言"精神",则此心之物欲减之又减,达于至精,乃得通神。此乃中国文化一最高境界,亦非今人所谓之精神。

中国人重德不重业,尊品不尊位。尽在抽象虚无处着想,不在具体实有处用力。遂建其道义共通之大,而避免了功利分割之小。中国乃成为五千年广土众民大一统之民族国家,而此即为中国文化一特质。

天地和合是一大生命,道是生命进程。在其进程中,演化出人类小生命。在人类生命中,又演化出中国人。所以说:"中国一人,天下一家。"在中国人中,又演化出各别小我个人来。在各别之生命中,明道、行道、传道,即由其小生命来明得此大生命而行之传之,使每一小生命各自获得其大生命。

宋儒张横渠言："为天地立心，为生民立命，为往圣继绝学，为万世开太平。"即此义。

中国文化特质亦此义，无他旨。

一

中国文化特质，可以"一天人，合内外"六字尽之。

何谓"一天人"？"天"指的是自然，"人"指的是人文。人生在大自然中，其本身即是一自然。脱离了自然，又那里有人生？则一切人文，亦可谓尽是自然。自然、人文会通和合，融为一体，故称"一天人"。

何谓"合内外"？人生寄在身，身则必赖外物而生存。如食、如衣、如住、如行，皆赖外物。若谓行只赖两足，但必穿鞋，鞋亦即身外之物。使无身外之物，又何得保有此一身？故称"合内外"。

但由一般人想来，天是天，人是人，内是内，外是外，所谓"一天人，合内外"，乃是一种思想理论，虚而不实。但就中国传统文化言，则对此两语，已竭实践之可能，非同空论。

如抽象、具体。一般认为具体是实有其物的，抽象是虚有其名而已。中国人想法则不然。如说人，所见乃当面具体一人。但此具体之人，实在太渺小，太短暂了。天地自然太广大，太悠久。那短暂渺小的具体一人，较之天地，那比得九牛身上一根毛。有此一人不为多，无此一人不为少。虽说是实有，论其意义价值，却等于如虚无。今说抽象的"人"，你是人，我是人，大地五洲皆有人，古往今来千万亿兆年尽有人。那一抽象的"人"，却反而是实有，非空无。这一分别，却甚重要。

具体见其异，抽象则见其同。如天有阴晴寒暑，时时在变。抑且此地晴，那地可阴。此地寒，那地可暑。同一天，又可随地随处有变。在其相异中，究说那是天的真实呢？今说天有阴晴寒暑，则抽象中有具体，你能说抽象不真实吗？故只能说由抽象中产出具体来，不能说由具体中产出抽象来。亦可说由同中产出异，不能说由异中产出同。一般人都说"异"才是真实的，而中国人则说"同"才是真实的。

人同一"我"，但此我与彼我相异。苟无此同，何来此异？此我、彼我同是人，"人"是相同的，"我"是相异的。一般人都说"我是我"，但中国人则定要说"我是人"。究是我是我可贵呢，还是我是人可贵呢？只知道我是我，同时忘了我是人，那在中国人看来，此人便无意义价值可言。故人不贵在同中见其异，乃贵在异中见其同，这是中国人想法。

故中国人在"我"字外，又造一"己"字。若说我，便有你，你与我对立。若说己，则人各是一己，但无另一名称与己对立。便只见其同，不见其异了。故孔子则教人以"为己"之学，而杨朱则主张"为我"。细细想通了"为己"与"为我"之别，便可悟入中国文化特质里面去。

又如中国人说一"人"字，此字便涵有大意义。男女为人中一大异，但中国人说男人女人，便见其同为人。又如说中国人、外国人、欧洲人、非洲人、埃及人、印度人，便见人之大同。外国人能如此说的恐不多，至少西洋人便不能如此说。此亦见中国文化特质之所在了。

自然中，万物各别相异。如有生物、无生物，便是一大相异。无生物中如水与石，即是一大相异。有生物中如植物、动物，又是一大相异。但异中必有同。如水与水相同，石与石相同，而水与石乃仍有其相同。草、木、虫、鱼、鸟、兽，亦各有其异，各有其同。此一同，则随时随地而见。非有其同，则不成为一物。所谓异，则仅在同中见，实同中有异而已。但"异"则具体，可见、可指、可说；"同"则抽象，无可见、无可指、无可说。中国人则正用心在其无可见、无可指、无可说处来见到，来指定，来说出。

二

中国人用一"性"来说万物之相同处。不论有生无生，每一物则必有其性。此性即是此物之特质，乃其与他物相异之所在。此性又称曰"天性"，即自然之性。乃指其自己如此，自生即有，与生俱在，一成而不变。如水有水性，石有石性。这是水与石自己要如此，并非他物能要其如此。此之谓"性"，此性则由天命天赋。实则在他之上，并非定有一"天"。只是他自己要如此，故中国人又谓之"自然"。乃此物自己在不知不觉无作无为中而即就如此了。但有此物，则便有此性，而又永远不变，只是无为的，但亦是最真实的，《中庸》又称此曰"诚"。

自然便是此一诚，人文则要明此诚。何以能明此诚？则人性自能明。此明亦禀赋于天，亦即是一自然，而乃从自然中演出种种人文来。《中庸》言："自诚明谓之性，自明诚谓之教。诚则明矣，明则诚矣。""性"指自然，"教"指人文。人中有先知先觉，乃以其所知所觉来教后知后觉。此先知先觉是"自诚明"，后知后觉是"自明诚"。故曰："尧舜性之，汤武反之。"此即从自然展衍出人文，而人文则仍还归于自然。中国孔孟儒家多言人文，庄老道家多言自然，《中庸》《易传》乃晚出书，始会通此两家以为说。

三

由"天"与"性"的观念，而生出"道"的观念来。中国人

"道"的观念，亦属抽象，非具体。孟子曰："莫之为而为者，天也。"则乌有所谓上帝与天堂。老子曰："天法道，道法自然。"则天尚在道之下，而此道亦即是自然。《易传》又提出一"气"字，盈天地宇宙大自然皆一气。老子曰："道可道，非常道。名可名，非常名。同谓之玄，玄之又玄，众妙之门。"既属时时处处同此一气，此气乃亦无可指说，亦一抽象。气又分阴阳，一阴一阳之谓道。阴属黑暗面，阳属光明面。而凡物之光明可见，则必有黑暗面在其背后。故阴阳实一气，亦即一体。而又分动静、刚柔。动与刚属阳，而阳中亦有静与柔。静与柔则属阴，而阴中亦仍有动与刚。一体则不可分，虽分亦必同归于一体。故凡异，则必归于同。异则有变，同则其常。中国则五千年来常同为一中国，中国人则常同为一中国人，而至今达于十亿之众。此即由中国人之"道"来，亦即由中国人之"性"来。乃亦可谓由中国人之"天"来。

性虽曰天赋，实亦自然。中国人分无生物为金、木、水、火、土五行。实则木已有生，无生、有生同属一体，故不严加分别。木常向外分散，金常向内凝结，火常向上，水常向下，而土则比较中和，难加分别。故向分别处来求中国人之观念与意义，则必多失之。能会通和合融为一体以求之，则庶得之矣。有生物之性，则更复杂多异。人为万物之灵，其性则更多异多变。而终必会通和合，融为一体，以见其同，则惟赖此心之明。

四

中国人言"心",亦抽象,非具体。西方心理学主言脑,乃属生理学、物理学,非即中国人之所谓心。中国人言心,非指脑,亦非指胸腔内之心,乃一抽象名词。人心相同,己之心则必同于他人之心,并能同于古今后世人之心,又通于万物天地以为心。心即一气,可与宇宙大自然融为一体,而己心为之主。故孟子曰:"尽心知性,尽性知天。"则即心而见性见天矣。孔子五十而知天命,六十而耳顺,七十而从心所欲不逾矩。是则孔子在知得天命后,乃于人事有其更深了解。你为何如此说,你为何如此做,一到孔子耳朵里,是非邪正,得失利害,顺理成章,因果朗然。实则皆是一自然,亦皆即是天命。孔子对人生看得更广泛,更深入,乃于自己心境亦益臻中正和平。至于从心所欲,莫不中规中矩,使其心亦一如自然,一如天命。此一种境界,亦即是后人所谓之"一天人,合内外"。乃为中国人生莫大理想之最高寄托之所在。所谓"高山仰止,景行行止。虽不能至,然心向往之"矣。张横渠言:"为天地立心,为生民立命。"则天地本无心,由人为之立心。天地不为人立命,由为天地立心者来为人民立命。此非人类中之大圣大贤莫属。而人类大生命之理想则实寄托于此。故横渠又曰"为往圣继绝学,为万世开太平"也。

以上所言,乃中国人观念中所理想之人心。何由明此心?则反之己而心自在，亦即可以自知而自明之。如孔子五十至七十之一段养心工夫可见。则中国之人文，虽曰还归于自然，而此人文所还归之自然，已非洪荒时代展衍出此人文前之自然。自然亦当有变有异，有进步，有发展，否则又何能展衍出此人文来？《中庸》曰："致中和，天地位焉，万物育焉。"此"中和"即人心之至高境界，天地亦位于是，万物亦育于是。是则人类亦即不啻为上帝，而此人世界亦即不啻为天堂矣。此亦所谓"一天人，合内外"，此亦可谓乃中国人之宗教信仰。

五

孔子常言"仁"，仁即是人心。孔子言仁，又常兼言"智"，智即是人心之明。孔子言仁，又常兼言"礼"，礼则是人之生命之体。《诗》曰："相鼠有体，人而无礼。"鼠之生命，必有一体，岂人之生命乃可无体？一般以人身为人生之体，但此身之生至短暂，至渺小，亦何以胜于鼠之体？中国人则以礼为人生之体，人生必寄于礼以为体。礼乃人类大生命之体，身则仅为人类小生命之体。鼠则仅知有小生命，人则应知有大生命。

何谓"礼"？人与人相交始有礼。人之初生即有交，惟父母兄姊。有子曰："孝弟也者，其为仁之本欤。"实则此仁即是人之本，亦即是礼之本。人生最先一大别曰长幼。中国人有成人之礼，男二十，女十八，始称成人。方其幼，则未得为成人，然其时则已有礼。礼尚往来，但未成人，则其与人交，乃有来而无往。惟此心之孝弟，对其父母兄姊，则惟有服从，更无反抗。今人不好言服从，但非服从，则幼小又何得成人？及其年长成人，仍得服从。饥欲食，渴欲饮，此乃天命，亦自知服从。故服从亦即人之天性。中国人常言孝顺，顺亦即是服从。中国人之礼，亦多主服从，不主反抗，礼中之反抗成分则甚少。

　　人生自长幼外，复有男女之异。男女结合以成夫妇，成为一体，乃为人生一大礼。傥以未成年人言，则其生命实以父母之生命为阳面，己之生命则仅为阴面。"一阴一阳之谓道"，道即人生。非有父母，即不得成其一己之人生。傥以已成年之人言，则夫为其生命之阳，而妇为其生命之阴，夫妇结合，乃始成其两人生命之一体，即是同一生命。独阳独阴，则不成气，不为道，亦不得谓是一正常之人生。故中国人以夫妇为人伦之始。伦者，如丝之有经纶。非有经纶，丝不成物。非有男女结合，则不得谓乃人生之正常体，实则人而非人矣。

　　人之有男女，乃一自然。男女之结合为夫妇，此乃人文。"人文"者，犹言人生之花样。鸟兽虫鱼皆有生，但其花样少，故不得称鸟文、兽文、虫文、鱼文。无生物之相互间更少花样，故无所谓物文。惟天地大自然，乃可称"天文""地文"。人生花样虽多，终不能脱离自然。亦惟有服从自然，不得向之作反抗。斯则自然为阳刚面，而人文只为阴柔面。但人文日进，花样日多，则自然之对人文，有些处亦得服从。此则人文转为阳刚面，而自然则转为阴柔面。"先天而天弗违，后天而奉天时"，此又一阴一阳之谓道，岂得谓在大道之中乃无服从之一义？

礼既出于仁，本于人心之自然，乃于礼中必有乐。中国人生乃一礼乐之人生，人生乃有一至安而无乐可言者，乃为死。生必有死，亦一自然，不可反抗。乃于人文中发明了死生相交之礼，视死如生，慎终追远，有哭有踊，有葬有祭，有坟墓有祠堂。若谓死者已上天堂，而中国人之礼，乃若死者时时尚在人间。是则人文为主，而自然转为辅矣。西方宗教信仰，乃谓人死则灵魂回归天堂，此为自然乎？抑为人文乎？人生必有死，此为自然。死后灵魂归天堂，则实是反抗了自然，而亦已脱离了人文。耶稣言"凯撒事凯撒管"，则其教虽求脱离自然，但尚未违反及人文，惟置人文于不闻不问而已。中国死生之礼，则并未脱离自然，而显成为一人文，而人心乃于此得安得乐。如孔子死，其门人弟子岂不大悲？然心丧三年，相与庐墓而居，斯则心安，亦可谓一乐矣。尽其心，斯知性，斯知天，此亦依然是一自然。而人心仍亦与此得安得乐，此则不得不谓乃中国人之大智矣。

六

中国人之大智,则莫大于其能为人生制礼作乐。礼似一种规矩束缚,乐则人心共同所求。苟非能有乐,则又何求有礼。但礼何以能连带有乐,则其义深长,须加阐申。

今试分人生为直接、间接之两种。何谓直接人生?因人生必有目的,亦可谓之"目的人生",能直接达到此目的者,始谓"直接人生"。又有各种手段,在求达此目的,此可谓之"手段人生",亦即"间接人生"。

人生又可分为"心生命"与"身生命"两种。身是人类之小生命,仅以维持人类之大生命,故"身生活"实亦一手段人生、间接人生。心寄托在身,依附在身,但"心生活"当为人之真生命所在,故乃直接人生、目的人生。

身生活主要在食、衣、住、行,此事人人知之。心生活则主要在喜、怒、哀、乐,此则人之生命之主要感受,主要表现。此义或反为人所忽。

如婴孩初生,尚不知何为己之身。但一离母胎,即知啼哭,此乃一种悲的感受、悲的表现,即其心的感受与表现。此乃所谓"赤子之心"。但论其心,可谓先知有直接的心生命,却尚不知有间接的身生命。待其日渐长大,才始逐渐知有此身。又如人之既老,其身之活动全衰退，但其心生活则依然，往事全在记忆中。逮其临死，身生活全停止，但心生活则尚有留存。其对病榻旁子孙亲友群相关注之悲哀，尚有感动。举此两例，可证身生活与心生活之分别。方其生，则心先而身后；方其死，则身先而心后。死生之际，心与身孰先孰后，孰为主孰为副？亦显然可知矣。

若论身生活，则各相分别。若论心生活，则共同相通。婴孩初生，先不知有己，但已知有在其旁的父母兄姊。亦可谓限于一己之身的乃其小生命，而通及他人的乃其大生命。待此婴孩逐渐长大，乃始于其大生命中逐渐认识得其一己之小生命。

孔子曰："性相近，习相远。"婴孩出生，其天性即见，这是人人相近的，俗又称之曰"天真"，此即是自然。在其长大中所接触的人生，花样复杂，习惯各异。及其成人，则彼为彼，我为我，始见相远。中国人又分人为大人、小人，其接触多，相通多，不失其大生命，而更能逐渐地长成，则称"大人"。其生命逐渐缩小，对外接触少，又不相通，甚至单知有身生活，斯为"小人"。所分不在其"身"之大小，乃在其"心"之大小。故孟子曰："大人者，不失其赤子之心者也。"此义甚深，须当好好寻求。

身生活所接触主要在物，如食、衣、住、行，必接触于物。但心生活之所接触，则主要在人，更在心。心与心相通，乃始见其生命之大。而人生所乐，即在此。接触的更多，乃能接触到古人，以至接触到后人。非接触其人，乃接触其心。人心则同属此大生命，可以古今无别，可以相通如一，而不易相分别。

孔子梦见周公，周公之死已在五六百年前。孔子未尝见其人，但从书中见其心，而与之相通了。不知孔子梦见周公，其所梦见的，究竟作何形象？但孔子心中则知其为周公。可知日常所见人的身体，不是一真人，不是一真我。心体乃始是一真人真我。身有体，能见能知。中国人言"心"，乃一抽象，不具体，不能见，不易知，但却是你的真生命，乃是你的真我。你果要知得此真我，实亦不难。

七

西方心理学主要在言脑。脑只是人身上一器官，其作用在间接人生、手段人生的一边。但中国人言心，则超乎身以外。心房之心，其作用实更较重于脑。如脑器官有病，知觉记忆全失，而生命则仍可存在。心器官有病，不再跳动，血液循环停止了，则其人即死，身生活便全部停止了。中国古人则借用此具体的心字，来作抽象的心字用。所谓"心"，实非人身上一器官。譬如人之睡眠，全身作用多休息，脑器官亦休息了，但心器官则不能休息，依然跳动，血液依然流行，此则生命并未休息。而又有一抽象之心，则仍可活动，那即是梦。梦则正见人心。西方人亦把种种梦来讲变态心理，但孔子梦见周公，又那可说是孔子的变态心理呢？可见西方心理学是讲得太浅了，并未真识此心。

庄周乃中国道家始祖。中国道家多注意在自然方面，少注意在人文方面。庄周夜里梦见他自己变成了一蝴蝶，栩栩然蝴蝶也。及其醒，乃觉是庄周，又蘧蘧然周也。不知庄周之梦为蝴蝶乎，抑蝴蝶之梦为庄周乎？但若论庄周之心，则依然是此庄周之心，并无变，亦并无分别。

今论自然，则万物相异，亦甚复杂了。但庄周又何以不梦为他物，独梦为蝴蝶呢？这正因蝴蝶生命较直接，较接近目的生活，不见其有许多手段，间接以赴。所以蝴蝶的生命，像似很自然，很快乐的。庄周日间时时在想那一种直接人生、目的人生，而于蝴蝶特所欣赏。日有所思，夜有所梦。故庄周梦蝴蝶，与孔子梦周公，所梦虽若大相异，实则周公制礼作乐，亦为求人过一直接人生、目的人生。孔子亦同此想，故乃时时梦见周公了。其与庄周所梦之相异，实乃一在人文，一在自然，如是而已。

今再言直接人生、目的人生，中国人则称之为"道义人生"。间接人生、手段人生，中国人则称之为"功利人生"。愈间接，愈多手段，愈曲折，愈富功利观，则其离道义乃愈远。愈直接，愈不讲手段，愈少曲折，愈不存功利观，斯乃见道义人生之真，而吾心乃愈觉其可乐。

今试以孔子之人生说之。孔子曰："饭疏食，饮水，曲肱而枕之，乐亦在其中矣。"饥欲食，渴欲饮，饥渴既解，欲得一休息，此亦是自然生活。但只是身生活。孔子不在此上过分计较，说只此便亦乐在其中矣。乐亦在其中，非谓只此便是乐。亦如人之生命，即在身生活之中，但只以身生活为主，则非即人之真生命，其可乐亦有限了。

人生真乐何在呢？孔子曰："学而时习之，不亦悦乎？有朋自远方来，不亦乐乎？"这应是孔子真悦真乐所在了。学则由我来学古人，或学同时他人贤者，使吾心与古人心或同时他人心相通，乃见吾之大生命所在。这不就可乐吗？又有朋友远从他方来，与我同学，那也他人心通于我心，正也吾之大生命所在，不亦可乐吗？故孔子之乐，实更在其与人相接、与心相通处，至于一疏食，一水一枕，那些只是物，借以维持吾生，都是人生中间接的，乃一种维持生活的手段，虽亦有可乐，但若只限于此，更无其他更深更大之乐，那就非人生真乐了。即如赤子之心，其所真乐，乃有父母兄姊亲近在旁，那里是所乐专在那些乳水、襁褓、摇篮之类呢。所以如乳水，如襁褓，如摇篮，可以各不同，赤子之心并不在此上计较。今人则把赤子初生即寄之托儿所，其乳水，其襁褓，其摇篮，或许比在家中更好，但父母兄姊则不在旁，那赤子的心理习惯便变了。及其长大成人，其心则常在吃的、穿的、安息的一些物上计较。人与人相交，则转在其次。此即孔子所谓之"性相近，习相远"。周公制礼作乐，孔门之以孝悌为教，其所理想之人生，则无法达到了。

孔子称颜渊曰："贤哉回也，一箪食，一瓢饮，在陋巷，人不堪其忧，回也不改其乐。贤哉回也。"箪食、瓢饮、陋巷，此是身生活，亦把颜渊的生命维持了。但颜渊生命中，则自有其乐处。即乐在其志学孔子，亦即是孔子所谓"学而时习之，不亦悦乎"了。孔子近在身旁，时得相见，此亦即是孔子所谓"有朋不亦乐乎"了。周濂溪教二程兄弟"寻孔颜乐处，所乐何事"，此乃中国人生一最高理想，最高艺术，一大本领处。此亦可谓是中国文化一特质。

故周公制礼作乐，乃教人与人相接。孔子增出一"仁"字，曰："人而不仁如礼何，人而不仁如乐何。"乃教人心与心相通。孔子教其子伯鱼学《诗》、学礼，曰："不学《诗》无以言，不学礼无以立。"礼即教人能在群中立己。己之不立，何以交于人，又何礼之有。言语则为人群相交之最要一端。《诗》言志，故中国之文学亦即中国人之心声。又岂能有礼而无言，有礼而无心？故学《诗》、学礼，实是同一种学问。孔子又曰："《诗》可以兴，可以观，可以群，可以怨。"怨亦人心人情之所有。周公之大义灭亲，孔子之"道之不行，吾知之矣"，岂不其心亦有怨？能求其可怨，斯亦止矣。

晚清平剧，论其渊源，亦《诗》三百之流。剧中必寓有礼。如《二进宫》，如《三娘教子》，如《四郎探母》。《三娘教子》，乃见一家之礼。《二进宫》，君臣之间乃见一国之礼。《四郎探母》，华夷之间乃见天下之礼。而薛三娘、杨四郎其心之怨亦皆深，充分表达出其怨，使观剧者各能有所兴起，其为功于人群亦大矣。故中国人生亦可谓乃一文学人生，亦即一艺术人生。文学必在道义中，而道义则求其艺术化。中国之人生乐处，即在是矣。此非中国之文化特质乎？

今人言文学，又必主通俗化。但礼乐亦在通俗化。即如《古诗》三百首，诵其《二南》与《豳风》，非也通俗之至乎。故孔子曰："人而不为《周南》《召南》，其犹正墙面而立也与！"即言其不学《诗》则不能通于群，通于俗。惟通俗贵能通于俗之心，礼乐即大公之心，亦即孔子之所谓"仁"。而今人之所谓通俗，则似以己心迎合群俗心，以求一己之名利，仅以文字为手段。此乃一私心，非公心，亦即可谓是不仁之心。如商业有广告，政治有宣传，亦可谓皆求以己私达之对方。皆手段，皆功利，非道义，亦无文学艺术可言。

八

今再从浅近处言。中国以农立国，及丁成年，公家授田百亩，年老退回，则农人实无私财。但五口之家之生活，则赖此百亩之地而无忧矣。如此则可免于间接人生、手段人生、功利人生之种种想法，而径自走上直接人生、目的人生、道义人生之路程上去。春耕夏耘，勤劳备至，但其顺天命，遵地宜，依乎五谷百蔬之性，而生之育之，长之养之，乃不啻如父母之于子女，亦可谓之"仁"，谓之"礼"，谓之"道"，谓之"义"。及其秋收冬藏，则勤劳有成。亦可谓即如生者对死者之有葬祭，一始一终，融成一体。故农事亦可谓一种生与生相接，无背于天道，无背于人道，即此而吾心亦可以得其所乐。故中国之井田制，亦即古人制礼一要端。

其他百工，如丝织，如陶瓷，亦皆公家先授廪俸，使其生活无忧，每年量其能而定其贡，则其晨夕从事，乃为尽其道义，非为谋其功利。而亦如农人之授田，使得世袭其职。幼年后生，自始即亲其业，习以成性，则敬业乐群，一生之勤劳，亦即是其一生之愉乐所在。故中国工业，皆得臻于艺术化，实亦即中国礼乐之所寄。

故农工诸业，虽若各为其私，实亦各为其公。为公之功利，亦即为私之道义。日中为市，各以己有易己所无，交易而退，则商之通有无，亦一公道，非为私利私心作打算。各人之私生活，早得解决，日中之市仅以增加其生活中一方便，非似以商业为手段，乃得解决其生活。至于邦国相交，亦各设商人之官，先授以廪俸，其经商乃以尽公职，非为牟私利。在如此群中，而更有为士者出。士则志于道，专为大群谋，不为一己谋。劳其心，不劳其力。孟子曰："劳力者食人，劳心者食于人。"则为士即可不忧衣食。孔子曰："士志于道，而耻恶衣恶食者，未足与议也。"则士亦不当用意于一己之衣食。故中国社会经济乃为一种"通财制"，或可称"公产制"。农工商为有产阶级，士为无产阶级，而无产阶级之地位，则远高于有产阶级。亦可谓中国人乃抱有一种"唯心观"，或"唯性观"，与"唯生观""唯道观"，绝不抱有"唯物观"。心相通，性相通，则财富亦可相通。故只许有公富，不许有私富，乃决不能有如近代西方资本主义之成立与发展。是则中国古代社会，已为一群体集团，亦即一道义集团，皆在直接人生、目的人生之路程上向前。此则中国之礼乐之大意义大价值所在。

战国秦汉以下，礼乐有变，然仍未失其本源。今试举其大者：一曰婚姻之礼，一曰宾主之礼，一曰丧葬之礼，皆至今犹存。今国人则必求尽废之以为快，自由恋爱，自由结婚，自由离婚，婚姻之礼废，则夫妇不成为夫妇，而旧家庭将不见其存在。酒食征逐，竞为市道交。今人羡称之为"工商社会"，而忠信友道则无存矣。丧葬之礼废，则死生不再有和合，死后则尽归于上帝天堂。而子孙养老之礼亦将随而废。子孙养老之礼渐废，而父祖育幼之礼亦将随以废。亦有人言，美国社会乃幼童之天堂，中年人之战场，老年人之坟墓。今则美国社会亦非幼童之天堂矣。当前全世界人类社会几已全成一战场，亦何礼何乐之有。

人生有同有异，方其为幼童未成人时，则多见其同，少见其异。

及其老年晚年，精力已衰，人事已尽，其时则多记忆少想望，乃亦多相同，少相异。中国人之人生观，则尤贵同不贵异，故尤重幼年与老年。故曰："老吾老以及人之老，幼吾幼以及人之幼。"而人道可臻于大同。幼年则贵教，老年则贵养。孔子曰："弟子入则孝，出则弟，谨而信，泛爱众，而亲仁。行有余力，则以学文。"此则亦教以孝悌、谨信、爱众、亲仁，与人相交接之种种礼。而文字、文章、文学之教，则转在其后，非其主要之所在。至于养老，尤礼之大者。不仅养其口体，"六十杖于乡"，则为一乡人所敬；"七十杖于国"，则为一国人所敬。虽一国之君亦有敬老之礼。人生至老年而得人敬礼，此则为人生一大安慰。"慎终追远，民德归厚"，则犹在其次。今人谓婆媳之间难处，夫妇平等，则惟有推行小家庭制。但人心贵相通，吾夫之母，则当推夫之心以敬之。吾子之妻，亦当推子之心以爱之。又何难处之有？中国人齐家有礼，婆媳之间有礼。苟无礼，即夫妇之间亦难处，而何论于婆媳。

同则易和，而老幼之间则更易和。含饴弄孙，此是老年人何等乐事，而幼童之爱其祖父母，乃亦有胜于爱其父母者。一家之中，有老有幼，则更易和。故老幼之在一家中，乃占"无用之用"。家有老幼，斯即其一家之福。三代同堂，其福乃难以言语尽。使夫妇成婚，而父母遽亡，又不生育子女，斯诚其一家之不幸。可知人生则决非单人独身之为生，亦非无世传无先无后之谓生。求身生活，则必求有家生活，又必求有世代相传之悠久生活。中国人生贵同，即从此等处求之。

中国人生贵同，则不仅家之外贵有戚族、乡党、邻里，尤贵有国。而君臣之礼，君民之礼，亦遂以生。而国与国亦贵其同，乃始有天下。孔子"有朋自远方来"，多来自异国，则朋友一伦之礼，乃可广通之于天下。中国五伦，为人生大礼，亦即人类大同之基础，亦即人类生命之得以和通会合而融成一体广大悠久之所在。谭嗣同《仁学》，谓西方人于中国五伦中仅有"朋友"一伦。实则无父母，无兄弟，无夫妇，无君臣，则其为朋友者，亦异乎中国人之所谓朋友矣。人而无礼，鼠之不如，而又何能齐家、治国、平天下？

九

中国以"天地君亲师"并言，始见《荀子》书，亦远起两千年以前。人能对天地有礼，则人文与自然乃融合而一矣。对君亲师之礼，则皆在人文中。学者自称"弟子"，则视师当犹如父兄。心丧三年，则师与亲亦无别。中国工人皆称授业者为"师父"，则视师如父，其俗普遍流行于中国，亦至今犹存。古人又言："作之君，作之师。"则君师亦当同其尊。而为君亦必当有师，为太子即无不从师。宋代王荆公、程伊川为经筵讲官，争为师者当坐而讲，君为弟子亦当立而听。其君亦从之。但古代之礼，师弟子亦如朋友。虽孔子大圣，亦与其门人弟子同坐讲学。故五伦中有"朋友"一伦，而师弟子即在其内。秦汉一统，君臣之礼，人之尊君，尤甚于古。而孔子乃尊为"至圣先师"，于是尊师乃更胜于尊君。此又中国礼中一新兴之大变。荆公、伊川之争，后世亦未有议其非者。中国人言"尊师重道"，但绝不言"尊君重道"。师掌道统，君则仅掌政统，道统当超在政统之上，则师之尊于君无疑矣。孔子为至圣先师，历代帝王无不尊之，而中国道统遂由以定。此则为中国超于五伦之上一大礼。

此事亦与佛教东来有关。僧侣尊释迦，但可不尊君。而为君者，转亦尊释迦。孔子并非一宗教主，但儒学继佛教而再兴，则孔子亦俨如一宗教主。故中国文化传统，宋以后孔子乃亦见其尊严。西方有文艺复兴，中国之有宋代，则亦当为中国之文艺复兴。研讨中国文化特性者，于此一古今之变，尤当深切寻究。

战国时，齐有稷下先生，招揽群徒，著书讲学，公家给以厚廪，居之高第，诸先生则不治而议论。盖为师而不为臣，故不负政治实际之职任，而政治上之是非得失，则亦得贡献其意见。秦代统一，其博士制度即承齐之稷下先生来，亦不治而议论。则秦始皇帝亦不以博士与朝廷群臣同视。咸阳宫酒会，博士议政，力主恢复封建，反郡县制。但秦代之焚书案，亦仅焚一部分民间书，不许民间偶语《诗》《书》，以古诽今。其于诸博士，则仅免其职而止。此则如朋友绝交,未尝再加以惩处。汉代博士,其所任教课,亦尽博士自主,为君者不得加以干涉。太学课程有改变,亦由诸博士开会自加决定。朝廷卿相,或得参加会议。为君者,亦或亲自列席,但绝不以朝廷政令施之于学校。当时太学亦未闻有校长。则其时风气之重视师位,亦可于此一端觇之。惟博士乃学人,而出仕朝廷为臣者亦皆学人。则君之视其臣,谊亦如朋友,尊卑之间,自当有一分寸,而于博士为尤然。若如今日国人所想象之所谓"君主专制",则非中国历史实况。需读史书自知。而中国人之尊师重道,已远有其渊源,在此一端上,宋代则可谓是中国之文艺复兴。

十

中国人言礼,则必兼言"敬"。于人无敬,则又何礼之有。人心有两端:一曰谦卑心,一曰骄傲心。心知谦卑,则对人有敬。自骄自傲,则对人无敬。孟子曰:"舜之居深山之中,与木石居,与鹿豕游,其所以异于深山之野人者几希。及其闻一善言,见一善行,若决江河,沛然莫之能御也。"居深山木石中,与鹿豕游,此乃纯是一种自然生活。闻一善言,见一善行,则转为人文人生。孟子又曰:"舜善与人同,乐取于人以为善。"人所认以为善者,必人类之所同。人与人相异,则或少见善,或即为恶矣。然取于人以为善,所取多,则必为一善人可知。即其自为善，亦同于人以为善，非异于人以为善。居万人中，而我一人为善，纵其为善，亦至小矣。能同于人，其善始大。抑且人之自然生活，皆取于外物以为生。食、衣、住、行，温饱安畅，皆觉有乐。岂有取于人之善，而此心反转有不乐者？故谦卑乃为善之本，亦自乐之本。今若自骄自傲，觉人皆不如己，此实乃人心中一最大苦痛。婴孩初生，其心谦卑，自觉一无能，尽皆赖于人。其视父母兄姊，皆可敬，亦可尊。而婴孩乃为人生中最乐一时期，亦无恶可言。及其渐长成人，自视多能，视其父母兄姊乃皆不如己，其内心自滋生有苦痛之感，亦无待言。及其进入社会，又觉无人及我，惟我独尊，其孤寂、其苦痛，又如何？转不如住深山与木石居，与鹿豕游，反有一番自然之乐了。

孔子曰："若圣与仁，则吾岂敢。"此见孔子之谦卑心。又曰："学不厌，教不倦。"自觉学而未至，故能学而不厌。自觉学而有得，故能时习而悦。则更见孔子之谦卑心。教不倦，非谓其学之高出于人以为教，乃以其学而时习之悦于心者为教。朋之自远方来，岂不当以己心所悦与朋同之？己有未达未至，乃求有朋与吾同达同至之。故曰："吾无行而不与二三子。"朋之乐学，乃益增己之乐学之心。故以己之学为教，亦犹与人同学，此乃乐与人同。此孔子之教不倦，亦见孔子之谦卑心。苟以己之高出于人者为教，是谓乐与人异，则是一种骄傲心。惟心谦卑，乃求与人同。其心骄傲，则惟求与人异。

释迦牟尼离宫逃俗，遁入空山，菩提树下有悟，乃返以教人。是释迦以其所悟之高出于人者为教。耶稣自信乃上帝独生子，则以其所信之独异于人者为教。其悟其信则在前，其教则在后。而孔子以其所学教，学不厌、教不倦，乃同时并进事。孔子未尝自谓其高出于人人。谓孔子高出于人人，则为来学者内心之事。

惟释迦以其所"悟"教，悟释迦之所悟，则亦同得为一释迦。耶稣以其所"信"教，信耶稣之所信，乃不得同为一耶稣。孔子以其所"学"教，学孔子之所学，则不仅得同为一孔子，而亦可得超乎孔子之上。故孔子谓："后生可畏，焉知来者之不如今也？"孔子非以后生之如我为可畏，乃以后生之亦能好学如我为可畏。是孔子之所畏，亦即孔子之所喜。"畏"即敬意，是孔子不仅敬古人，亦敬及后人。孟子曰："人皆可以为尧舜。""有为者亦若是。"孟子之言，非教人以自傲，乃教人以好学。故曰："乃所愿，则学孔子。"又曰："人之患在好为人师。"则孟子亦以谦卑教，非以骄傲教。

孔子之高出人人，非孔子所自居，乃其学者之共同尊推之。颜渊则曰："夫子博我以文，约我以礼。既竭吾才，如有所立卓尔。虽欲从之，末由也矣。"曾子则曰："江汉以濯之，秋阳以曝之，皜皜乎不可尚矣。"宰我则曰："夫子贤于尧舜远矣。"有若曰："出于其类，拔乎其萃，自生民以来未有盛于孔子也。"而后人则尽以孔子为教。孔子学周公，乃人人以周孔为教。孟子愿学孔子，乃人人以孔孟为教。人皆以其所学教，不敢以己为教，此亦中国一大礼。

魏晋之衰，时风乃转而学庄老。庄老道家言，乃主自然。主自然，则仍主人与人同，不主人与人异。故庄老言人文，亦主慕古，与孔孟同，惟较孔孟所言更推而上之，及于人文之更接近自然处。故庄老以自然教，亦以古人教，亦非谓一己之高出于人人，而即己以为教。然则孔之与老，其分别又如何？"将毋同"三字，乃得为一时人所称许。是则非必斥周孔，乃以见其尊庄老。其对孔与老，仍亦以同之为贵，非异之为贵。佛教东来，一时又改尊释迦，然亦求以孔子老子同之。历代高僧，惟以释迦为教，固未见有斥孔老以为教者。故中国人之谦卑好学，求以己同于人，不求己之异于人，此亦仍是中国礼之一大端，乃文化大统一特质。

近代国人，乃以为中国人惟知好古，惟知守旧，以此乃永不见有进步。然今国人之一意慕效西方，论其实际内情，亦即吾民族古旧相传谦卑好学心之一种表现。乃据此以诟斥古人，一若五千年来之中国人，以及一部中国史，竟无一是处。此则由其对外国人之谦卑心，转而为对本国人之骄傲心。此一转变，似值商讨。如一家中有贤父母，有好婚姻，有好子女，岂不人生一大福？若举家人尽可诟斥，则其心先已不安不乐，其他复何言。一国始终在祸乱中，此皆国人不安不乐之心之为祟。而其不安不乐，则实出之于自骄自傲，相轻相蔑，乃以致之。此乃一种心理现象，幸吾国人宜当深自反省。

十一

西方人好异于人以为人，乃亦好异于学以为学。如科学，其学主向外，主求知，此乃一种间接手段的功利之学。而又必以知人之所不知以为贵。如牛顿发明万有引力，此一原理，其先未为人知，而牛顿先知之，牛顿遂以高出于人人。但万有引力之说，既已同为人知，则必别求其未为人知者，以求高出于人人。但自然界之知识，则无穷无限，迄至今如爱因斯坦之发明四度空间论。自牛顿以至爱因斯坦，科学知识之日新月异，诚可谓其进步之无穷矣。但乌得谓爱因斯坦之为人，乃远较进步于牛顿。故人类对外面物质知识之进步，非即人类内部自身之进步，此两者间之差别，有无可相提并论者。

一部西洋史，可谓罗马人异于希腊人，现代英、法诸国人异于希腊、罗马人，但决不能谓英、法人较希腊、罗马人更进步。凡所进步皆在物，不在人。皆在外，不在内。又岂得谓美国人发明了核子武器，即进步于英国人？又岂得谓今人在电灯下生活，即进步于电灯未发明以前之古代人？故今人之所谓进步，实只物的进步，而非人的进步。或即以物的进步，而其人转见为退步。如核子武器大量杀人，对人类带来大灾祸，亦可谓犯了大罪恶。故其发明人与运使人，决不可谓乃人类中之杰出人。又如太空飞行,及月球登陆,人类对自然界之活动,纵谓有进步,至人类之对人类,则未见有进步。则飞行太空与登陆月球,其人亦不得即谓是人类中之杰出人。故一部西洋史,可谓乃在物变上有进步,而人文方面则未见有进步。人不进步,物转进步,则人不为物之奴,物必为人之敌,亦可想而知矣。近代人在此形势之下,乃力言自由、平等、独立。其实此等口号,皆易滋长人之骄傲心,不易启发人之谦卑心,乃使举世人心日滋其不安不乐。两次世界大战后,人类灾祸迭起,亦胥此之过。

一部中国史,乃人文演进史。夏、商、周三代,专就其人文言,不得不谓其已较唐虞时代为进步。春秋时代,亦较西周时代为进步。战国时代,又较春秋时代为进步。现代欧洲,以人文论,恐尚不能比中国春秋时代,更远不能与中国之战国时代相比。苟非先经一段战国时期之学者群以天下为怀,即甚难有秦汉时代之出现。非先得如秦汉时代广土众民之大一统,又何来有世界人类之大同?故惟中国史之进程,始得谓人类前途理想一目标。而如西洋史,则对人类前途和平相处之理想,相去甚遥。抑且西方自然物变之演进,不仅违反了人文,亦又违反了自然。中国人文化成之演进,则不仅化成了人文,亦又化成此天地,使与人文蕲向同其归趋,此之谓"一天人,合内外"。

继此当论中国古人对"变""化"二字所特别提出之分别。

《易·系辞》言："化而裁之谓之变。"人文乃一"大化"，如有巢氏、燧人氏，以至庖牺氏、神农氏，以至黄帝、尧、舜、夏、商、周三代，下至于秦汉以下，在此人文大化中，加以裁割，始谓"变"。如人之自婴孩、幼童，以至于成年、中年、老年，始终只是此一生之"化"。惟在其过程中，加以裁割，始见此婴孩、幼童以下种种之"变"。实则即就婴孩至幼童言，时时刻刻在变，瞬息在变，不仅岁月间之有变而已。是则化只是变，积变始成化。变、化二字，本无分别。即此是人文，即此亦是自然。惟自然中物之变，乃有由人变之者，此则变而非化。如电灯、自来水，何尝是电与水之自然。有了电灯与自来水，人类生活亦随而变，但亦何尝是人文之自化。果一意主在物质上求变，则人亦沦而为物，有变而无化矣。今人乃特加以夸奖，称之曰"创造"，称之曰"进步"。实则天地大自然，亦不能长日由人来创造。老子曰："地法天，天法道，道法自然。"则天地又何得有进步？天则永是此天，地则永是此地，人则亦当永是此人始得，又焉可尽求其进步？

中国人必言"同化"。惟其同，始有化。而在其化之过程中，则自见时间观念之重要。春耕、夏耘、秋收、冬藏，此必经历一时间。西方商业社会，则无客观一定之时间过程。其商品能即脱手售出，岂不大佳？故农人不得揠苗助长，而商人则可用种种手段，种种技巧，以使其手中产品之急速出售。故中国人重"化"，而西方人则重

"变"。中国人重"同",而西方人则重"异"。今日国人,则尽力诟病中国人之好古守旧。其实昔日之古旧,即我当前之由来,乃在同一时间过程中,又焉得不好、焉得不守?好之、守之而自化,乃成中国五千年历史之悠久,亦即中国文化特质之所在矣。

向内求同,其社会必趋单纯,而其人则多为通才。尽其德性之所能,则自臻于宏通。向外求异,其社会易趋于复杂,而其人则多为专家。务于标新,则必专择一途以为人所不及,而其德性则多拘窒而狭小。其最大影响,则见于人群之治平大道上。通才能理其大群,专家则仅能治其小。理其大,则能和于外。治其小,而向外则必争。今日之世,论物质成就,则交通便利,四海如一家。论心性团聚,则家与家有争,国与国有争。以各别相异之人,而处大同之世,宜不能知其前途之所届矣。惟中国则致广大而尽精微,极高明而道中庸,尊德性以道问学,中国之文化特性,乃在其能从德性之由精微中庸处,而达于广大高明。其过程乃有一套学问。一部五千年不断之历史,亦即中国人五千年来不断之学问有以造成之。则虽守旧,亦不得谓其无进步。虽好古,亦不得谓其无开新。惟须经一段较悠长之时间。今人争图目前,或所不耐。

十二

在自然中，有同必有异。物皆然，人又甚。孟子曰："圣人先得吾心之同然。"则圣人乃最为得人中之同者。然孟子又曰："伊尹，圣之任。伯夷，圣之清。柳下惠，圣之和。"孟子分任、清、和为人性中三大别。柳下惠之和，则似较之任与清为更易趋于同，故俗言"和同"。但柳下惠之为圣，则为孟子所特别提出。人人尽知伊尹、伯夷之杰出而不可及，不知柳下惠亦同为杰出而不可及。但苟一意于和，则亦性中一别。孟子又谓孔子为"圣之时"，则随时而化，亦任、亦清、亦和，非任、非清、非和，乃始更惟见人性之大同，而不再有分别。换辞言之，孔子乃为更杰出不可及，惟见其异，不见其同矣。孔子曰："如有用我者，吾其为东周乎。"是孔子虽一生一意求同于周公，而终必有异于周公。此无他，亦时为之耳。今人好言现代化，其实孔子即最能时代化。一部中国史，五千年来，其过程则常在现代化中。至于一部西洋史，希腊、罗马、中古时期，乃至现代之英法，正因其不能时时刻刻现代化，才至各自分别，不能一气相承。今日国人已只求美化，苏维埃化，不再求英法化，亦如孔子之为东周矣。

中国人又常"时代"兼言。后一时代替了前一时，宁有只此一时而更无另一时来相替代之理。孔子言时，必言其因革。因者因于前时之旧,革则革成后代之新。中国道家思想较重因,不重革,此其不如儒家处。孔子曰:"殷因于夏礼,周因于殷礼,其或继周者,虽百世可知。"惟其有继有因,遂成为一部五千年一体相承之中国史。论其大体,则最先实因于自然,此乃人文之不能违背于自然。然如西洋史,不得谓罗马因于希腊,英法因于罗马,美苏因于英法。其有所因,乃在物变上,非在人文上。若使中国古人复生,见后世有汉、唐、宋、明,岂不其心大慰?当前英法人见美苏之崛起,岂亦其心有慰乎?即此以观,可见中国文化特质之所在矣。

十三

今再问,中国人又何以能有此文化特质?则不仅中国人心之有"仁",亦因中国人心之有"智"。孔子又常"仁智"兼言。此"智"字亦与今人之言"知识"有不同。"知"属具体,"智"则抽象。孔子曰:"知之为知之,不知为不知,是知也。"凡有知,同时必有所不知。能知其有所不知,始得为知。今日为知识爆破时代,然其所不知则仍是无穷无限。故人类今日乃不知明日之究将如何。一世人心不安不乐,主要则在此。而孔子所言之智,则不同。故谓"虽百世可知"。

孔子曰:"智者乐水,仁者乐山。智者动,仁者静。智者乐,仁者寿。"中国人于"爱"字外，必添造一"仁"字；于"知"字外，又必添造一"智"字。爱与知皆向外，有对象。仁与智则内心之德，亦可谓无特定之对象。亦可谓爱与知皆属动，仁与智则属静。山水乃大自然中之两物，中国人有谦卑心，乃亦对大自然中一切物知所效法，知所乐。则亦时习而悦矣。《诗》三百，《关雎》为首，中国古人乃知效法于雎鸠，以得成其夫妇之乐。天地大自然有两大异：一曰动，一曰静。仁者则乐于山之静，智者则乐于水之动。但中国文化，重仁更过于重智，故重静更过于重动。周濂溪言："主静立人极。"好古守旧，则亦是其心主静之一种表现。但动静实一体，静中亦有动，动中亦有静。故山亦有其动，水亦有其静。言自然则必兼言山水，言人文则必兼言仁智，言事为亦必兼言动静。今日知识进步，乃有核子武器，此则可谓是不仁之至，亦即可谓是不智之尤矣。希腊乃海洋国家，其人乐于水，故西方文化乃亦好动不好静，尚智不尚仁。则孔子之言，亦可通于西方，而无大违背。

中国人又言仁、义、礼、智、信。其实"仁义"并言，"仁礼"并言，"仁智"并言，义与礼与智皆当本于仁。未有不仁之义。核子武器既为不仁，即亦不义。又"礼义"并言，亦必先礼而后义。仁存之心。礼见之行，仁、礼内外一体，故有礼始有义，非有义乃有礼。周公诛管叔，流蔡叔。兄弟乃五伦之一，苟非周公心存大仁，又乌得有灭亲之大义。即"信义"并言，亦先信后义，不得称"义信"。犹

"忠义",不得称"义忠"。盖忠信本于人性,义则所以达其忠信,亦已成为一种间接之手段。孟子则曰:"羞恶之心,义之端也。"则义之本于天性者,最先为羞耻之心,有所不为,非若仁、礼、忠、信,其先即是一有为。今人乃多不好言仁、礼、忠、信,而仍犹言义。以为辨是非即是义,由此而多分别、多争。孟子言:"是非之心,智之端也。"智则与仁对立,而不与义并言。智在内,义在外,而义又次于仁与礼,故不得与智并言。

惟"义理"并言,则可理在前,亦可义在前。理则由智乃见。人与物相异,人与人亦有相异。其相异之间,各有程度之不同,此相异之程度谓之理。故理属外在,抑且理亦多主有所不为处。穷理明理,达理守理,凡有不合理处,皆所不为。道家尚自然,始多言及"理"字。此理字则不在儒家言"仁义礼智信"五常之内。宋儒会通儒、道而言之,始多言理。程朱言"性即理",陆王言"心即理",此亦求"一天人,合内外",而有意见相歧处。故中国人只言天理、天道,但言人道,不言人理。又严理、欲之分。理属天,欲在人,此则其大别也。

中国人又言"情义""情理",皆情在上,而义、理在下。又言"心情""性情",则心、性在上,情又次之。继是又当知"情""欲"之辨。中国人亦常连言"情欲",以欲亦由情流变而来。但不并言"心欲""性欲",则以欲之离心性之本已远。欲与情又别。情则同，故曰"同情"；欲属私，故曰"私欲"。同则公，私则异。中国人尚同不尚异，故重于情而鄙于欲。今人则以满足私欲为人心之大乐，则其所乐亦有不近人情之至者，乃又何得以为乐？

中国人又言"名义"。周武王伐纣，伯夷、叔齐叩马而谏，以诸侯伐天子，夷、齐谓其不义。但孟子曰："闻诛一夫纣矣，未闻弑君也。"不以纣为君，此亦孔子正名之义。斯则尧舜之禅让，汤武之征诛，皆仁也，亦皆义也。惟夷齐之谏，亦为天下谋，并为万世谋，其心亦仁，其谏亦义。其耻食周粟，而饿死首阳山，此亦夷齐之义，亦即由夷齐之仁来。但其唤起天下后世之人心，则夷齐之仁，其影响效果，终为胜于周武王之伐纣。故孟子亦尊之为"圣之清"。此则义各有当。《易》之书又言"时义"。要之，同一时可以有为、有不为，异一时则又不然。而仁则无时而不同，不可以有不为。此亦仁义之正名，宜有此辨，不可不知。

西方哲学家主在求"真理"。然其所以求之，则本于智，不本于仁。迄今西方盛行个人主义，就中国人观念言，则为不仁。故西方哲学所求之真理，亦多属自然真理，少人文真理。科学家所求则在"物理"。物与物之间有理，人与人之间亦有理。核子武器，可以大量杀人，把人来当物看，此亦有其理。但人与人之间，则无相杀之理，此之谓仁、谓礼。中国人之智，则决不在求多杀人，此即有所不为，乃仁、乃礼，亦即义。故可以有不仁、无礼、不义之"知"，而不能有不仁、无礼、不义之"智"。故智则必有所不为，而后可以有为。今人则又求无所不为，故尚知，惟以法律制之，而其所为则亦可以不仁、无礼、非义，只不违法即得。但今尚无国际公法，则又乌能有所不为？若以此谓之大智，岂不终将流为大愚？以此来为中西文化作分辨，斯即知中国文化之特质所在矣。

孔子又言："智者乐，仁者寿。"乐则多见于动一边，寿则多见于静一边。但动与静，乐与寿，仍当和合作一体看，不当分别作两事看。乐则自有寿，使常不乐，又何能寿？寿而不乐，斯亦不如短命之为愈矣。西方人似乎好动好乐，但大生命惜不能达于寿。如希腊，如罗马，如现代之英法，皆务求多乐，但皆不寿。盖其所乐皆在外，各务求之外，又易启相争。抑且向外求乐，非即内心真乐。孔颜之乐，则乐在其内心，不在于外物。或疑颜子早夭，则仁而不寿。但此所谓寿，非指个人生命长短言，乃指人类大生命，其人生大道之可长可久言，亦即可乐可寿。中国民族寿长五千年，非常在悲苦不乐中，即其证矣。若徒计当前之乐，而不计其后，则为不仁，亦为不智，实亦无乐可言矣。

乐在心，外物有所不计，故《中庸》言："素富贵行乎富贵，素贫贱行乎贫贱，素夷狄行乎夷狄，素患难行乎患难，君子无入而不自得焉！"所谓"自得"，乃其心自得，亦即自得其乐。即如元、清两代之中国社会，亦所谓素患难、素夷狄，而两代之中国人，亦未尝不自得其乐。故中国人生既为一寿的人生,亦为一乐的人生,其要在能向内求之,向心求之,此之谓"能静"。西方人则向外求,向物求,故尚动,而每不能自得。惟中国人能由静而动,乃于西方异。今国人一慕西方,求变求新,究不知有何界线,何时乃得停止。岂此之谓广大而悠久,亦岂此之谓能乐能寿乎?中国人则"贫而乐,富而好礼"。好礼则仍是乐。所谓"万变而不离其宗",有所宗,斯谓静。万变则是动。修身、齐家、治国、平天下,斯亦变,但非治国、平天下始是乐,修身、齐家即无乐可言。《大学》言:"自天子以至于庶人,一是皆以修身为本。"修身较偏静,向内。齐家、治国、平天下较偏动,向外。此则由静始有动,凡动皆一静。由内始有外,凡外皆一内。其义深长,但可一反之己心而即得。以此为学,乃大智。以此为教,则大仁。而仁智则近在眼前,只在心中。谁不能睹山水,而此心之仁智亦由是而见矣。

《易》言"乾动坤静"。其实乾亦有其静,坤亦有其动。天之阴晴晦明,即常此阴晴晦明,此即其动中之静。地之山峙水流,即常此山峙水流,而仁智乃由是生,此即其静中之动。《中庸》言:"喜、怒、哀、乐之未发谓之中,发而皆中节谓之和。"人情即本于天理,方其未发,即犹仁者所乐之山,常此安定,常此巍峨,而万物殖焉,宝藏兴焉,此即其静中之动。及其已发,即犹智者所乐之水,波涛汹涌,畅流不息,永此浩荡,而不趋于溃决,此亦其动中之静。故亦可谓心之未发则属自然。及其已发，乃始见人文。而自然与人文，则皆于人之一己之心而见之。此诚"致广大而尽精微，极高明而道中庸"。非"尊德性以道问学"而求之，则又何以体会而融悟及于此。

十四

今试追问吾中华民族又何以得天之独厚，以有此大仁大智之心，而完成此文化大传统之特质，为举世其他民族所不逮？孟子曰："天将降大任于是人也，必先苦其心志，劳其筋骨，饿其体肤，空乏其身，行拂乱其所为，所以动心忍性，增益其所不能。人恒过，然后能改。困于心，衡于虑，而后作。征于色，发于声，而后喻。入则无法家拂士，出则无敌国外患者，国恒亡。然后知生于忧患而死于安乐也。"中国人才兴起，就历史观之，春秋战国时，小国人才反多于大国。秦汉以下，偏远地区反多于中央盛处，乡村反多于城市，乱世反多于治世。孟子之言在战国时。此下秦汉一统，每一朝代历三四百年必亡。此即孟子所谓"出则无敌国外患者，国恒亡"之义。此处孟子谓人才必产生于忧患，与上文言"寻孔颜乐处"，中国人生理想在求此心安乐，两意相反相成，学者所当细阐。

今再言孟子"生于忧患"之意。举世文化先进国家有四，曰埃及、巴比伦、印度与中国。埃及、巴比伦皆沿海，又有尼罗河及幼发拉底与底格里斯双河资其灌溉，此两国地域小而多水，故其民尚知多动，亦尚乐。欧洲古希腊亦海国，其文化多汲源于此两国。印度乃一大陆国，又地处热带，衣食易给，其人乃多恶动，不寿而厌生。中国亦大陆国，又有黄河水患，其民必忧劳辛勤以为生。有巢氏、燧人氏以迄于庖牺氏、神农氏，历时已久远，乃始得业农为生。而农事乃人生中之最忧劳最辛勤者。抑且使非其子丹朱之不肖，则无以成尧让天下之大德。非父顽母嚚弟傲，亦无以成舜之大孝。非鲧之受殛，亦无以成禹之三过其门而不入，以终完其治水之大业。而尧、舜、禹三帝非受洪水之灾，亦无以成其为大圣。但世之既盛则必有衰，世之既治则必有乱，犹之人之有生则必有死。但中国文化又有一特质，则为衰后能复盛，乱后能复治。故桀纣之后有汤武。幽厉之后，周室东迁，又有管仲与孔子。待秦代成其一统大业，乃二世即亡，举世大乱，而有汉高祖，乃始以平民为天子。两汉之盛而衰，有三国两晋，继之以南北朝，而重有隋唐之统一。五代十国，可谓中国历史上最黑暗一时期，而继之有宋之崛兴。而又有辽、有夏、有金，而继之以元，蒙古入主，全中国受异族之统治，此尤为旷古未有之大变局。而不久即有明崛起，明太祖乃又得以平民为天子。而又继之以满清入主，中国全国又再受异族之统治。但政统失于上，道统则依然盛于下。蒙古、满洲不得不受中国文化传统力之同化。此一衰而复盛，乱而复治，天运循环，周而复始，其文化大生命则依然长存。此又为中国文化特质中之更大一特质，乃更为并世古今其他诸民族所不能有。

孟子曰："尧舜性之，汤武反之。"尧舜乃自自然中演出人文，故曰"性之"。汤武乃由尧舜而反之己心，则汤武乃由人文中演出，但不失其为仍于自然中演出，仍不失其大本大源之所在。中国文化乃本于各人一己之心。故顾炎武谓"天下兴亡，匹夫有责"。如此则中国人乃以文化大生命寄托于每一人之小生命，故其绝大责任，乃可由各自之一小己负之。中国文化之能具有绝大力量，其要端即在此。

晚清之末，又衰而乱。鸦片之战，割地赔款，五口通商，又继之以洪杨之乱，又继之以英法联军，又继之以甲午中日之战，又继之以八国联军，内忧外患，可谓至矣。孙中山先生又继起，创建中华民国，乃不啻以一海外侨民，而完成其开创之大业。则较之汉祖、明祖之以平民为太子者，尤为过之矣。乃此七十年来，治平未见，衰乱益甚。中山先生乃创为"三民主义"，诏告国人，以拨乱返治、起衰转盛之大本大源所在，而又为"知难行易论"，确告国人以知难之义。汤武反之，则亦惟反之于尧舜。

中国历史之大变，首推战国。孔子以后，诸子竞起，百家争鸣。下迄西汉，而儒家始定于一尊。今日之群言庞杂，众议纷起，亦固其宜。惟当一本之于爱国家、爱民族一至诚之大仁，而又能济之以一己之一番谦卑心，知所尊，知所敬，勿轻肆讥评，勿轻加反抗，以无违于吾文化大统之一"礼"字，使能和平相处，安乐相交，而后大智得随以生，大信得随以立，而大义亦于是乎在。此或即天之将降大任于吾当前之国人，动心忍性，能动而又能忍，则吾国家民族前途其庶有重臻安乐之可期。天之特厚于吾国家民族者，其仍将有以慰吾当前国人之此心。而吾文化最大特质之所在，又将当吾之身吾之世而见。企予望之，企予望之。

（一九八三年为阳明山庄专题研究教材写）

中国民族性与中国文化之特长处

一

中国《大学》一书，内容分三纲领、八条目。八条目之下四条为修身、齐家、治国、平天下。南宋朱子定《论语》《孟子》《大学》《中庸》为四书，以《大学》为首，为此下中国读书人首先必读的第一本书，到今已历八百年之久。

欧洲人仅知有国家观，无天下观。首先是希腊人，即对国家观念亦未成熟。罗马人开始建立了国家，又由罗马自己一国并吞他国，日形扩大，成为"帝国"，但并无"天下"一观念。帝国乃由一国兼并他国，与中国古代之封建制度，由一中央天子统治，下面各诸侯分别为国，而又和合会成一天下的局面大不同。中国自秦汉大一统以下，仅存中央一天子，四方不再有诸侯。封建制改为郡县制，此下两千年，大体无变动。疆土日扩，户口日增，但为一纯粹的民族国家，与西方帝国大不同。

中国之外有其他民族，东夷、南蛮、西戎、北狄，合称"四裔"。中国与四裔，合为一天下，其分别则主要在文化上。中国人又称："夷狄而中国，则中国之；中国而夷狄，则夷狄之。"这是说，中国即以其文化代表了天下。如佛教自印度传来，中国僧侣或称印度为中国，而自视中国为蛮夷者。故中国人之政治最高理想，乃为以"人文大道"即文化平天下，而治国次之。

欧洲人只知有国，不知有天下，以富强为立国最高目标。国与国之间，称"国际"。直到现在，科学发达，交通便利，全世界五大洲，真可和合如一家。但依西方文化演变，则至今仍仅有国际组织，称为联合国，会员共达一百五十国以上。国际事务，由联合国开会商议，有名无实。国际大都市，成为商业经济战场，举世相争无宁日。军事战场则可有核子战争，虽目前尚未发动，举世忧恐。而诸小国间，又有恐怖活动，遍及全世界。居无宁日，实为人类当前生存一大问题。

犹太人自始即为一商业民族，无国家观念，但却有天下观念。耶稣创立宗教即是一例。耶稣传教，不管国家事，故称"凯撒事凯撒管"。至今欧洲人几乎全部信耶稣教，但政教分离，政治则一仍欧洲旧传统，与宗教信仰无关。两国战争，可各自在壕沟内祷告上帝助我，早获胜利，可期和平。而对壕相杀则如故。

最近又有马克思，唱为共产主义。主张"唯物论"，和宗教信神、信上帝大不同。但实亦同为一世界主义，可谓其有天下观，无国别观，故马克思之共产主义本属一种社会思想，无关政治。而今欧美资本主义国家，推行自由民主政治，而罢工运动则到处流行，此明是马克思共产思想之流行。马克思之唯物史观，与耶稣灵魂上帝之信仰虽大不同，但两者同俱有一种世界观，略近中国人之天下观。欧洲人能加采用，此亦见欧洲人之长处。但犹太人虽有世界观，而无国家观，从未能自己立国。最近欧洲人代为成立一国，国名以色列。但其立国方针，则一本西欧帝国主义之传统，侵略邻国，引起了中东无穷纠纷，迄今未知其所止。

印度佛教可称亦有一世界观，但与中国天下观不同。因中国天下观，乃一人群之最大结合体，而印度佛教则并无家与国的观念，人生一切结合，皆主取消。故佛教经典只称"世界"，不称"天下"。"世"指时间，"界"指空间，世界一名称，亦属唯物观，与马克思思想较近，与耶稣思想较远。而耶稣早年亦曾流亡在印度，故耶教之世界观，或亦有印度思想之感染。

惟中国《大学》一篇之八条目，乃可包容佛教、耶教，以及西方之个人主义与国家观而为一，而又加以融通和合。故佛教来中国，随即中国化。至今印度佛教已衰，而在中国则犹盛。至于共产观念，在中国社会实早已推行。如古代之井田制，汉代建立之盐铁政策，及宋以后全国推行之义庄制度，皆有共产意义。但中国人只求"贫而乐，富而好礼"，不提倡共产。中国人主张由身而兼顾及家，由家而兼顾及国与天下，由己而兼顾及群，由当前而兼顾及过去与未来。所谓"执其两端，用其中于民"，惟此一"中"字，乃最为中国人所主张，所看重。

二

今再言当前西方人最所主张之自由、平等、独立三观念。此乃由欧洲个人主义思想所提倡，而最近中国人群相趋附，认为人生理想惟此三大端。实则由中国观念看来，人自初生，至十一二岁之幼稚时期，以至二十岁成年时期前，岂能自由独立为人？下至八十、九十之耄老时期，又岂能不依仗他人，而独立自由生活？此是人生具体一大问题。即在二十以上，八十以下之中老年人，亦岂能离开人群天下，无国无家，独立为人？衣、食、住、行种种实际生活上之物质条件，全得依赖社会群众其他人之共同努力，共同造成。其中自有种种差别，平等二字更所难言。政府、军队、学校，亦均无平等可言。自由、独立两项，更不待言，亦断难人人平等。当前的世界，亦正为尽人争求自由、平等、独立，而达于混乱斗争不安的局面，几于到处无宁日。

深一层言之，人必先认识了自己，乃有与他人相互自由、独立、平等之可言。今天我们所争的自由、平等、独立，全向外面物质生活方面争。从内部人格上论，究竟如何才算得是你自己，此须向自己心性上求。只论功利，不讲道义，岂可说尽人都能知道呢。

三

《中庸》说："天命之谓性，率性之谓道。"这两句的意思，可说是每一人自己即为人群大道之本。不知你自己，如何知得人群大道，又何得称为人呢？但什么是自己？似乎殊不易知。单从外面来看，如饥欲食，寒欲衣，劳累欲休息，此所谓"欲"亦可说是"性"。但欲只是性中之极小一部分，非可谓欲即性的全体。欲是我性中一部分的向外要求，我性中的大部分，更主要的，乃在向内求。孟子说："尽其心者，知其性也。知其性，则知天矣。"但心又如何尽呢？今人乃多认欲为性，亦认欲为心。孟子则说："养心莫善于寡欲。"故不知寡欲，即不能尽心。不能尽心，又那能知性呢？

而且"心"是人生一共同体，实际大群有一共同心，超出群中每一小己个别心之上。孟子所谓"尽心"，乃兼求尽此大群共同心，非仅求尽其小己的个别心。故说："圣人先得吾心之同然。"此人类同然心，即中国人所谓之"德"。由小己个别心之德发出运行，即成为大群共同之"道"。孟子又分圣人为四类。孟子说:"伊尹,圣之任。伯夷,圣之清。柳下惠,圣之和。孔子,圣之时。"任、清、和三者,皆指人心之德言。"任"是进取,肯负责任。"清"是退让,独有所守。"和"是与人和处,而能内心不失其己。其实此三德,每一人心中都俱有,在同一心内存在,而更迭表现,非可各自独立互相分离。故伊尹之任,亦有其清与和之同时存在。伯夷之清,亦有其和与任之同时存在。柳下惠之和亦然。缺其二,则不能成其一。此下历史上人物尽如此。如三国时代之诸葛亮,方其高卧隆中,"苟全性命于乱世,不求闻达于诸侯",此见其性之清。但刘先主三顾之于草庐之中,"遂许先主以驰驱"。此下相刘后主,鞠躬尽瘁,死而后已,此皆见诸葛之任。其征南蛮,对孟获七擒七纵,此见诸葛之能和。岂非诸葛一心,即备此三德?徐庶推荐诸葛于刘备,此亦徐庶之能任。及其母被拘于曹操,乃告刘备,此心已乱,不能与君共事,遂北赴操营。其孝即其和。但此下再无言行之表现,此即徐庶之清。又如管宁,避乱设教于辽东,及其归老中原,不再出仕,此一人亦可谓有任、有清、有和,与诸葛孔明与徐庶,同为当时一大贤。可见任、清、和必三德俱备,不清不和,焉能任。非能任与和,又焉得称为清。无任不清,亦不得谓之和。

大群中每一人既同具此三德,必待有所成就,有所表现,卓然超出于他人,乃得称为"圣贤"。而孔子则以一身,随时更迭表现其三德于完美之境，故称为"圣之时"。若颜渊"一箪食，一瓢饮，在陋巷，人不堪其忧，回也不改其乐"，可谓仅见其能清、能和，然孔子深知之，谓："用之则行，舍之则藏，惟我与尔有是夫！"则颜子实亦可谓能任。惟外面无此条件，时代不合，故颜回终身不仕，而孔子则深知其能任。此下历史人物，极多如颜回之不能用而行。即如三国时之徐庶，宋代之周濂溪等，皆其人。可见孔子圣之时，乃天纵之大圣。中国历史上不合时不见用之人物特别多，此皆所谓圣之清，然而不必如伯夷之饿死首阳山，此则待读史者之善加体会。

孟子所举任、清、和三德，尤其如和之一德，最为中国民族特性之尤普遍尤杰出者。苟使吾中华民族没有这"和"之一特性，又何能绵历五千年，成此广土众民一大国？欧洲诸民族性似乎多能出身担当事务，有表现，可谓近乎三德中之任，但不能清、不能和。犹太民族虽未能立国，但始终能保持其民族特性，其内部相互间似能和。而其好经商营利，则未能清。又不能团成一国家，不见行政才能，则似不能任。耶稣创教，其道亦赖欧西人播扬。印度佛教出家修行，一意出世，则非任，又不和，似近清之一途。

四

由上所述，我们要问，天之生人，为何生此互相多别之民族性，使举世臻于不安？此又不然。由中国人观念言，天生万物，有天必有地，故说："一阴一阳之谓道。"人群生于地，五大洲地理性质各有别，人群生其间，其性亦有别。此即天道之大。人道贵能"知天而善学"。如欧洲人能于犹太人中先学耶稣，后学马克思，乃成其为今日之欧洲人。此亦见人类能学他人之功效。中国人最教人好学，学天，学地，又学圣人。自尽其心，则可以天人合一，以达于天下大同长治久安之太平境界。人性多异，乃自然现象，果能好学，又何足患？故《中庸》言："率性之谓道。"又必言："修道之谓教。"此见天地自然大道，仍须人文修养，这是中国人所谓之"大道"。但中国文化传统中无宗教，仅有孔孟圣贤之教。圣人先得吾心之同然，故孔孟在中国，仅为师，不为宗教主。虽为大圣大贤，与其他人仍属平等。我学孔孟，实不啻自学己心。而且孔子乃圣之时，我的时代与孔子不同，虽前后绵历有两千五百年之久，而心与心仍可相通。故学孔子，其要在能自学己心。能尽己心，则孔子之道即在其中。大道尽在吾心中，故孟子曰："归而求之，有余师。"宗教信仰则在外面，中国人之不能有宗教，其理在此。

孔子曰："后生可畏，焉知来者之不如今也？"我们在今天，又焉知我们中华一民族中，不再有能学孔子其人者出？而且欧洲人与中国人，直到最近三四百年来始获交通，又焉知此下更长时期中，欧洲人不能学中国之孔子？孔子之道昌，举世自能改观。中国人所谓"天人之际""一阴一阳",天地造物的工作,正待人类文化来加以补充完成,不必尽作杞人忧天之想。

五

西方人崇尚专门之学,今日学术昌明,分门别类,已远超出一百种以上。但不可否认,有一门学问,自古到今,为中国人所独精的,是谓"史学"。从个人以至一家一国,中国三千年来,无不分别有历史记载,明白详细,如在目前。今日时变世易,推行世界史,其意义价值当超出国别史之上。但远在两千五百年前,中国孔子已作了他当时的世界史,即中国至今相传"五经"中之《春秋》。此书乃孔子晚年所作。观其外貌,上自鲁隐公,下至鲁哀公,前后十二公,两百四十年,像是一部鲁国史。但其内里的精神所寄,实是孔子当时中国人的一部天下史、世界史。照今日的情形,任何一国史,均可用世界史的眼光和精神来写。

孔子《春秋》之主要精神,在人事褒贬上。今天要来写一部世界史,主要精神当亦在褒贬上。如当前美国与利比亚之争,孰是孰非?孰当褒?孰当贬?其权便在写史者之手。据当前情况论,全世界绝大多数国家多在反对美国。但今日倘果有一孔子其人者出,再来写一部今日之《春秋》,美国与利比亚究竟孰当褒,孰当贬,则本乎作者之心，其他人不得干预。然而世界人群大道，则可由是而昌明，其有功于后世者至大，岂能一时估量。亦可谓自春秋以来，两千五百年，中国人事即多受孔子《春秋》一书褒贬之影响。此下全世界，亦可受当前一部理想的新世界史的影响。使此下人类知所从，知所违，而天下自可日臻于大同、太平之一境。

盈天地间，千千万万事，变化无穷，说不尽，写不完，但中国人所最看重者，莫过于人群相处之一事。自身至家、至国、至天下，皆在其内。中国史籍记载，最重在事之取舍。孰当写入史，孰不当写入史。写入史中，则主要在褒贬。孰当褒，孰当贬，孔子《春秋》发其大凡。人类的生命，不仅只限于一身，当作一家人，一国人，一天下人。不仅短短在百年之间，更应当承继前代，开启后世，作为一百世人。人生之价值乃在此，中国史学之价值亦在此。

故中国史学，实乃一种超出寻常的人生哲学，亦是一种超出寻常的人生科学。一切学问尽包在史学之内，而史学乃超乎一切学问之上。要明白得中国孔孟学说，要明白得中国民族文化，不得不先通中国之史学。

六

中国一切学问又最重礼，修身、齐家、治国、平天下皆尚礼。

《大学》《中庸》，即收在《小戴礼记》中。清儒有《五礼通考》一书，分一切人事为吉、凶、军、宾、嘉五礼。西方人尚法治，中国古人则尚礼治。今日有国际公法，中国之礼，则更在法之上。扩大推行，可以治国平天下。孔子说："礼之用，和为贵。"即不得已而相争，亦贵有礼。故五礼中有军礼，最当细究。有礼始能和，其中详情，惜不能在此细讲。

今天中国人要求昌明民族文化、民族精神，求知方面重在史，重行方面则在礼。当前如有大儒出，其重责大任，一在为民修礼，一在为国修史。史重在褒贬，礼重在因革。孔子曰："殷因于夏礼，所损益可知也。周因于殷礼，所损益可知也。其或继周者，虽百世可知也。"如晚世有臣见君行三跪九叩首之礼，非详究史籍，则不知其因缘所在。但亦不得认此为中国政治乃君主专制之一证。要之，非知中国传统之礼，亦无以明中国史。但非读中国史，亦无以明中国之礼。两者实是一体，同为中国民族性之表现。

《诗》云："相鼠有体，人而无礼。"鼠乃一低级生物，仅有一具体之"身"。人系一高级动物，于具体之身外，当更有一抽象之"生"，此即所谓"礼"。孔子言："克己复礼谓仁。"所克之"己"，即此父母所生之身。所复之"礼"，乃由天命之"性"来。中国俗称性命为"人生"，乃抽象之生。克己复礼，乃由人反本复始以归于天，克服物质本体以复归于精神抽象之体。克己者，仍由此一己。此为自克，实即自由。由人返天仍是人的功夫，而达人生之最高境界。非如西方人之尚法，乃由外治内，由彼治此。为仁由己，而克己仍由己。故中国人之克己复礼，乃始是真自由，真独立，真平等。由己克己，天人合一，此真可说是人生的最大功夫，最高境界。

颜渊问仁，孔子告以"克己复礼"之谓仁，故颜渊言："夫子博我以文，约我以礼。"中国文化论其精深处，一切皆是礼。即就史学言，如为死者作传，为亡国作史，皆是礼。今人羡慕西化，鄙民族传统于不顾，此亦非礼，乃至不仁而违天，即大违背了自己的性命。

人生食衣住行，凡属具体之身的一切动作行为，莫不有其更高级的意义与价值之抽象之礼的存在。故中国人生，乃无往而不见有礼。礼乃中国人之抽象人生，亦即中国人之高级人生。言政治，中国亦言礼治，不言法治。孔子言："听讼，吾犹人也。必也使无讼乎。"尚法则必有讼有刑，礼则必兼有乐。其属于经济人生者，则言"贫而乐，富而好礼"。故在物质人生中，不能无贫富之别。而在精神人生中，则有超乎贫富之上之更高一境界。中国人生只重礼乐相通，不重财富分别，其义即在此。

今天中国人则仅知有西方之法治，不知有中国之礼治。故人生仅求不犯法，不再讲礼。非有法律规定，乃尽可放纵自由。因其放纵自由，乃再加以法律规定。《公羊春秋》分世界为拨乱世、升平世、太平世三种，今天的社会，则只可谓其乃一拨乱世。至于乱之能拨与否,则尚在不可知、无可止之境。中国以往之历史,则至少可称为在升平世,虽未达到太平世,而中国人生究有此一理想。史籍具在,不得轻肆妄加以否认。

中国之礼有"五伦",曰父子、兄弟、夫妇、君臣、朋友。人生不能单独为人,必有配搭,人伦之"伦",即互相配搭义。大体分五种,故曰"五伦"。其他世界各民族,苟属群居,亦必同有此五伦。但无其名,无其义,虽有其伦而无其理,则人群何得平安相处?故今日人生,乃重两种力量,一曰富,一曰强。非在财富与武力之下,则不得一日相安。而当前又有恐怖主义之出现,试问人群又何得一日相安处?今日人类除商场与战场外,惟有运动场,乃属群相聚处。然每一运动会,必出于争。不得已,始有和局出现。"礼之用,和为贵",此则惟中华民族乃有此文化。

故今天做一中国人,苟求不忘本,苟求仍为一中国人,有两大任务不可忽弃:一曰读史,一曰守礼。可生则曰"礼",可存则曰"史"。舍此两者,中国人当不再有传统之生存,亦更何其他民族生存之足言。

七

讲到这里,可再言中国人之"体用论"。有体才有用。天是体,人只是用。人生违离了天体，更有何用？近代西方如美国哲学家杜威言，真理如一张支票，该向银行去兑现取钱。但中国人则必先问支票之真伪，若是伪支票，不仅取不到钱，还得受处罚。中国人生中之礼，若亦用支票来讲，礼必本于仁，本于心，乃是一张真支票。孔子说："巧言令色鲜矣仁。"那是张伪支票。今天的世界人类，正是伪支票盛行的时代。人人竞把伪支票向银行取钱，只求外面，不问内里。只看将来，不问已往。只求变，不求常。不讲本体论，仅求实用论。此等趋势，将来又何堪设想呢？所以本篇特取名为"中国民族性与中国文化之特长处"，稍提纲要，希望我国人，以及世界通情达礼之人，同循此途，详加研寻。人类前途，庶有光明可觅。不胜祷祝期望之至。

（一九八六年九月载于《联合报》副刊）

历史与人生

一

历史乃人生之记载，亦即人生之写照。人生乃历史之方然，历史则人生之既然。中国人称"史鉴"，既往之历史，乃如当前人生一面镜子。人不能自见其面貌，照镜可见。亦如人不能自知其当前之生，鉴于以往之历史，乃如揽镜自照。由镜见己，亦如读以往之史而知己当前之生，其间实无大相异处。

汤之《盘铭》曰："苟日新，日日新，又日新。"汤乃商代开国之君，自铭其晨起盥洗之盘如此。实则不仅每日晨起始见面貌之日新而又新，人之为生，无时无刻，无瞬无息，乃无不见其身之日新而又新。身如此，家国天下皆然。使非新，何谓生？既云生，斯必有新。周人则谓："周虽旧邦，其命惟新。"此犹扩大汤之《盘铭》而言。

新旧犹言动静，俗言命运，亦言天运。此则犹其言气运或运气。

天命、天气，皆有转动义，非一归于静定。动静亦一体之两端，仍贵其执两用中，未可定于此而舍弃彼。今人依西方语，惯言平等、自由、独立。此三语，中国自古相传亦皆有之。但皆在相对中。即如夫妇、父子、君臣，非不有其相互间之平等、自由、独立处。若言绝对方面，则断无平等、自由、独立三者之可言。今西方人乃专以个人之绝对自由、平等、独立言，中国传统中断然无之。此又双方文化一大相异处，当加明辨深思。

中国人言"常"与"偶"，论其字义，若相反，实相成。历史一大常，实积群偶而成。中国有五伦，"伦"即相偶义。孝弟忠信，亦皆无独必偶。郑玄释"仁"为"相人偶"，此即见偶义与群义相通。故曰："君子无入而不自得。"所谓"入"，即其相偶处。宁有不群无偶，而可有自由、平等、独立之可言？则其偶然亦即其常然。故中国以夫妇为人伦之始，一夫一妇之为偶，但偶而必常。西方人抱个人主义，于是其自由、平等、独立虽亦谓之常道，而皆无偶可言。但以历史情实言，无偶又何得而有常。此又中西文化双方一大相异处，又当深思而明辨之。

中国夫妇又称"佳偶"。大群中男女相配，虽曰父母之命，媒妁之言，但实皆偶然相值，故中国人谓之"佳偶天成"。西方人则必言自由恋爱，若有人而无天，有性而无命。独凭己力，无有天意。是西方文化乃求无偶之必常，而不知其乃陷入仅偶无常之困境中。西方人苦于不自知。其实即如其历史进程，如希腊，如罗马，乃至如现代国家，如英、法、德、意，乃至今当前之美、苏，亦尽属偶然，又何尝有常道之可循？若果有常，则何得复有此诸变？

西方人以恋爱为人生之自由，又以婚姻为恋爱之坟墓，是即西方人知有偶不知有常之一证，亦可谓人知之至拙矣。中国人所谓"天命"，皆其偶然，亦是一变，而积变成常。故曰："素富贵行乎富贵，素贫贱行乎贫贱，素夷狄行乎夷狄，素患难行乎患难。"素位而行，亦皆是偶然。惟其偶然，乃成常然。相反相成，其义如此。

夫妇属人伦，而父子则为天伦。以舜之父顽母嚚，而终成大孝。此真可谓偶而不常之至矣。中国人之所谓"天伦"，天即是偶，伦即是常，其义当如此。

故凡中国人所谓之"常道"，实积偶然不寻常而成。圣贤之嘉言懿行，何一非偶然，又何一非常道？此则读全部中国"二十五史"而可知。

中国人又谓"直道而行"。其实凡其所值，又何尝必先有一直道在其前？行不由径，斯即谓之直道。凡君子所行，则皆成直道。如舜之父顽母嚚，而舜之孝则亦直道。《中庸》言"诚而明"，其心诚，则其道斯直，何尝先有一直道，使人可循。后知后觉，乃始知觉此直道，而仍由彼自知自觉之。此又不可不明辨。

是则中国之人生大道，亦常有"曲直"两端，犹之其有"偶"

与"常"之两端。如周公之大义灭亲,诛管叔,流蔡叔,非曲而何,亦非偶而何?则曲道正亦是一偶道,由君子之正心诚意而行之,则又何由而见其非常道。此所以有贵于学,而学则必归之一心,人生大道乃在此。中国之道德,乃一甚深甚高之艺术。扼要言之,仍当辨以新旧。

二

人生惟一新,历史亦同然。但其新转瞬即成为旧。生之存其旧者,占十之九,开新仅十之一。正因其有旧,乃始成其生。故中国人又曰:"人惟求旧,物惟求新。"物无生,乃可惟新是求。人有生,则惟旧是保。历史即人生之旧,人生乃历史之新。故历史必本于人生,乃始为真历史。人生必源自历史,乃见为真人生。史必真而成其古,生必传而见其今。一属天,一属人,太史公《史记》谓:"究天人之际,通古今之变。"其大义乃在此。

中国乃一农业民族,五谷亦同有生,故惟中国人能通此义。自有历史以来,已达五千年之久,其生乃日悠久日广大。希腊人乃一商业民族,商业仅知重物质之移转,非有生命,故希腊人不知有历史。西方历史著作,乃起近代两三百年间,远不得与中国为伍。全世界人类亦惟中国史为最悠久,最广大,举世莫能匹。此惟中国人历史与人生之合一，乃始有其然。

人生不仅有"新旧"相毗，更重大者乃有"死生"相毗。有生即有新，但同时即有旧。如中国人言盛衰、起伏、治乱、兴亡，皆必同时举其两端而言之。独对死生，则先言死后言生，一若死犹在生之先。苟非生，又何来有死？但苟非死，亦何来复有生？而死之意义与价值，则若较之生为更本源更重要，故言生乃先言死。孔子父叔梁纥，孔子后生，叔梁纥先死。使非先有死者之叔梁纥，又何有生者之孔子。故后稷为周人始祖，而后稷亦仍有父，惟其父则名不传。亦如后人仅重孔子，不重叔梁纥，先后死生间之轻重有如此。

故中国人言"历史人生"，不言"人生历史"，此亦犹言死生。死之一义，若较之生，意义价值为更重要更新鲜。其言古今亦然。今人一意慕西化，乃仅言新不言旧，仅言今不言古，仅言生不言死。不知无死何有生，无古何有今，无旧又何有新？一切有生必有死，有今又必有古，有新又必有旧。故西方历史终不得不上溯之希腊。但希腊衰而有罗马，罗马亡而有现代国家之兴起。现代国家中，英法又转衰，而始有今日之美苏。如以历史进程言，美苏又焉得一盛不衰？使美苏可以一盛不衰，则西方已往历史皆成废物，一无可信，又何来而再得有史学？中国则自汉代时，已有"自古无不亡之国"之名言。此为中国人对历史人生一种极深湛之真知灼见。

西方人信宗教，宗教非历史。信科学，科学亦非历史。又信哲学,哲学同非历史。中国人治学,分经、史、子、集。经即古代之史,子与集皆后起之史。使不成为史,即不得成其为经、子、集三部。中国人言人生,必期其可久。可久而后可大。四部之学首经,经即常道,即古之可传而久者,始得成为经。故经必旧,必非新。其实一切学问,如史、如子、如集,皆可传可久而必旧。今人言惟变惟新,即违人生,亦非历史。惟在宗教、科学、哲学中或庶有之,但在人生与历史中皆不可寻。

三

今日科学发达,世界交通相互如一家。但西方人仅知有国际观,乃无天下观。今日联合国组织,已有一百五十余国之多。但国与国间,互争交讦,迄无宁日。计量其相争之主要渊源,则尽在其以前之历史,更要于在当前之人生。美、苏间,英、法、德、意欧陆诸邦间,姑不论。即如阿剌伯、印度诸民族,乃如非、澳、南美各地,到处相争,莫不以其民族传统之相异为背景,即是以已往历史为背景。无以往之历史,即不能有今日之人生。而今日之新人生,则莫不以往日之旧历史为基础、为渊源。事态鲜明,又谁得加之以非议,又谁得与之以调和?其舍己之田,耘人之田,忘其民族本初,而独以其他民族为宗为尚者,则惟有当前之中国。因中国人独抱有一天下观。其实此观念乃仍自华夏之祖先来，不从西方民族来。苟惟西方民族是尊是尚，亦不当有此一天下观。今日中国人相互之争，乃争在崇苏、崇美，若惟知西方之是尚。则试问中国既本是一中国，即本有一传统，又何必有崇苏、崇美之争？甚至一国分为两国，乃若不可复合，此之谓"现代化"。今平心言之，当前中国之一切为崇，仍在中国之古人，仍在中国之历史。不得有人生而不成为历史，亦不得有历史而不演为人生。今日中国人虽惟新惟变之是求，而终不能一变而成为不杂有中国旧传统之新民族，此则天命所在。今日之中国人，纵虽怨天恨地，但不当独于五千年来之祖宗古人加以诟病，此则尤为今日国人求变求新者之所当戒、所当知。

或谓尚古守旧，岂能独立自存于当前之世界？此又不然。如英、如法、如德、如意、如欧陆诸邦，无不有其旧，无不有其已往之传统。虽迭经战祸，而终各自独立。仅得成为一商业联盟，而不得和合为一国。其他阿剌伯民族、印度民族、非澳民族、南美民族，莫不皆然。在中国，独惟孙中山先生创立"三民主义"，乃以"民族主义"为之首。其实今日盈天下各国间，莫不各抱有一民族主义，此即历史即人生、人生即历史之真凭据、真事实、真意义、真价值所在。但中国人不肯加以信奉。其信奉中山先生三民主义者，仍必改以民有、民治、民享说之。此所谓"三民"，亦未在中国历史上出现过。故今日中国人必抱求新求变一观念，实求变天地、变人生，即在西方今日,亦尚无此科学,尚无此哲学,不知吾国人其终将何途以达此。

四

今日国人又盛称自由、平等、独立,奉为人生之三大原则。则尚何夫妇、父子、兄弟、君臣、朋友中国旧传五伦之可言。曰孝弟,曰忠恕,曰尊亲,曰规矩,皆将失其原有之意义,又何得复有中国传统之人生。今日人生之莫大诟病,则曰不自由、不平等、不独立。不知若果人人各自自由、平等、独立,又何以在大群中为人?又何以有父子、兄弟、夫妇之家庭?又何以有一国之君臣与社会之朋友?此则仍当恳切真挚以求之,而我国家民族千古相传历史与人生之真际,乃始可以达到。幸吾国人其深思之。

《中庸》言:"天命之谓性,率性之谓道。"中国人意见,人能尊天奉命,率性成道,乃为人生最大之自由,即天人之合一。而西方人则天人对立,不相融合。战胜自然,征服自然,乃有人生之自由。西方人所尊不在天,乃尊天堂中一上帝。上帝有一独生子即耶稣,耶稣又仅有父而无母。人能信奉此上帝及其独生子耶稣,死后灵魂可得重归天堂,不再降谪为人。但必待世界末日,尽人乃得自由。故人生实非自由。宗教与科学貌若相反,情实相通。今日中国人既慕天堂,又慕科学,但又乌得而有西方人创此宗教与科学之真情所在。故慕效西方自由人生，必相争相杀无宁日。

又西方有"天演论"，有"优胜劣败，适者生存"之说。此义当亦为中国古人所首肯。但中国古人认为忠恕之道乃为优者同情劣者，又出己力相助，则优劣不相争，乃相和以为道。故曰"忠恕违道不远"。物竞天择，人尽竞于忠恕，斯又何为有争？故西方人重商业，中国人则以信义通商，斯商业又何害？西方人重战争，中国人则以止戈为武，斯武力又何害？

孔子言："执其两端，用其中于民。"今试以中华与西欧文化为两端，果能一体视之，而善求其中道，则科学即中国之所谓"艺"，宗教亦中国之所谓"信"，善加运用，宜可相通，而不相左矣。

故中国人不仅贵"率性"，又兼贵"修道"。不贵"后天而奉天时"，更贵"先天而天弗违"。不问收获，但问耕耘。不责之天，而仅守于己，则己亦即天。此可谓自由、平等、独立最高阶层之至矣，其他更复何言。孔子曰"天生德于予"，则己而即天矣。岂如西方人所谓灵魂有罪，上帝降谪乃始为人乎？故中国则天人相通，西方则天人相背。科学则以人而变天，宗教则以天而变人。此又其大相异处。

故中国人之学，贵能由史以通经。史事其变，经道其常。又贵由史以成子，则即在事变中先知先觉，以成其一家之言。至于集部，则其内容精要处，舍却经、史、子三部外，当更无所有。此则中国学问皆由人生与历史来，其道自可知。更无舍却历史与人生而别有所谓学问,中国之人生大道即在此,其他又复何言。

五

《论语》孔子曰:"质胜文则野,文胜质则史,文质彬彬,然后君子。"以今语言之,史前为野蛮人,史后为文明人。但文明人不能忘弃其原始野蛮之本质。苟其忘弃,则人而非人,历史亦将告中断,无路前进,人生亦已不足贵。如欧洲之希腊、罗马,乃及近代之英、法,皆文胜质。其以前经过之历史,非不斐然成章。但究其当时,实已忘弃其本,亦即如炉灶另起,俨已失其本始之来历。一时昌盛,乃不能继续持久。深论之,当并野人而不如。因原始野人自有其无穷之前途,自可永存于将来,岂即遽尔而绝。孟子曰:"大人者,不失其赤子之心者也。"原始野人,即不失其赤子之心。

《论语》又言:"先进于礼乐,野人也,后进于礼乐,君子也。如用之,则吾从先进。"以今语言之,"先进"乃旧时代之人物,亦可谓之先进化民族。"后进"则犹言新人物,亦可谓之后进化民族。进化在先,当前则如未进化,故乃如朴野之人。进化在后,则正在进化中,故谓之文明之君子。此言先进,犹如言历史上之古人。此言后进,犹如言历史上之今人。今谓之"开化人",又谓"现代化人"。但孔子若用以经世,则宁愿用先进朴野之人,不愿用后进之文明人。

何以故？依现代西方物质文明言，英法当已为先进，美苏尚较后进。而今世则竞效美苏，不再用英法，此宁得谓是孔子之意？

今日之中国人，则被视为一未开发国家未开发民族，当更为先进。但傥有深识厚见如孔子其人者出，来运用此一世，以共进于理想之文明，则当前之中国人，依孔子意，不啻当更为有大加任用之希望。其故真可深长思矣。

孔子因《鲁史》作《春秋》，乃曰："《春秋》，天子之事。"是则当时周天子派遣史官分赴诸侯，各报其当地时事以达于周天子，并分报于列国者，其书其文，当早已谓之"春秋"。可见"春秋"一名，孔子亦述而不作，非由孔子创之。天子颁正朔于天下，一年分春、夏、秋、冬四季，独名"春秋"，不及夏冬，此乃省文，犹云逐年。"春秋"之用意，亦犹孔子之所谓："执其两端，用其中于民。"乃就其一切行事起迄之两端，即人生之大全体，而择其可师法警戒者随后用之。举"春秋"即如言一年四季之全体。是则"天时"与"人生"二而一，一而二。则上自天时，下迄人生，凡属历史，皆通天人，仍必会合和通以求，乃始有当。

太史公《史记·自序》所谓"究天人之际"者，即此义。继之曰"通古今之变"，此则专指人生史事一方面言。但亦可谓天时同包涵在内，因天时亦即有古今之变也。惟天时之变实多定于人生。如当前一切天文气象之变，岂不均由人事而定？是则"天时""人生"之与"历史",乃亦可谓三而一,一而三。太史公所谓"究天人之际"者,人亦可以变天,俗称"人定胜天"即此义。中国传统,无文无俗,无不涵有深义。

中国人"天人"并言,又称"天命之谓性",其义深长,岂可舍其一而专言其他之一?西方则分宗教、科学为人生之两极端,而不得相互会通和合以用其中,此则又是中西文化之大相异处。当由今国人深思而明辨之,而岂专家之各自分隅,所得通其义而得其全。此则贵于我国当前可畏之后生加以领略勉为之。

(一九八六年七月台湾史学会讲稿,曾载《联合报》,后又重加修正,并增添第五节。)

中国史学中之
文与质

一

《论语》子曰:"质胜文则野,文胜质则史,文质彬彬,然后君子。"以今语言,野即野蛮,文即文明。《中庸》言:"天命之谓性,率性之谓道,修道之谓教。"亦可谓"命"与"性",乃野蛮人所本有。"道"与"教",乃文明人所增进。但其所增进,必不当违其所本有。

以物质人生言,自渔猎社会进至游牧社会,皆尚在"质胜文"之野蛮阶段。进而为农、工、商社会,乃自野蛮进入于文明。但渔猎、游牧,仍不当绝对摒弃。

中国人以农业为本,进而有工商业,但仍以农业为其基础,故得达于《论语》所谓"文质彬彬"之境界。西方如希腊,则以工商为本,而业农者则沦于野为奴。罗马又自商业进而达于帝国主义,崇尚武力，其为生所重之各项产业，几乎皆忘失其本。其进益远，其忘益深。

中古时期贵族堡垒虽亦治农，仍不忘其以军事为本之罗马传统。及城市兴起，文艺复兴，一若希腊之商业复兴，可谓乃由罗马而返至于希腊。但近代国家兴起，则仍是罗马形态，战场商场，同为立国基本，而战场则若更为重要。

要言之，西方社会之所谓进步，始终是一"文胜质"之进步，益进而离本益远。中国社会始终以农业为本，以其不离本，近人乃谓之为一不开化、不进步之野蛮社会。但中国工商业实亦同样发达，当可谓如此乃是一"文质彬彬"之理想社会。并有四民之首之"士"，为之提倡而主持此一合于中道之进程。此在全世界各民族中，惟中国为能然。

故孟子曰："食色，性也。"人生进步，不能忘弃此生存与生殖之两项。《豳风·七月》之诗，即一不忘农业以食为本之理想社会。《二南·关雎》之诗，即一不忘男女婚姻以色为本之理想社会。中国此下历史，其社会进程，可谓一是皆以此《关雎》与《七月》之诗为本演进而成。西方社会亦不能忘弃食与色，但希腊时代农人已沦为奴，农业不受重视。而西方人又称婚姻为恋爱之坟墓，则亦认男女色情为夫妇婚姻制度所葬送。此见西方人认为人文演进必会与自然情况相违异，不再和合。此与中国人文质彬彬之理想各走一端，极难融通。

今日之西方社会，依中国人观念，一言蔽之，其所谓进步，皆属"文胜质"一边。宗教、科学无不皆然。中国社会亦有进步，但文质彬彬，人文与自然相和合相会通。终不能如西方社会之人文与自然不相会通，各分专门，而互见有其突飞猛进之表现。

二

《论语》孔子之所谓"质"，庄老道家继起，乃变其语谓之"气"。此下宋儒乃合而言之，曰"气质"。"变化气质"，乃为宋儒一主要用意之所在。人生有气质，即人生自然方面之本源。不得尽求废弃，但当酌宜变化。《中庸》言："天命之谓性，率性之谓道。"其实宋儒之言"气质"，即犹《中庸》之言"性命"。宋儒意，人生大道则必待变化其本有之自然气质而成。故宋儒又言有"气质之性"、有"义理之性"。今再据孔子《论语》申言之，则人生决不能丢弃自然气质而成为道义。道义中仍必有气质之存在，惟贵能加以变化。孔子言："执其两端，用其中于民。"亦可谓，"道义"之与"气质"，即人生之两端。不能尽弃其本然之气质而变成为道义，乃贵于即在其自然气质中生出道义之运用。如饮食男女，皆可谓乃自然气质之性，而人文道义亦即在其内。非舍气质而可有道义之发现。

其实宋儒之言"变化",乃一俗语。若用文言,当言"化"不言"变",乃始得之。故中国人又言"人文化成",但不可谓之为"变成"。西方一切科学所造成之机器,则多由变来,非由化来。故曰"组织",曰"制作",曰"创造",皆指变其物之固然。而中国之家国天下,所谓五伦之常道,皆人生性情之所化,而非物质之变所能睎。西方人言社会家国,亦常言组织、创造,与其言物质相同,此亦中西双方文化意识上一大相异处。如今人言社会,则必曰组织。又如言政党,亦必言组织。而中国之家与国,则决不从外在之组织来,乃从内在之性命自然来,故贵能求其本。而今国人则舍此不再言,亦仅言组织。

今世俗又常称"天文""地质",一若天属文,地属质。实则宇宙万物之创始进化,天在前,地在后。有天始有地,则天当属质,而地乃始为文。今人言地质,固亦有地文。但言天文,依中国传统,当亦有天质。惟天地并言,则天乃其质,而地属其文。有天始有地,如有质始有文,此一本末先后之序不可乱。万物与人类之在天地间,则天地更属其质,而万物与人乃为其文。此皆中国人观念,而西方似无之。

三

今再言"野"与"史"。史者,乃政府所定一文职,其人持笔随侍一贵人旁,此贵人一言一行,其人即执笔为文记之,是曰"史"。故孔子称其人其事曰"文胜质"。野人则畎亩耕耘,虽或粗识文字,但未掌文职,而其人之性情或可大用。并不如城市人之分守专业,其为用转有限。孔门四子言志,子路志于治军,冉有志于理财,公西华志于外交,其志先定,其业专向,其为用乃各有限。曾点则"冠者五六人,童子六七人,浴乎沂,风乎舞雩,咏而归",乃若近于一种野人生活。而孔子则有"吾与点也"之叹。盖惟如曾点,乃或庶可有大用。孔子又言:"先进于礼乐,野人也。后进于礼乐,君子也。如用之,则吾从先进。"其义实大可深思矣。

故中国自汉代以下之考试制度,限于农民子弟,称之曰"身家清白"。工商子弟,则不允其应试。今人则以工商界为文明先进人,农民为文明后进人。惟其先进,志业已定于专门化,于其所专门外,不易再有进。农业则依今人观念,为文明落后人,然反易上进。如希腊先进,不如罗马之后起。罗马先进,不如现代国家之后起。现代国家中葡萄牙、西班牙先进,又不如英、法之后起。当哥伦布西渡大西洋,其时之英、法,则当尚为未进化之野人。及今美苏继起,则英法又若转成为落后之野人。此乃西洋人之文化观有如此。若言中国,则四千年来常为一农业民族、农业国家，较之西方，近人则常视为一落后之野人，而其文化进程，乃转可以无限而常然。此岂不大可惊诧乎？

今试以居家一项言之。今人必谓农业民族守旧好静，不易迁移。工商民族则喜新好动，常能前进。其实专论其居家一项，乃有大不然者。希腊已如此。雅典人常居在雅典，不易迁至斯巴达。斯巴达人常居在斯巴达，不易迁至雅典。即罗马人后起亦然，亦多常在罗马，不易迁至他处。近代国家，海外有殖民地，其实乃为通商，非殖民。葡萄牙、西班牙人之迁居南美洲，尚是一先例。英、法之于印度、安南，则仅通商不迁居。英国人大量移殖北美洲，乃属宗教问题。其在印度，何尝从事殖民？其在香港亦然。皆来经商，均不迁居。则所谓商人好动实有限。至如中国士大夫，秦汉以下，常举家迁徙，不归故乡。唐代尚为一门第社会，但如韩愈、柳宗元，何尝归故乡？宋代以后更然。明、清时代又更然。史书具在，举不胜举。即论赴国外，今日中国人移殖他国者遍全世界，何得谓农业民族乃守旧好静、守土重迁？可见农民好静，商人好动，专以居家一例言，即不尽然。今若言世界大同，其主要任此职者，依孔子意，决当用中国人，不喜用英、法人，其意亦断然易见矣。

居家如此，为学亦然。西方人好为一专家，一入其门，不再他迁。中国人则好为一通人，"素富贵行乎富贵，素贫贱行乎贫贱，素夷狄行乎夷狄，素患难行乎患难，君子无人而不自得"。其学业乃随其所居之环境而变，更随其所处之时代而变。孔子圣之时者，乃指其随时随地而变。亦犹云随天而变。而其变则乃属于文之变，非质之变。故曰："天命之谓性，率性之谓道，修道之谓教。"其教与道可变，而性与命则不可变。盖性与命乃人生之本质，而道与教则乃后起之人文。此变与不变，又谁与深辨之。

孔子十有五而志于学，三十而立，四十而不惑，五十而知天命，乃达于一定不变之境界。六十而耳顺，七十而从心所欲不逾矩，则又达于一至变之境界。但其变终亦有一矩可守，此之谓"文质彬彬，然后君子"。文者其变，而质则其所不变。

今日全世界社会几乎全可称为"文胜质"之社会。换言之，花样太多了，离开了生活之本质太远了。此皆所谓"商业化"，沿古希腊一路来。美国之自由资本主义之社会，则决然为一文胜质之社会。英国之尽日在罢工运动中，可谓乃一文质交战之社会。皆非一文质彬彬之社会。今日之所谓"专家"，则全如孔子之所谓"史"。乃专于职，非专于性。故人生已职业化。姑以从事新闻事业者言，如报章，如电视，商业广告乃其最要一收入。其新闻则可谓无所不包，无所不有。但其为是为非，为利为病，则全不计较。世界人生究将何途之从，皆非当前从事新闻事业者所计较。只作新闻报导，又加之以渲染，以耸动群众之听闻，此非一持笔旁侍之"史"而何？至于徒事眩

亩，不问其他，亦得为生，此之谓一野人，则断非今日之所重。但使
有孔子者出，求有以挽此世运，谁与相同事？则恐其与一从事新闻事
业者为伍，尚不如与一从事田野事业者为伍，或更稍胜。此乃孔子之
意，读者其平心思之。

四

　　孔子又曰："志于道，据于德，依于仁，游于艺。"前三者皆
属质，后一端始属文。孔子门人治六艺，此皆从事儒业者所游。所谓
"游"，乃谓于其中有变化、有活动。但并不拘泥，更不求成为一专
家。颜渊则谓夫子："博我以文，约我以礼。"此之所谓"礼"，后
人视之为乃人生之文，其实乃人生之质。孔子又曰："郁郁乎文哉，
吾从周。"此"文"字，实即指礼言。文礼相通，即天人合一。凡儒
家称本末源流，皆当明其为一体，此乃成其为一文质彬彬之君子。故
樊迟问为稼、为圃，而孔子称之为小人。为稼、为圃乃治生一专业，
则小人非野人之比矣。今人并此二者而一之，则大非中国之传统。

　　今人又称"野昧"与"文明"，则庶于《论语》原文为当。今日
之中国，在全世界中，比较言之，当为一野昧人，为一工商后进国，
为一未开发国家，为一文明落后之社会。此皆可谓大体得之，非有违
失。然此正孔子之所与。凡今之所谓文明进步，所谓专家知识，惟求

文胜，不畏质丧，此则皆孔子之所谓"史"之为归矣。岂可不引以为戒乎！

　　孔子又言："十室之邑，必有忠信如丘者焉，不如丘之好学也。"此忠信如丘者，即本章所谓之野人，其病则在不学。故孔子之门，自行束脩以上者，则未尝无诲焉。但阳虎欲见孔子，孔子则避之不见。阳虎为季氏宰，非不学，但其人已丧其质，等于一"史"。傥孔子得行其道，则决不用阳虎。此又略如四子言志之与曾点，则亦可知孔子之教人何以为学矣。而岂如今之所谓专家之学而已乎？

（一九八六年八月写，一九八七年一月载《联合报》副刊。原题名为《中国文学中之文与质》，收入本书改为今题。）

民族历史与文化

一

民族、历史、文化,三名一体。一而三,三而一,三名称实是一事实。苟非有此民族,又何来有其历史与文化。苟使其无文化无历史,又何来得成此民族。

亦有文化浅演之民族,没有文字记载的历史。但那里会无历史而得完成为一民族呢?今世界无文字记载历史之民族尚多有,但其实他们仍有文化、有历史,只无文字记载而已。此即其文化浅演之一证。

吾中华民族则为世界上历史最悠久,记载最详备,而尤其是其历史内容最有意义与价值,此即其文化最高明、最深厚一实证。其他民族莫能相比。今最浅近言之,中国古代"六经"中之《尚书》,即是一部历史书,其中包括了五帝与夏、商、周三代,已经远历三千年以上了。其他尚有种种历史记载,远自有巢氏、燧人氏、庖牺氏、神农氏，远逾五千年以上。以近代人对已往人类文化进程之种种观念言，中国古代历史对于以上每一类之传说与记载，苟经考证，无不恰当，绝非出自神话与伪造。中国以往五千年来的上古史，大体可谓是信而有据的。

中国古代第一部由私人写下的历史，便是孔子的《春秋》。孔子是中国的至圣先师，年过七十才写《春秋》。他说："《春秋》，天子之事也。知我者其惟《春秋》乎？罪我者其惟《春秋》乎？"他自己看重此书有如此。

在当时，中央周天子派有史官，分置诸侯列国。他们是世袭的，父子相传，不受驻在国诸侯的支配。齐国权臣崔杼弑其君，周天子所派的史官直书"崔杼弑其君"五字。这五字是要送上周天子，并分送列国诸侯的。崔杼厌其恶名张扬，便把这史官杀了。史官有一弟，代任兄职，依然仍书"崔杼弑其君"五字，崔杼又杀了他。另一弟续书，崔杼只好不杀了。但那时尚有史官之副，分驻在齐国都城外的，听说长官被杀，便赶来齐都，预备续书此事，于是遂安然还到他的原驻地去。那是春秋时代一件有名的故事，可证中国古人重视历史记载，有那样不随便、不苟且的一番精神。举此一例，亦可想象其余了。

鲁国在当时亦同样有史官，记载鲁国事，分送天子与诸侯间之史官，与其他史官职任相同。孔子年老，念道不行，遂根据《鲁史》写他的《春秋》一书。此即当时一部列国通史,亦即当时一部世界史。盼能传之后世,以期孔子终身所想望的周公之道之终获畅行。但此书本不该由孔子写,故曰:"《春秋》,天子之事。"

孔子写《春秋》如此郑重其事,当时称之曰:"笔则笔,削则削,游、夏之徒不能赞一辞。"中国人写历史,有两大要端:第一是笔削,该写上历史的便写,不该写上的便不写。第二是褒贬,凡写上历史的,必有评判,即褒贬。如上引写"崔杼弑其君",便是把崔杼贬了。唐代大文学家韩愈有言:"诛奸谀于既死,发潜德之幽光。"此是中国史学精神。如崔杼弑君,便是奸。附从他的,便是谀。奸谀者,在当时或得意,但死后必有史笔诛之,这是所谓贬。亦有潜德,在当时不甚为人称道,但必有史官来加以赞扬,发其幽光。孔子作《春秋》,即在此两语上具深意。故孔子死后,其门弟子相传,于《春秋》史笔一一加以阐申发挥,乃有《穀梁传》与《公羊传》两书。此两书说法亦各有不同。远自西汉以下两千年来,常为儒家讨论一要目。又有《左传》一书,则详载春秋时事。于孔子笔法,则不如《公羊》《穀梁》两传发挥之详。但根据当时史实,乃知孔子《春秋》书法之由来,故《左传》一书更为治史者所不废。但治中国史学,必具孔子《春秋》精神。则读《左传》者,更不得不注重孔子之《春秋》笔法。

二

孔子后，继有大史学者出世，乃为西汉时代之司马迁。彼乃西汉时一史官，继承其父司马谈之职。司马谈不同意汉武帝赴泰山行封禅礼，遂不随行，留在洛阳。病且死，告其子迁，他日写史，对封禅一事勿忘父意。此后李陵军败降匈奴，武帝重罚及其家族。司马迁爱李陵才，为之谏，亦受罚，判死刑。其实武帝深爱司马迁之才，但为伐匈奴，不得不严惩李陵之军败降敌事。实亦非必置司马迁于死地。因当时死罪，可得以五千金赎免。不谓司马迁家贫，其朝廷相识，亦无人代为筹此赎金。但若自请受宫刑，亦仍得免死。司马迁乃不得已，求请宫刑俾免一死。但武帝又升其位为皇宫内廷秘书长，可见武帝实有意大用司马迁。但司马迁之自请宫刑，求免一死，其内心实为欲承其父遗志，写成其父未完之史书。故司马迁虽日常随从武帝，为其秘书长，而私下则专意完成其书，即后代所称之《史记》。《史记》为中国此下相传"二十五史"之第一部，司马迁亦为中国第一杰出之史学家，为后代所仰慕与师法。

司马迁《太史公书》成，其《自序》有曰："究天人之际，通古今之变，成一家之言。"此三语实为中国史学家最要一术语。何谓"究天人之际"？因人文不外乎自然，离却自然即不得有人文。历史记载乃属人文方面事，但必明白了人文与自然之分际所在，乃能记载得宜。西方宗教家过分重视了自然之天，又谓天堂中有上帝，人类皆由天堂中所降谪之灵魂而生，于是人生界尽成一罪恶，必死后灵魂重得返天堂，乃为一了局。而人生则必有一世界末日，不可避免。此则其视天太尊，视人太卑。而西方人又要凭科学来战胜自然，克复自然，此则又人太尊，天太卑了。皆非司马迁之所谓"究天人之际"。既其对天太糊涂，又如何得来明白记载人事，获得一相宜之地位与分寸？

抑且人事不限于一时一刻，一身一世。必经长时期之绵延与变迁，乃始得人事之正常，乃有历史可言。故写史决非一如当前之作新闻报导，仅限于眼前之某一事而可成为史，必明乎古今之变，其所记始得成其为历史。即一人，亦有婴孩期、儿童期、成年期、壮年期、老年期诸分期，乃始得成为一人。不寿而夭，终非完人。故必"通古今之变"，乃得为一史学家。如西方人仅重当前，过去不加重视，未来更所不计，故西方文化中，乃无史学可言。

何以又称为"成一家之言"呢？一家有父、子、孙、曾，世代相传，此为自然之血统。学问成家，亦希久传不绝，代有传人，此为学统。学统之尊为道统，故曰"成一家言"。此非可以传之并世之人人，故曰"藏之名山，传之其人"。乃司马迁书未历多年，即有传人。西汉之末，有班彪、班固父子，及固之一妹，父子兄妹一家相继撰写成为《汉书》。上半部即承袭《史记》，自汉高祖以下，下半部乃自起炉灶，而迄于西汉之末。此下中国每一新朝代兴起，即必汇集其前代之学人，共撰一史。下至清末，共成"二十五史"。此虽自班氏父子起始断代为史，而每一史之大体例，则皆承袭《史记》，故亦可称为乃司马迁一人之家学。

下至唐太宗，此乃中国史上不世出一名君。其时亦同有历代相传之国史馆。一日，太宗忽动念，遇史馆诸臣，欲一读彼辈所草之国史。史官拒之，谓我等所草，乃供后世人读，非供君生前读。君其勿生此念。太宗竟不能相强。近代国人竞言中国传统政治为君主专制，即读此一故事，亦可特知其非。

又如清代，以满洲人异族入主，亦依照前朝之例，召集明代诸遗老修《明史》。黄梨洲以名儒隐于野，清廷召之。梨洲不愿应清廷之召，但修史亦非学者可轻卸之责任，乃命其及门弟子万季野代应召。季野赴京师，亦不愿为清廷应召人，乃自署名片称"布衣万季野"。清廷亦任之，不加干涉。即此亦可知中国历代史学家相承之一种特有精神。此皆为并世其他民族所不能有。

三

中国自汉代时，即有人言："自古无不亡之国。"此非深通史学，亦何能为此言。但中国虽历朝兴亡，而中国之为中国则如故，五千年列朝相承传统不绝。此亦见"国"与"天下"之别,"亡国"决非"亡天下"。朝代之更迭,异于民族之兴衰。此又非我中华民族"究天人之际,通古今之变",即深通史学,不能有此成绩。

西方欧洲乃与中国大不同。希腊最先起,略当中国先秦时代,但希腊诸学繁兴,独无史学。继起为罗马,虽成一大帝国,亦无史学。又继起为中古贵族堡垒时代,亦仍无史学。又继起为现代国家,晚近三数百年内,乃始有史书出现。但仅有国别史,不能有一部欧洲之通史,欧洲人乃常分别为数十民族,而迄不能融成为一大民族。较之中国一民族五千年来之史学相传,可谓远逊。抑且自最近美、苏之竞起对立,欧洲英、法诸国,亦恐不能长此国别有史。中国人称"史鉴",前史即今人之鉴。然则当今之美苏,亦恐不能常此两强对立,一一惟在求变。此下之美苏,又将成何局面,即美苏人亦各不自知。并似亦不重视此问题。仅顾当前,不记已往,不念将来,宜其有此境界与成局。此则人类历史中一至当反省而可感伤悼念者。

又如古埃及无史。印度亦甚古,亦无史。贯通古今,而一线相传,继继承承,史乘不绝,则惟有一中国。然则中国虽当前衰退,一意向慕西方,而欲屏绝五千年之往古,此亦一时之变。孔子言"后生可畏",又焉知此下中国不再继有变?则旧史之继踵迭兴,亦意想中事。又焉能预定中国此下之决无此机运。

今欲中国史学复兴又当如何?曰,中国史学复兴,亦即世界人道之复兴。列国纷争变而为天下和平，求富求强变而为治平安定之常，由治国而上达于平天下，由中国而影响及于全世界诸民族。此亦人道所可有，亦天道所宜然。又何离奇诡怪之有。

然则何途之从而得有此？曰，则在中国人之好自努力。生为中国人，好好自读中国史，自知其道。斯又何难之有。

今再从最浅近处言之，姑先通文言文，先读一部《春秋左氏传》，再读一部汉代司马迁之《史记》，又更读北宋司马光之一部《资治通鉴》。继此以往，贤者自能追求中国史学之深趣，而又何限制可言。则望吾国之后起贤者，能为吾国人自勉之。又为全世界人类前途并勉之。

四

但今日世界已俨然成为一欧洲人的世界，我们又如何能保全自己文化，继承自己历史，而并立在此世界之上呢？此则当有甚深的一番考量。如印度，亦自古一文明国，但久沦为英国殖民地。印度学人甘地，留学英伦归，而教其国人以"不合作运动"反抗英国。此为印度人天性所近，亦其传统文化所包有而能加以发挥。印度人坚持此一点，英国人亦感难对付。但中国人天性与印度人不同，传统文化之性质又不同。窃谓以当今之中国人，来处当前之世界，求保全自己传统,又当别有其道。

中国人说:"忠恕违道不远。"忠恕是中国传统文化中一要道。尽己之谓"忠",己所不欲勿施于人之谓"恕"。故忠以自尽,而恕则以对人。近百年来,外患迭乘,而中国人传统之恕道,似迄未消歇。如鸦片战争林则徐在广州焚烧鸦片,是其对民族国家之忠。由此引生鸦片战争,中国割地赔款,又开五口通商,英国人并有治外法权,又继之以英法联军,乃至八国联军。英国可谓乃中国近世遭遇欧洲最大一强敌,中国吃亏太深太大了。但中国人此一百多年来,对英国人却并不抱甚深敌意。凡此之例,皆中国人传统文化中"恕道"之一种表现,可谓至今犹无往而不见其存在与流传。故对他人尽宽大,连深仇强敌亦如此。凡外国人来中国,无不感中国人待人之厚,说中国人多人情味。故中国人对人有恕道,无敌意。

但论"忠道",则近百年来乃若有所丧失,甚至有"打倒孔家店",清算旧文化来提倡新文化。不啻以西方人为师为友,而以中国古人为敌为仇。故当前之中国人,或主亲美,或尚亲苏,以至互相敌视则有之,但已不见有对民族自己文化旧传统表同情重视者,此诚大堪忧伤之一事。此可谓乃国人对己之不忠。舍己之田,以耘人之田。不为己,又何以得为人。此乃当前国人内心莫大一病患,所不得不郑重提出者。

然则当前国人,果能对自己国家民族五千年传统旧文化回顾忠守，实无害于对外面文化有敌视反抗之意。而一旦欧洲新文化自当前美苏对立之不可久之局面下，而又复有变，则不知其究将又有何等新情势出现。而吾中华民族之五千年传统之旧文化苟能保全，则不仅对己方有利，对世界人类亦同样有利。此虽是将来之新局面，而实亦未尝不可作此预言。此则贵当前国人于仰慕西化之外，能反躬自省，仍对自己旧传统能保持一番忠心自信者之平心省察，或可见我言之不尽虚发。

我生平九十余年，稍有知识，即在此一途上努力，亦已稍有著作发挥其意。此篇不能详陈，姑发其大旨。有心者傥不以我本篇之言为非，进而求之，自在贤达。仅此而止，幸读者其恕之。

（一九八六年十一月为侨委会《海华杂志》作）

中国教育思想史大纲

上 篇

一

中国学术传统最大称儒家。许慎《说文》:"儒,术士之称。"术又称艺。礼、乐、射、御、书、数为"六艺"。第一级为书、数,进一级能射、御,最高一级为礼、乐。古代贵族阶级主行政者,必通六艺。非贵族,能通六艺,进入政治舞台则为"士",亦称"儒"。

春秋时代儒已极盛。如齐桓公用鲍叔牙、管仲皆为士,实即儒。晋文公出亡有从士五人,皆士。秦百里奚即士即儒,楚之孙叔敖亦即士即儒。孔子为春秋末最大一儒。

推而上之,《孟子》"天将降大任于是人也"一章,所举傅说、胶鬲、管夷吾、孙叔敖、百里奚,皆孔子前古代贵族以外之士,亦即儒之较早渊源。

孔子祖先，在宋亦为贵族。但其后流亡至鲁，则降而为士。

孔子以礼、乐、射、御、书、数六艺为教，集古代儒学之大成。孟子谓孔子之集大成，乃谓其集伊尹、伯夷、柳下惠，任、清、和三德之大成。

中国圣学，乃为人之学，即作为一理想模范人之学。故为人之学即尽性知命之学。

依孟子意，人性当可分任、清、和三大类。任进取，清退守，和在两者之间，可进可退，但必保有个性。柳下惠言："尔为尔，我为我，虽袒裼裸裎于我侧，尔焉能浼我哉。"此即其虽主和，仍保有其一己个性之证。若"生斯世，为斯世亦善"，而失其个性，此为乡愿，最为孔子所不齿。西方文化主要乃个人主义，其手段若为人，其目标乃为己。中国孔子言："古之学者为己。"此乃中国之个人主义。惟小己必在大群中，未有能离弃大群而得成其为己者。中国古人为己之学，其与西方个人主义大不同处乃在此。故为己之学主要即在为人。

中国儒家讲为己之学可分四大步骤：一修身，二齐家，三治国，四平天下。

又分人为五伦。《孟子·滕文公》："使契为司徒，教以人伦。父子有亲，君臣有义，夫妇有别，长幼有序，朋友有信。"尽人皆在此五伦中，每一伦必有一道。父子、兄弟为天伦，夫妇、君臣、朋友则为人伦。人伦之道从天伦来，一切皆以修身、为己始。

故《论语》："弟子入则孝，出则弟，谨而信，泛爱众，而亲仁。行有余力，则以学文。"文字书本之学，当在做人立身之学之后。此为中国儒家教育之最要精神。

故中国教育精神先重行，次重知。先为己，再及人。从学则称弟子，最高则上达为圣贤。圣君贤相，政治上最高人物亦当以身作则为人群之教育表率，此乃中国人之文化理想。

修、齐、治、平，一以贯之，则为儒学精神。

二

孔子迄今已两千五百年。中国后人群尊孔子为至圣先师。但其前，中国已积有两千五百年深厚之历史文化传统，乃得有孔子之出生，故孔子实不啻为五千年来中国文化传统中坚、最高一代表。

孔子自称其学："述而不作，信而好古。"《论语》称述中国古人始尧舜。舜为中国古代之大孝。其时中国在舜以前，当早已尚孝道。惟舜生一特殊家庭中，父顽母嚚弟傲，务置舜于死地。舜之行孝难，乃终成为大孝。生非常之世，处非常之事，乃得为非常之人，舜即其例。

舜之孝，上闻于当时之天子尧。尧重其事，欲详知其人，乃不惜下嫁二女于舜。即此一端，已证尧为一无上崇德之天子。尧既重舜，乃用之朝廷，又擢升之为首相，任以天下事。

时方洪水为灾，尧命鲧治之，无效，灾益烈。舜殛鲧于羽山，改任鲧子禹。

鲧用堤防，禹改用疏导。在外十三年，三过家门而不入。其子启方生，哭声呱呱闻于外，禹亦不进家一视。禹之为人非不慈，亦非不孝，乃与尧舜同为中国古代杰出三大圣。

尧不传天子位于其子，而传之舜。舜亦不传位其子，而传之禹。尧子丹朱，舜子商均，皆称不肖。乃谓其不能如其父，非指其别有失德。而尧舜皆以当时洪水为患，重天下而轻其家。其禅让美德，乃常为中国此下四千年来所称道。

禹既老，亦不传位其子启，而欲传位于其臣益。但当时天下百姓怀念禹德，群不奉益而奉启，遂复天子世袭之旧。此下中国之朝代，父子相传乃成大群百姓之公共意见，而非出于帝王一人之私，亦于此可证矣。

但当时天下诸侯同尊尧、舜，同尊其禅让，其心亦以为天下。及禹之死，洪水已平，乃同奉其子为天子，求以报禹之德。此见中国民族性情之敦厚，而岂禅让与世袭之间，乃有是非高下之可争？

陆象山言："尧舜以前曾读何书来。"当时尚无著书立说以教训人为务。故尧舜之圣德乃属于天。

尧舜禅让，汤武征诛，事若相反，但双方之心皆以为天下。孟子曰："尧舜性之，汤武反之。"盖谓汤武以尧舜之心反之己心，乃出于征诛，觉其有不得不然者。行若相反，道实相承。此乃中国文化传统之相承。

周文王三分天下有其二，以服事殷，是其时尚可忍以效法尧舜之让，至周武王乃不得不转而效法商汤之征诛。时代使然，虽圣德亦当随而变。

汤时有伊尹，生畎亩之中，而欲尧舜其君，尧舜其民。乃五就桀，五就汤，而卒佐汤以革命。孟子称之为"圣之任"。

武王伐纣，伯夷、叔齐叩马而谏，又耻食周粟，饿死首阳山。孟子称之为"圣之清"。

故就中国历史论，可以有尧舜之禅让，亦可有汤武之征诛。可以有伊尹之任，亦可有伯夷叔齐之清。天之大德，或阴或阳，相反而相成，于是乃有和。而柳下惠乃亦得为圣人，孟子尊为三圣人之一。

周公大义灭亲，而终相成王，不自居天子位。则周公之德，实兼征诛、禅让，亦任亦清，早当为"圣之和"。而孟子乃独举柳下惠以为"圣之和"。此乃特称一常人，而其义乃特显。

尧、舜、禹、汤、文、武、周公，乃至伊尹、伯夷、柳下惠，不论其位论其德，皆不失其有己。有己则必同有人，乃成其为德。其事则随时、随地、随人、随事而变，而其心则出于一。故孔子曰："天生德于予。"而孟子则以孔子为圣之集大成。故孔子之集大成,既可谓集人性之大成,亦可谓乃集中国文化传统重性、重德之大成。中国此下教育之最高要义亦在此。

三

再说尧、舜尚属五帝时代,禹以下乃为夏、商、周三代,乃中国古代史上最辉煌的时代,常为中国后代人称道。中国古人说"夏尚忠、商尚鬼、周尚文"。此说三代之风尚教化各不同。

夏尚忠,质朴无华,表里如一,不辞勤劳,损私以为公。夏禹之治水,可为其最高榜样。亦可说中国民族便是一尚忠的民族,中国文化即是一尚忠的文化。内本之性,外见之德。在大群中各尽己心,在己心中常有大群,团结成一大总体。而各部分各个人,爱家爱国爱天下,其在总体中,则各有其意义与价值。此下的中国人,则常称为诸夏,故夏代人即代表了中国人。

其次商尚鬼。人死为鬼,死生同是生命之一体。故在现实人生中,仍可有鬼神作用。忠于现实,又进而信仰既往,团体性之上又加进了时间性。商之尚鬼,犹其他民族之有宗教信仰。希望信仰虽在外,尽心尽力则在己。如商汤久旱祷雨,自登祭台献己身为牺牲,即可为一例。

近代发现殷墟龟甲文,亦可为商尚鬼之一证。遇事每问卜,但所问多属人事。亦可说继夏代之尚忠，而增之以尚鬼，此乃文化之演进，而非转变。

周尚文，则继夏尚忠、商尚鬼之后，又加以演进。周公制礼作乐，亦尚忠，亦尚鬼，是周代文化演进更在夏、商之上。而夏、商之精神，则仍然保留。周尚文之"文"，犹近代俗语所称之"花样"。人生花样日多，亦即人类文化进步一现象。礼之外貌有近于尚鬼，而礼之内涵实本于忠。对人对事不忠，则一切礼尽成虚伪，要不得。

孔子最重学周公，自称："十室之邑，必有忠信如丘者，不如丘之好学。"商尚鬼，亦即忠信一"信"字。人性之忠信本于天，又继之以好学，于是花样日多，文化大成。

孔子之学，实继以往历史来，亦可谓乃集中国以往历史文化之大成。

四

周室自平王东迁，天子号令不行于诸侯，列国纷争，三代之后遂继之以春秋之乱世。但虽乱世，三代之道，仍多相传。春秋时代，诸侯中有挟天子以令诸侯者，此如西伯昌之三分天下有其二以服事殷，不为汤武，乃为西伯。后人称之为霸道，"霸"即是"伯"字之变。

春秋有五霸，其实真为霸者，惟齐、晋两国。孔子称："晋文公谲而不正，齐桓公正而不谲。"则同是霸，孔子仍分其高下。中国历史重人，乃重其人之德与其道。孔子作《春秋》，其义即在此。

管仲初从公子纠，其后乃佐齐桓公成霸业，岂不弃亲从仇？其实亦如伊尹之五就桀、五就汤，其心乃为天下。孔子曰："管仲相桓公，霸诸侯，一匡天下。微管仲，吾其被发左衽矣。"孔子尊管仲，则管仲犹如伊尹之能任。

从晋公子重耳出亡者有五臣。晋之霸业传八世，佐命之臣，能任者不少。宋以小国，襄公亦以霸业自任。宋向戌弭兵，亦以天下自任。即如郑商人弦高，亦能任。齐太史兄弟以书"崔杼弑君"相继见杀，亦能任。如此之类，春秋时代不绝其人。

泰伯、虞仲让国，伯夷、叔齐让国，春秋让国者亦多。尤其如吴季札更见称。

晋太子申生以孝称，楚之伍尚、伍员亦以孝称。其他称孝者亦不绝书。以其他德行称者，尤不绝其人。余曾撰《论春秋时代人之道德精神》一文论其事。故《左传》乃中国后世治经史之学一部人人必读书。更著者，如晋有程婴、公孙杵臼，其事详于司马迁《史记》而不载于《左传》与《国语》，更为后世不绝称道。

要之，一部中国史，乃一部中国人文精神史，亦可谓乃一部道德史、教育史。

中国乃一氏族社会，一姓一家，均得历数千年迄今。鲁叔孙豹先孔子生，称氏族袭位乃世禄，非可贵。立德、立功、立言乃不朽。此语传诵数千年，亦"立言"一例。所谓"立功"，乃指大群福利，非专为私人。"立言"亦为群众，"立德"尤然。

孔子在当时，非有大功大业可言，其言亦仅传于其门人弟子间。而其为人乃亦为举世所尊。其在鲁，鲁哀公、季孙氏不能用，但不得谓不尊孔子。其出游，齐、卫、陈、楚诸国君臣亦皆加爱敬，但均不能用。盖孔子所主张，乃为人类长时间大生命计。世人则为空间现实之小生命所限，多所顾虑，遂不能用。此皆在其德。叔孙豹所谓"太上立德"，其义诚深远。"三不朽"之说，叔孙豹已先孔子而发。此亦可见中国人之民族性，早自尧舜时代，迄于春秋，乃至孔子，其德其行其言，乃益彰益显。此乃中国之历史文化特质，教育特质，亦由此来。

五

春秋以后有战国，世益乱，而道亦益盛。其道则在下不在上。战国为中国史上学术昌隆一时代，其学术昌隆即是道。

中国古代道在上，在政府，在君相大臣，后人称之为"王官学"。孔子以下其道在野，在民间，所谓"百家言"。

门人受学称"弟子"，则师即如父兄，为一家之长。故先秦之诸子学又称"百家言"。父、子、孙、曾，其传悠久而广大，亦如一家之相传。师则尊称曰"子",亦如诸侯之称"伯"。战国始有诸子百家,而孔子则为中国历史上关键转捩之第一人。

孔门儒家,此下两千五百年来,为诸子百家中独尊独盛之一家。亦可谓中国民族文化,乃一部儒学史,中国文化即孔门相传之儒学化。此暂不详论。姑先论继孔子儒家而起之其他诸子百家。

孔子后,最先起者为墨翟。墨家反对儒家,实则墨家之学亦承儒家来。孔子述而不作,信而好古。其实墨翟亦然。惟于儒家称述古人中,独推夏禹,曰:"非大禹之道,不足以为墨。"夏禹治水勤劳在外,腓无胈,胫无毛。墨子则曰:"摩顶放踵,利天下为之。"故墨道乃可谓承效夏禹之尚忠。

墨子之最异于孔子处,孔子言孝,而墨子则主"兼爱",曰:"视人之父若其父。"兼爱不可谓非德,但于人性则有所违离。儒家言德本于性,墨家则本之天,曰"天志",曰"尚同"。但天之生人亦有异。父母各异,孝道若有私,实则其性同。墨子兼爱,必主"视人之父若其父",岂不转违于性?

故墨道虽若视孔子为大,其人则可尊不可亲。孟子曰:"人皆可以为尧舜。"孝与让,岂不人人能之?但不曰人皆可以为禹。非洪水为灾,即何来有禹。禹亦非不孝不慈,但迹近不孝不慈,非寻常人处普通环境所当学。故墨家虽盛于一时,而终不传于后世。

继墨翟起者有杨朱。杨朱一反墨道。墨主"兼爱",杨主"为我",拔一毛利天下不为。言若近于义,而实违于仁。故一时虽杨墨并称,而杨朱乃终不能与墨翟比美。亦可谓"为我"亦人之性,但终非人之德。此有近于荀子所谓之"性恶"。故孟子虽曰"杨墨之言盈天下",然杨朱有性无德,则终不成为一家言,其道终不传。由性以成德,此乃孔门之大教。

继起者又有庄周,为道家,兼反儒、墨。其言若有似于杨朱,而实亦与杨朱异。杨朱专就人言,庄子则推之于天。

庄周之学,实亦述而不作,信而好古,有近于孔子。惟孔子仅言及尧舜,庄周则更推而上之言黄帝。

人文演进愈趋复杂,相异日增。人事愈古,则愈简单,愈见其同。庄周则忧其异而求其同。

人文历史之上,更有大自然之天,则更见其同。庄老道家,由近世以返之古,由人文以返之天,即自然。于是无为乃更贵于有为。

庄老道家实亦言天志、尚同,其言似偏近于墨,实则其反有为、反人文则更远于墨。

继起有许行,为神农之言,其言:"与民并耕而食,饔飧而治。"尚劳作,似近墨。实则益推而上,其言治国平天下之道,益简单,益自然,则又近于道。

若求为神农,则惟如老子之言"小国寡民",始能之。若求小国寡民,则黄帝时中国已成大一统,则道家言亦自有矛盾,难经详究。

六

孟子与庄周、许行略同时,孟子言:"乃所愿,则学孔子。"又言:"能言距杨墨者,圣人之徒也。"则孟子确然为一儒。孟子又言:"孔子圣之时。"孟子已与孔子异时,孟子亦依时立教,故孟子言亦与孔子多异。

孔子曰:"如有用我者,吾其为东周乎。"亦尚言齐桓、晋文。孟子则斥霸道,申王道,又言:"以齐王,犹反手。"孔子甚推管仲,孟子则曰:"子诚齐人也,知管仲晏子而已矣。"孔子时梦周公,孟子则曰:"人皆可以为尧舜。"又曰:"天下定于一,不嗜杀人者能一之。"人人能孝能让,自能不嗜杀人。则人皆可以为尧舜,亦即可为天子,为一世之共主。

依近人观念,时代进步,思想亦进步。孟子之于孔子,如上所言,亦其例矣。

孔子不言性与天道,孟子则亦言天道,更盛唱"性善论"。此为其学术思想之异于孔子处。

孔子言:"学不厌,教不倦。""自行束脩以上,吾未尝无诲焉。""有朋自远方来,不亦乐乎。"孟子则谓:"人之患,在好为人师。"又曰:"归而求之,有余师。"

宋代理学家起,孔孟连称,言孔则必及孟,未有舍孟而专言孔者。故中国学术思想有其传统，亦有其时新。今人乃谓中国人一意尊孔，务守旧，不知开新。但中国实旧中有新，亦如变中有常。如人生有幼稚，有耄老，有生亦有死，而死后仍有生。生生不绝，而实一贯相承。中国乃一氏族社会，其学术思想亦如此。故战国诸子称"家言"，其义深长矣。

孟子之后有邹衍，乃会通儒、道两家成阴阳家言。儒家重人道，道家重天道，阴阳家亦言人道，而终归之于天道。道家言天亦言物。阴阳家亦然，乃有金、木、水、火、土五行之学。儒家言性亦言物，而归重于德。阴阳家乃兼言物与德，而有"五德终始"之说。论物性，依近代人观念言，可谓之自然科学。论人之德，依近代人观念言，乃归极于人文科学。

五行相生相克，五德因之有终有始。《大戴礼记》有《五帝德》一篇。中国历史上朝代兴亡，圣帝明王随时而起，人道即本天道，帝德皆由天命，在阴阳家言中，乃自有其一套历史哲学。

孟子言仁义道德，一本之孔子，纯属人文精神，乃有甚深教育意义存其间。邹衍虽亦同言仁义道德，但一归之天命，属于自然，乃无人文精神在内，亦无教育意义可言。邹衍与孟子之相异乃在此，阴阳家言与儒家言之不同亦在此。

中国后世学术流传，仍是一套儒、道相通之学。而阴阳家言，则广泛流传于社会之下层。近人或谓中国之自然科学源于道家，实不如谓其乃成长于阴阳家。

阴阳家尊天，近宗教。近人则谓之不科学，乃迷信。其实中国阴阳家言，乃汇通宗教、自然科学、人文科学与历史哲学为一体，大值今人之重为阐说与发明。

邹衍之后有荀况，一反邹衍阴阳家言，乃连带反及孟子与子思。又反老聃、庄周言天道。而一尊孔子。

荀况主"性恶论"，有"化性起伪"之主张。物性、人性皆本自然，皆命于天。荀况则不尊天，反自然，故主"化性"。"伪"者乃人为，即人文。人生中之所谓善，乃起于人为，由于人文化成。主其事者为圣，故荀况乃不尊天而尊圣。

荀子既尊圣，乃尊师，亦劝学。其所谓"化性起伪"，主要乃一种教育功能。

孔门四科，德行、言语、政事、文学。孟子所重在人生内在之德行，荀子所重在人文外见之文章。

德行之学重在身体践行。孟子曰："舜之居深山之中，与木石居，与鹿豕游，其所以异于深山之野人者几希。及其闻一善言，见一善行，若决江河，沛然莫之能御也。"孔子亦曰："三人行，必有我师焉。择其善者而从之，其不善者而改之。"故德行重在以礼处群、反己自发之自我教育。人与人相交，学重在己不在师。文章之学则于典籍中上师古人。

孟子言：有亲炙之者，有私淑艾者。闻古人之风而学之，则为"私淑艾"，仍在人与人相交接。孔子曰："述而不作，信而好古。"则在典籍中上师古人。故孔子之梦见周公，实亦以读书为学，非以从师为学。

中国后人言：有身教，有言教。"身教"乃以己之德行教，"言教"则以文章典籍教。孔子学不厌、教不倦，则两者兼之。

孟子主"性善"，重在能自学，故曰："非不能，是不为。"荀子主"性恶"，重在学圣人，圣人在古不在今。故《劝学》乃劝人读古书，学古圣人。

孔子以礼、乐、射、御、书、数六艺教，其教子伯鱼曰："学《诗》乎！学礼乎！"其实学《诗》即学礼，重在学当身之实践。颜渊言："夫子步亦步，夫子趋亦趋。"此亦学孔子之当前履行。然又曰："夫子博我以文，约我以礼。"则孔子于当身实践之外，亦重文章之教。即一"礼"字，亦同兼文章与践行，实兼古今而为一。

孟子言教与学，不重一"礼"字。古礼已不存，故孟子惟重言"性"。其言教育，乃重在启发，不重模仿。荀子主性恶，则重模仿。在乱世，则惟有在典籍中为学。

孔门六艺乃指礼、乐、射、御、书、数，皆习行之事。荀子以下，儒家言六艺乃转为《诗》《书》《礼》《乐》《易》《春秋》，皆古代之典籍。《乐》附于《礼》，乃称"五经"。实可谓此下汉儒经学，乃从荀子来。

此下儒家一重德行，一重文章；一重习行，一重经典。故孔子以下之儒家，分为孟、荀两大派。

唐代韩愈言：孟子大醇，而荀子有小疵。其高下之间只在此。要之，则不可偏废。

亦可谓墨家亦重习行，转近孟子，但墨家更重师，乃有巨子之出现。若得盛行，当近宗教组织。

道家一任自然。老子曰"绝学无忧"。不尚学，乃亦不尚教。道家既不教人学，乃亦不为师。惟其不为师，无弟子，乃重自著书。如《庄子》有内篇七篇，乃战国诸子百家中自著书之第一人。孔子亦著《春秋》，其弟子游、夏之徒不能赞一辞。《春秋》乃一部历史书，惟不仅记载史实，而实寓有一套甚高深的历史哲学在其内。

七

中国文化有两大特点，与西洋文化不同处。一在其重视史学，一在其重视教育学，而皆自孔子创发之。孔子《春秋》重视人事褒贬，此即历史学与教育之相通处。

中国史学，乃从人类大群体之长期经验中，指点出治国平天下之人群大道来。中国教育，则从此大道中来培植其领导人才，为其最高目标。故在中国文化体系中，道统更高于治统，而师道亦更高于君道。

在中国人之理想王国中，孔子应为其最高领导人，而孟、荀则为其左右两辅弼。孟子主张"法先王"，荀子主张"法后王"。法先王偏近理想，法后王则偏重实际。要之，立德、立功、立言，三者一以贯之，则为儒家之最高理想与主要任务。

今再综述上文，战国诸子百家中，主要者有儒、墨、道、农、阴阳五家。尚有名家，实即墨家之支流，迹近西方哲学中之逻辑辨学，兹不详。

《荀子》书中有《正论篇》，有《非十二子篇》，除提倡孔子外，将墨子以下各家均加驳斥。

继此乃有韩非之法家。韩非亦荀子门人，而又兼采老子之说，又为韩之诸公子，故不重史学，亦不重教育学，而特创为法家言。

韩非云："儒以文乱法，侠以武犯禁。"侠乃墨家之流变。是韩非轻教化而尚法禁，重政统而卑道统。果不深取荀子尊崇圣学之意，而仅采其性恶论与其法后王之说，则其为害之烈，乃有不堪言者。韩非法家言，即其例。

其同时又有吕不韦，本赵国一商人，乃得西为秦相。广招东方学人，欲融会百家，和通为一家言。其书有《吕氏春秋》，后人称之为杂家。其他尚有纵横家言与小说家言，此亦不详。

八

秦始皇帝统一六国，即荀子所谓之后王。而秦始皇帝乃自认为中国有史以来所未有之新王。夏、商、周三代天子称王之前，尚有五帝及三皇。秦始皇帝乃兼其称曰"皇帝"，自号"始皇帝"，认为子孙世袭，可以二世、三世，以至万世而不绝。

吕不韦先已获罪，诸宾客皆见逐。而始皇帝又私喜韩非书。李斯为秦相，亦荀子门人，与韩非为同学。时博士官中，诸儒劝秦复封建，李斯乃献议罢诸儒博士官，焚民间所藏儒书。又诏书中明申"以古非今者族"。是则果有据孔子意来非时政，即当得灭族之罪。较之韩非，似更酷矣。但韩非、李斯于秦皆不得其死，而秦亦传二世即亡，则荀子之言人性恶，亦信有证。而人性亦终不尽于恶，亦即于此可证矣。

惟在上之政治，既渐臻于统一，在下之学术，似亦当渐求其统一。荀卿、吕不韦皆已开其端。《中庸》与《易传》两书，皆当出于秦代焚书之后，亦皆有意于学术之会通。汉兴，淮南王著书又继之，河间献王亦有意于此，而汉武帝乃成其业。

表章"五经"，罢黜百家，其议始于董仲舒。仲舒之言曰："正其义不谋其利，明其道不计其功。"确然分"道义"与"功利"而为二，可谓深得儒家传统。

但当时有《孟子》博士，亦罢免。既云"罢黜百家"，儒家亦在其内。独尊"五经",乃尊其为古代之王官学。于是王官之学与百家之言,在当时乃为学术上一大分野。孔子作《春秋》,自称为天子之事,知我罪我,其在《春秋》。汉人列《春秋》为"五经",亦以其为王官学见尊。

《论语》则与《孝经》《尔雅》,同列为当时三部小学书。

汉人连称周公、孔子,孔子乃以其能继周公之王官学而尊,非以其创儒家言而尊,此终是当时一偏见。此下乃尊《论语》过于尊《春秋》,尊孔子过于尊周公。至唐代,乃尊孔子为"至圣先师"。此始是中国文化学术史上一大进步。

其实汉尊"五经",惟《诗经》乃孔子以前书。如《书经》,则《尧典》《禹贡》诸篇当出孔子后,《仪礼》乃士礼,其书亦孔子后人所作。《易》在孔子时为卜筮书,明见《论语》。孟、荀亦皆不言《易》。《荀子》书中有言及《易》处,亦出荀子后。《十传》乃秦代焚书后之作。孔子《春秋》则有《榖梁》《公羊》两传,在博士官中生争论。《左氏传》更讲诵在后。则汉代之博士官学,实亦非周代王官学之旧。

战国诸子创为家言,门人传习,重在有师弟子之教育。而西汉博士弟子从学,则定于政府法令,与战国时代自由教育之情义亦别。

若从历史论,则西汉博士官学实非即古代之王官学,不如战国诸子家言各有独创,为一家之新义。故汉代之经学,即博士官学,实有逊于战国之诸子学,不能相与媲美争胜。惟西汉则为一治世,而战国则终不失为一乱世，如是而已。

抑且汉儒之尊孔子，乃多依邹衍阴阳家言。邹衍阴阳家创为"五德终始"之说，如谓秦以水德王，汉以火德王，此皆天命使然，非秦始皇帝与汉高祖其人之确有德。则其言"德"字，已显与孔孟相传儒家言德有异。

司马谈为初汉史官，其实此即是古代之王官学。有《论六家要旨》篇，独尊道家言。其子司马迁袭父位，从学于孔安国，学《尚书》。又承董仲舒意，学孔子《春秋》，作为《太史公书》，后人称为《史记》。独尊孔子，特为《孔子世家》。又为《仲尼弟子列传》《孟子荀卿列传》，尊孟子，斥邹衍。其他诸子中，则为《老子韩非列传》，谓："韩非源于老子，而老子深远矣。"其论学乃特有深见。

又为《儒林列传》，汉初经师，皆列入《儒林》，则汉代之博士官学，实承战国儒家来。此则更为深见之尤。司马迁实亦为西汉一大儒。

西汉晚年有扬雄，好为辞赋，实非儒学。晚而悔之曰："雕虫小技，壮夫不为。"乃效法《论语》作《法言》，又效法《易经》作《太玄》。此亦不失为西汉一大儒。

九

王莽乃以阴阳家言起而代汉。但岂得谓王莽之确然有德？故自光武中兴，而阴阳家言遂渐衰。但自此而"五经"亦失去其共同内涵之要旨。东汉诸博士遂致于倚席不讲，太学仅具一形式。

班固继司马迁为《汉书》，特辟《艺文志》及《古今人表》两篇。孔子教颜渊，分"博文""约礼"两端。班氏此两篇，于此下儒家教育思想有大贡献，亦东汉初一大儒。

亦有起而反孔子者，则如东汉初之王充。故东汉学术乃又与西汉有异。

东汉士人中最见重者如郭泰林宗，其身分仅一太学生。其实林宗非一经学家，实乃一教育家。又如黄宪叔度，其人亦非一经学家，隐居在野，而其私人德行乃为一代之宗师。时人乃以颜渊拟之。

晚汉郑玄，人称其"囊括大典，网罗群言"，最为经学一大师。实则仅训诂家言，非能于经学大义有所发明或创新。

下至三国，经学乃不复振。

当时群称经师经生为"儒林"。其实两汉经学，非可即谓是战国之儒学。而如司马迁、班固诸人之史学，实于儒学为更近。

汉代人言："黄金满籝，不如遗子一经。"经学已为仕宦之阶梯，而教育精神乃渐狭缩在家庭中，于是乃有门第之兴起。

东汉时道家言亦渐兴。如严光即其一例，即郑玄亦是一例，又如三国时诸葛亮又是一例。诸葛亮实亦门第中人，隐居隆中，自称："苟全性命于乱世，不求闻达于诸侯。"岂非亦迹近黄老道家言？经刘先主三顾，遂许之以驰驱。先主卒，其告后主曰："鞠躬尽瘁，死而后已。"其教子书则曰："澹泊明志，宁静致远。"则诸葛之杰出,实亦儒道兼修。

倘以诸葛亮为近于伊尹之任,则管宁乃近伯夷之清,徐庶乃近柳下惠之和,此三人实皆一代之大儒。而隐显异迹,又谁欤能深切视之。故两汉之提倡经学,其影响之深厚广大,岂不经三国之丧乱而乃益见其无可企及乎？读一部中国"二十五史",不得不深通儒家言,其要旨乃在此。

最以治道家言知名者曰王弼。治《周易》,又治《老子》,亦儒道兼修。又何晏注《论语》,邢昺为之作疏,亦皆儒道兼修。"王与马共天下",而王导之在东晋,终为臣不为君,此亦儒道兼修。可见战国道家言,其大义深旨实可通于儒,观于三国、两晋而可见。故治中国文化史,贵能儒道兼修。此则战国诸子庄老之功亦终为不可没矣。

郭象注《庄子》,其中多杂儒家义。陶潜在晋宋间,以诗名,其人亦儒道兼修。此下南北朝人,亦多儒道兼修,不俱举。或谓其时儒学失传,道家盛行,则实失之。

其时适佛学东来。或道佛兼修,或儒佛兼修。专信佛者则甚少,而尤以儒佛兼修为最得一时之重望。

最著如竺道生,"一阐提亦得成佛",即孟子"人皆可以为尧舜"义。梁武帝信佛,实亦儒佛兼修。昭明太子为《文选》,甚重陶潜,其为学之统可知。刘勰为《文心雕龙》,其以释而兼修儒,更可作明证。

故儒学自孔子后,乃为中国传统之学,即在魏晋南北朝时亦然。此一层,治中国学术史最不可忽。

北周有苏绰,其政治制度上之建设,影响隋、唐甚大,而其人亦儒佛兼修。下及隋代,王通乃北方一大儒。其所造诣,当可上比董仲舒。可知儒学之在魏晋南北朝,亦确然仍有其传统。

十

唐代号为儒、释、道三教并盛。

自隋代,佛教始有中国僧人自创之宗派。如天台、华严、禅三宗,皆可旁通儒家大义。天台宗最先,空、假、中一心三观,显参儒家义。华严宗分理法界、事法界、理事无碍法界、事事无碍法界。理即其空,事即其假。事事无碍,则出世一归于入世,非由释之返儒而何?

禅宗最广泛流行,即身成佛,立地成佛,亦即"人皆可以为尧舜"义。五祖以《金刚经》"应无所住而生其心"一语告六祖,最为禅家要旨。心无所住,则有物如无物。心常生,则即性、即德、即天、即涅槃,亦即长生。而儒家之淑世精神,亦即在是矣。

玄奘以印度佛法各宗派已尽传中国,独惟识一宗无传,乃亲赴印度求之。此亦儒家之"博文"精神矣。

一部中国史,乃一部中国人文化成史,亦即一部中国文化史,亦即一部中国儒学精神史。而此儒学精神,则亦随时随地无所住而生。

唐初虽定《五经正义》,然经学则实已衰。

唐代考试取士则用《文选》，故曰："《文选》烂，秀才半。《文选》熟，秀才足。"唐代之儒学精神乃亦从诗中见。陈子昂诗："前不见古人，后不见来者，念天地之悠悠，独怆然而涕下。"此非十足之儒学精神而何？李杜继起，李白称"诗仙"，乃儒道兼修。杜甫称"诗圣"，则为醇儒。

韩愈继起，以古文鸣。而曰："好古之文，乃好古之道也。"其辟佛则以孟子自比。又唱师道，为《师说》一文，曰："师者，所以传道、授业、解惑也。"为古文即其业，辟佛即以解世人之惑。其论传道，则曰："弟子不必不如师，师不必贤于弟子。"故孔子门人言："夫子贤于尧舜远矣。"韩愈之辟佛，其功或更胜于孟子之拒杨墨。故于儒学传统中，亦终有其时代之进步。

杜佑著《通典》，有功史学，实亦一种儒学精神。儒学不衰于魏晋南北朝，岂有独衰于唐代之理？

下 篇

一

宋代儒学大兴。

经唐末五代十国政治长期混乱之后，学术传统不断将绝。宋儒乃于黑暗寒冷中，自发光热，与汉儒之经政府奖励提拔而起者，大不同。

如范仲淹苦学于长白山一僧寺中，胡瑗苦学于泰山一道院中。范仲淹断齑划粥，胡瑗投掷家书于院外涧水中，独学无友，平地突起，乃于中国儒学史上发新光芒，创新精神，开新风气，成新品格。此实有大堪称颂者。

范仲淹为秀才时，即以天下为己任，先天下之忧而忧，后天下之乐而乐。伊尹圣之任，仲淹似之。孙复亦一人独学于泰山僧寺中，宰相李迪下嫁其侄女，而孙复终不出山寺。伯夷圣之清，孙复似之。胡瑗讲学苏、湖，朝廷取其法于太学，又任胡瑗为太学长。柳下惠圣之和，胡瑗似之。

书院讲学之风，师道之兴，乃更为此下中国儒学史上最大一特点。

两汉经学不啻乃言教。魏晋南北朝门第教育限于家庭。唐代可谓无师道。宋儒之尊师道，则尤较战国为胜。故汉儒为经师，宋儒为人师，宋儒影响深入于全社会、全人生，其于中国民族之文化传统贡献为尤大。

子夏言："仕而优则学，学而优则仕。"仕与学，为儒家两要途。范仲淹出仕，孙复则不仕，但为《春秋尊王发微》一书，高揭中央政府统一大义，为政治思想上之最高领导。而胡瑗苏、湖讲学，分经义、治事两斋，会学术、政治为一途，尤为作育人才一最大规模。

宋儒初兴，如范、如孙、如胡，皆可称通儒。其稍后起，欧阳修以文学名家,但亦精史学、经学。司马光以史学名家,但亦治经学、文学。尤如王安石,欧阳修以韩愈继承人勉之,而安石则自称欲为孟子。方其为相,集其徒同为《三经新义》。故宋儒皆通才多能,博于文而约于礼,此为与汉儒多以经学为学为教者有异。

范仲淹有庆历变政,王安石有熙宁变政,引起新旧党争,而此下儒学又生一大变。

二

《宋史》乃于《儒林传》外,别立《道学传》,而以周濂溪为之首。道学于周敦颐濂溪外,尚有张载横渠、程颢明道、程颐伊川共四人,后人称周、张、二程。亦可谓道学始于濂溪,而成于横渠、二程。

濂溪不务仕进,不尚著述,仅为一县令,隐居求志,可谓近于性之清。仅有《易通书》一部,内附《太极图说》,极为后世称重。《通书》言:"志伊尹之所志,学颜子之所学。"伊尹之志,乃中国儒家大传统。颜子之学,则为有宋道学家之特所重视。

横渠则近性之任。故曰:"为天地立心,为生民立命,为往圣继绝学,为万世开太平。"其任重道远有如此。又勤于著述,其书最著者为《正蒙》。

二程近于性之和。初闻学于濂溪,后又交横渠。若谓濂溪学近孔门约礼一面，则横渠乃近博文一面，二程则"执两用中"。其最有影响于当时及后世者，乃为其重视教育，实当为此下道学家最大开山。

今当特别提出者，范仲淹出师关中防西夏，横渠以少年上书言兵事。仲淹戒之，勉以向学，并授与《中庸》一书。横渠《西铭》最得二程重视，其思想渊源，可谓乃从仲淹来。

程伊川入太学，从学于胡瑗。胡瑗出题"颜子所好何学论"，伊川一文得奖，遂升为助教。则伊川之学，宜亦显受胡瑗之影响。

又横渠、明道，其先亦曾在王安石推行新政下受职。

又伊川为侍讲，亦遵安石前轨，主天子立而听，为师者坐而讲。则道学家与宋初儒林，亦显有其一贯相承之辙迹。

道学与宋初儒林之精神最相殊异处，当为濂溪教二程"寻孔颜乐处所乐何事"一语为之主。孔子之十五志学，至于七十而从心所欲不逾矩，当为道学家一最大向往之规模。

明道言修养主于"敬"，伊川补充言"进学则在致知"。一偏约礼，一偏博文。二程此一层，乃开此下道学之歧途。

三

南宋朱子继起，后人称"濂、洛、关、闽"。朱子乃更为道学中一大宗师。

后人又连称程朱。其实朱子学近博文,上接伊川,乃为此下陆、王一派所反对。至于濂溪、明道,则不在陆、王一派反对之列。

朱子在中国儒学史中之最大贡献,在其定《论语》《孟子》《中庸》《大学》为"四书",并为之作集注章句。此下"四书"地位,乃在"五经"之上。周孔并称,改为孔孟并称。此实中国儒学史上一最大转变,而朱子实为其主动。

陆九渊象山与朱子同时,反对朱子。其言曰:"先立乎其大者。"又曰:"尧舜以前曾读何书来。"先立其大,即指己之一心。学之主要在己心,不在读书。明主约礼而反博文,实与颜子言"博我以文,约我以礼"之言有违。故朱子谓:"颜子细,孟子粗。"实则象山之学乃专主于孟子。

后人以朱子主"性即理",象山主"心即理",所争乃在此"理"字上。道学遂又改称"理学",陆王则或称为"心学"。

四

蒙古入主,元代兴起,而儒学又大变。主要者在为儒则不务仕进。许衡与刘因之高下,即由此判。即许衡亦自悔之,故临终嘱立其墓碑但书"许某之墓",使子孙识其处足矣。

元代亦定科举考试制度,亦先"四书"后"五经",永为明、清两代遵守，则乃许衡之功。

但元代真儒则决不应科举考试，而务于书院讲学。元代又定制，全国设书院。地方官上任，其首先第一事，即为赴书院听讲。故元代中国，政亡于上，学存于下，为中国历史上一奇迹，亦为中国文化传统精神一特色。而道学之贡献，此亦其一端。

五

明太祖乃继汉高祖以平民为天子之第二人。亦知崇儒，但终不免求以儒学为政治之用，此与道学宗旨仍相背。故明之代元，虽为民族革命，而儒者乃多隐而不出。亦有出而终于求退，与西汉初年之不见有儒又大异。

尤以明成祖诛方孝孺，明儒乃多承元代遗风，以隐居不出仕为尚。吴康斋、陈白沙诸人，可为其代表。

王阳明谪居贵州龙场驿，发明"良知学说"，为中国学术史上绝大一佳话，而道学乃流而为"心学"。

此下王门如王龙溪、王心斋诸人，皆极富传奇性。流而为罗近溪、李卓吾，其人其事其学，更见为不寻常。

儒学自孔孟以来，修身、齐家、治国、平天下，其道主上流，不主下流。其学皆有出有处，有进有退。王学乃一主下流，不主上流，在野不在朝,有处不出,有退不进,乃有儒、释、道三教合一之说。

学术与政治划成两截,不仅在儒学中为一大变,即就战国诸子百家言,亦成为一大变。教育之风遂亦因而大变。

顾宪成、高攀龙力矫其弊,力主为学必通于从政。而东林书院之讲学,必上议朝政。其教育亦与当时王学有大别。

晚明儒士议政,同称东林。而明社亦偕东林党派以俱终。

六

满洲入主,清代亦如元代,同为异族政权。而清初儒风,乃与元初有大异。

清初,明遗民皆不仕而议政。黄梨洲为《明夷待访录》,力斥明太祖废宰相。又主学校当为在野议政中心。顾亭林则谓:"国家兴亡,肉食者谋之。天下兴亡,匹夫有责。"其为《日知录》,主要中心亦为议政。惟梨洲偏重中央,亭林则偏重地方,斯其异。黄、顾皆不仕。王船山更隐居湖南深山中不出,但其论学亦一归于论政。晚年有《读通鉴论》与《宋论》两书。

上述三人,后称清初明遗民中"三大儒"。但皆重著述,不重教育。惟梨洲一人有弟子,顾、王皆无。但此三人,其实皆当归入《儒林传》,不入《道学传》。其风则远自东林启之。

亭林论学，志在为大群谋治平，不在为个人作圣贤，故其论学最反对阳明。船山不讲学，勤著述，故其晚年乃特喜横渠，于程朱转加轻。

清初诸儒中，其人确可入《道学传》者，当为李二曲。身居土室中，不与人接。伯夷、叔齐之清，二曲可上追其遗踪。

其他如南方有陆桴亭，北方有颜习斋，皆授徒讲学，其人宜亦可入《道学传》。惟在清代异族政权统治下，自由讲学之风终不振。故桴亭之学乃无传。习斋乃谓："大圣大贤，必致天下于治平。"不知孔孟亦非能致天下于治平。习斋乃以道学反道学，其学亦传至李恕谷而即止。

吕留良于朱子"四书"义中，散入民族思想，影响一般有志仕进参加科举考试之人。其人乃遭戮尸之刑。而清廷乃以陆稼书入孔庙。此下清儒乃以反朝廷而转趋于反朱子、反道学，乃有汉学与宋学之分别。

戴震东原为《孟子字义疏证》一书，反朱子、反理学。其用意实乃反朝廷之功令，而得成为一代大宗师。于是训诂考据之经学，代义理之经学而崛兴，此为乾嘉之学。不仅异于宋儒，实亦异于汉儒，而适成其为在异族统治下之清儒。但论戴震之学，必当牵涉及于纪昀。纪昀之《阅微草堂笔记》，常反宋学。东原在其门下，终不免受其影响。惜余为《近三百年学术史》时，曾未对此义详发之。

道光以下，清政权衰于上，经学亦变于下，乃有《公羊春秋》变法维新之"今文经学"起。龚自珍启之,康有为大呼大唱,而其学乃掩盖一世。

康有为又著《孔子改制考》及《新学伪经考》两书,乃谓传统经典皆出伪造。则果得变法维新,其变其新,又当何道之从?康有为又著有《大同书》,中多羼杂佛义,是不啻谓中国需随时出新孔子乃得救,而康氏乃若自视即为其人。即此以为中国传统治平大道之所在,是康氏虽以尊孔反欧化,而康氏之自我信仰,实则为欧化之至甚矣。

章太炎以在报章昌言排满得罪下狱,读佛书自遣,后乃撰为《国故论衡》一书。中国传统,尽成"国故"。《论衡》乃东汉王充所著书,批驳孔子。太炎之书取名《论衡》,其于孔子之意态,亦可不烦言而自知矣。故书中孔子地位乃远逊于释迦。又为《菿汉微言》,昌言其义。

康、章乃为清末两大儒,此岂得谓有当于中国之文化传统,堪与从来之儒相比?

七

故清代之亡,中国实无儒,亦无学,乃以派赴英美留学生代其缺。而胡适则为之魁首,乃有"新文化运动"之兴起。

新文化运动之对中国旧传统,则有"疑古运动"。其对西化,则曰"赛先生、德先生",曰"科学",曰"民主",乃为新潮流之两大目标。

中华民国之建立,乃始于孙中山先生之辛亥革命。中山先生尽瘁于政治活动,非于传统学术能作深入之研究。但其心情则极深关切于传统,晚年唱为"三民主义",首则为"民族主义"。又创为"五权宪法",于西方民主政治立法、司法、行政三权外,又加以考试、监察两权。欲以考试权代替选举权,以学术来代表民意。其用心乃独出于同时诸学人之上。

又分革命为三时期,首为军政时期,次为训政时期,最后始为宪政时期。其言训政,取义已与西方所谓民主大不同。训政实承中国传统,需赖在上位者之学术自尊。而追随中山先生从事革命运动者,独少学术人才。故中山先生又有"知难行易论",深发其内心之遗憾。

近人言民主,则尽为英美式之民主。尊意见,不尊学术。言科学,则为自由资本主义社会下生活所需之一种手段。故当前之一切向往,实无以超出于民初之新文化运动。所谓"现代化",实主以现代中国化于英美,非求中国人文之自化。中山先生之冥心独会,则非近代国人之所能共喻而共晓。

欲明三民主义,先当明其主脑为首之民族主义。欲明民族主义,先当明吾侪之同为一中国人,同为从事于当前中国政治与社会之革新运动。以及重振吾民族之传统文化。欲明吾中华民族之传统文化,则儒学为其中心，而孔子则为集儒学大成之至圣先师。

以近代观念来言孔子，孔子既非一西方式之哲学家，亦非一西方式之史学家，又非一西方式之政治家，乃又非一西方式之教育家。惟释迦、耶稣、穆罕默德世界三大教主，其心胸意想，乃差得与孔子相拟。

但此三大教主，乃自处于人人之上。又其道乃超出于人人之外。而孔子则自处于人人之中，其道又不超出于人人之外。此乃孔子之更为伟大处，而儒学相传亦终不得成为一宗教。

以上言中山先生其从事革命，乃其任。其从临时大总统退位隐居沪上，乃其清。其先让位于袁世凯，其后又北上与段祺瑞、张作霖言和，乃其和。中山先生亦可谓集中国民族性之大成，不只为一儒，亦当为一圣。

中山先生之民生主义，亦当从中山先生之毕生为人中参入。而中山先生之民权主义，则实为三民主义中较不郑重之一项。故曰"权在民而能在政"，从政者之"能"，当更重于民众在野之有"权"。今人乃专重民权，不重治能，此则西方传统与中国之大相异处。此实非中山先生主要观念之所在。

然则何以复兴吾中华民族？何以复兴吾中华文化？当上师孔子，下师中山先生，深明其为人与其为道，会通合一而求，庶其得之矣。

若以近代人之功利观念言，则孔子在古代，其讲求之道一若无所成功。中山先生之于近代，政治活动亦若未有所成功。此当在民族文化大传统之全体上求，亦当在一时一事之现实的真情实意上求，此即中国文化精神之所在。

居近世而言国人之教育，上述亦庶其主要纲领之所在矣。

续　记

叔孙豹以立德、立功、立言为三不朽，后世儒者乃少称述。如孔子，于当世未见有大功，而立言永垂后世。孟子亦近似。是立言在立功前。《论语》子曰："有德者必有言，有言者不必有德。"斯立德为尚矣。

清儒颜习斋立言，颇嫌偏于事功。李恕谷从学，得交毛西河而微变。然西河私德远逊习斋，故颜、李之学亦终不昌盛于后。

晚清儒如康有为、章太炎，皆嫌其所言之偏事功。独孙中山德生于天，惜未有学者深阐之，则三民主义亦若为事功之学矣。

知识当分两阶层，先为"客观共通"之知，次乃"特立独行，成德尽性"，乃别为第二层知。

孔子十有五而志于学，三十而立，四十而不惑。志于学即志于道，不惑则众物之表里精粗无不到，吾心之全体大用无不达。五十而知天命，则一人而达乎人生之最高境界，吾道一以贯之矣。六十而耳顺，七十而从心所欲不逾矩，此惟"顺"与"从"二字，色则具体、声能抽象。耳顺则接触于外者无所不顺，从于心则一从乎己而于矩无违。斯即"一天人，合内外"之所至矣。

近代西方有自然学科与人文学科之分，自然学科之知识多属第一阶层，人文学科之知识始进入第二阶层。孔门儒学属第二阶层，庄老后起，乃反而趋于第一阶层。其所谓"道"，多属天道。衰乱世获庄老道家言，可得心安。斯则衰可复盛，乱可返治，而儒学可以得此而又昌。

诸葛亮教子书"澹泊明志，宁静致远"，澹泊、宁静乃庄老之学，而明志、致远儒学亦由斯立。西方人偏自然学，于人文学少深入。则衰而不复盛，乱而不复治。全部西洋史，其病在此。

耶稣乃犹太人，上帝事由彼管，凯撒事由凯撒管，分天人而二之。耶稣终亦上十字架。释迦乃印度人，会归天人于一，而惟求涅槃寂灭，此亦无当。

孔子生春秋末，上承中国历史文化传统二千五百年。创道设教传之今，又二千五百年。由天道展演出人道，由人道来辅相乎天道。"天命之谓性，率性之谓道，修道之谓教"，其所教，乃中国历史文化传统五千年来人生一大道。

自然知识主分，在外。人文知识主合，在内。其统于内者，本之一己之心，而外达于宇宙万世之人。

数学乃自然知识之基本，历史乃人文知识之基本。两手十指，数位以十进，乃本之人。一年十二月，数位以十二进，则本之天。中国有六十花甲子，十进与十二进会合运用，六十则周而复始，是数学即兼天人而合用。历史更然。司马迁言："究天人之际，通古今之变。"斯历史亦兼天人而合用。

人类历史迄今已由国别史演进到世界史，全世界国际形势已成一种共同自然知识。无此知，无以立国于天下。然国与国，形势不相同，而各有其所欲达。美苏之所欲达，与英法已不同。英法之所欲达，又与阿剌伯、印度、中国人、非洲人不同。故中、非、印、回之人，不得采用英法之道。英法又不得采用美苏之道。各有其道，以立以达，人文知识之可贵乃在此。

由身以达夫家，由家以达夫国与天下。身之本在心，人心有同然，故一人之心可以达于上下古今千万世之心之同然。而修身、齐家、治国、平天下，一以贯之。所谓"天人之际""古今之变"，其要乃在一己之心。

内心必通于外物，乃成其所谓"心"。夫妇为人伦之始，而孝则为百行之首。"孝子不匮，永锡尔类。"惟此心之一孝，乃可以"究天人之际，通古今之变"矣。孰攘其羊，斯为一种客观共同之知。惟为子者，不证其父之攘羊，斯乃一种人文各别之知。故又有外于事物以为知者，而有其主观独特之所知。人生直道乃其中。孟子曰："天下定于一，不嗜杀人者能一之。"此又岂发明原子弹与核子武器者所能知？

"政者，正也。子为政，焉用杀？"举一隅不以三隅反，则不得其正。尧舜性之，汤武反之，故禅让与征诛皆其正。父子世袭，亦可与民众选举同得其正。一切之正，则皆在反之于己心。西方人之正，则惟在听人言，不贵反己心。

中国人又好言"体用"，更贵言"全体大用"。亦可谓自然是体，人文是用。人文能与自然会为一体，始见人文之大用。

目是体，视是用；耳是体，听是用。然耳目仅身体中一器，故视听亦仅一偏狭之用。须能以视听为全体生活之用，更能以视听为生命大体之用。而生命则尤贵其为天地之用。此视听始得为聪明，而其人乃得谓之圣。

中国人又好言"精、气、神"，亦可谓气是其体，精、神乃其用。《易》言"阴阳"，又言"动静"。"精"乃其阴与静处，"神"乃其阳与动处。中国人又言"聚精会神"。凝而聚则为精，会而通乃见神。故中国人言"精心"，又言"心神"。"精"是其功夫，"神"则其作用。孟子言："圣而不可知之之谓神。"则圣德而上通于天矣。

儒家言"天"，道家始言"气"。宋儒则言"心"，亦是气。故言"心神"，亦言"心气"。但言"气质"，言"心灵"。物只见质，心始有灵。人为万物之灵，万物中有生命。惟人生始见心，而圣心则其灵为神矣。

西方自然科学，以人之心灵深入物质中去，而物亦见灵，如计算机，如机器人，如原子弹，如核子武器皆是。然心陷物中，为物所限，其于心灵之神通转为害，不为利。近代人类之大病乃在此。

中国古代儒家重人文，好言天。道家重自然，转言气。阴阳家承道家而求挽归之于儒，乃将宇宙万物分别归纳为五德、五行。不论有生、无生，胥以"德行"说之。其说普遍流传及于全社会。近代国人每讥以为迷信、不科学。然苟能以西方科学善加发明，实多西方科学中未经发明指示之新途径、新趋向。

宋儒继之言"变化气质"。乃用"气质"二字来指人之心性，而用"变化"二字来使自然一归宗于人文。

盈天地万物皆有质，而各别有不同，宋儒名之曰"理"。气中有理，乃见其互不同。此不同乃其德，德表现而为行，德不同则行不同。心则仍属气，而其会通运用此各不同者，则仍在心。分别而条理之，则见理。会通而运用之，乃有道。故理有限制性，无作用性。一切作用则仍在心。亦可谓气乃限于自然作用，而心则涉及人文作用。

近代西方科学认作用皆在物，而心仅有知，此与中国人所认之心之观念大不同。

心作用可分期，曰成长期、强壮期、衰老期。成长期贵有教育，强壮期贵有作为，衰老期贵能存养。人之幼年教育，乃依前人之成长过程为经验，而加以教育。老年存养，即存养其有生以来所受之教育。

衰乱世如人之老年，贵能存养其以前治平世之所遗留。其事若退而仍有进，若常而仍有变，若恋旧仍能希新。《易》言："穷则变，变则通。"实非变此穷，乃穷而能返其前，始获得变而通。孔子居穷世，而能守以前历史上尧、舜、禹、汤、文、武、周公之旧，则其下自有变。故孔子之学则曰："述而不作，信而好古。"

庄老道家则必更推而上之，至于黄帝。其次乃有许行为神农之言。《易·系辞》乃犹上推之庖牺氏。上推愈古，则益见其本源之深长。西方史则如乱流横灌，无本源可寻。希腊、罗马，现代国家英、法以来，又有当前之美、苏，则其将来作何变化，又谁得而知之？日变日新，所谓"歧途之亡羊"，亡羊而补以牢。西洋文化重物不重人，或其所谓进步正在此，而又何立德、立功、立言三不朽之足云。

（一九八四年夏作）

庄子『薪尽火传』释义

《庄子·养生主》:"指穷于为薪,火传也,不知其尽也。"一寓言,一喻辞,寥寥十三字,文学哲学同臻上乘,传诵至今已逾两千年。犹当继承不绝。中华文化绵延之可贵乃如此。

庄子之所谓"火",非实体,乃一抽象名词,而有落实于形象之作用。扩大言之,今人所谓之文明与文化,略可相拟。而庄子语则乃归文化,非限于文明。庄子之所谓"薪",乃以喻一些具体可指数之物。人亦自然中一物。但千万年前人与千万年后人,自人文大化言,大体相同,无大差异。故人亦当属一抽象名词,非可限于具体。西方主个人主义,故其所谓人,每限于具体,而违离于抽象。与中国人所用之人字,传统不绝,与天相伦,偏重于全体抽象者,含义大不同。

宇宙万物各必消散有尽,人亦然。而中国人所谓之道,则可承可传,扩大无穷,绵延不绝。但可传之道,即在人身,即此有尽之物上。使无可尽之物,即亦不见此无穷之道。中国人之所谓"持其两端",又称"天人相通",要旨即在此。《太史公书》所谓"天人之际,古今之变"者,其所谓之"际"与"变",皆属抽象名词,其要义亦即在此。此乃指"道"言,即在每一人生个体演化之过程上,即人类历史上,决非指各自分别之一身一物言,即非指每一人身之具体生活言。

先秦儒家对此义已先言之。《论语》曾子曰:"士不可以不弘毅,任重而道远。仁以为己任,不亦重乎?死而后已,不亦远乎?"儒家言仁,即犹人心之火。己之一生,则为当尽之薪。使无薪,又何来有火。使非有人身以及人心,又何来有孔子所谓仁之一大道。

孔子又先曾子言之,其言曰:"道之不行,吾知之矣。"此所谓"道",乃指自己一身之行为。孔子当其身,其道不能行。此非道之不行,乃指此道不能行于孔子之当身。而孔子当时所欲行之道,传世大行,迄今已逾两千五百年。自孔子之卒,有孔门弟子,以迄于子思、孟子之继起,以至于历代儒者之相传,此即薪尽火传一实例。人即是薪,而道则是火。故薪尽火传,亦即人身之相继死亡,而其道则传。中国人之重视历史,其最要意义即在此。

孔子又言:"志于道,据于德,依于仁,游于艺。"孔子所志之道,即如庄子之言火。火无体,而有其用。中国之所谓体,实即在其用之中。故曰:"执其两端,用其中于民。"两端非体,中则即用。中国乃即用以为体,非有体始有用。中国人之语"道",亦重用而轻体,其意致乃如此。故人身非即道之体,而道之用,则必在人之身。如此体用可辨。火亦即用以为体。故燃烧为火之用,亦即火之体。人生即如燃烧,为道之体。中国人之重抽象更胜于其具体,故视其生更重于其身。其生无道,其身又何足贵。故必修身为养生之要。

身之要义在其生,即在其人身各己之德。其德之发,最大为仁,仁则必见之于礼,礼则人生之大艺。艺属行,而行则不必尽是艺。故人生乃天行之最高最大者,然非即人生而皆然。德在其性,德各异,其本在于性。性则人各有之,其本在于天。人道之仁在其心,心则附于身,但身不能尽合于其心,而心亦不能尽合于其仁。故身乃人生之小体,而仁则为人生之大体。"一天人,合内外"乃为人生中最高最大一圣人。一切人文,自天之大道言之,则仅属艺。孔门儒家言人生,最重仁义。仁义本于人之性,即本于天,发于性,必求有所中,故谓之艺。仁义乃由人以达天,亦仅一艺。儒家言人生重性命,亦重言艺。性命之在宇宙间,发自天而赋于人,又发自人而中于万物,岂非一最高之艺而何?仁义乃人道,而性命则属天道。但凡属人道,必求其皆合于天道,此谓最高之艺。故凡中国人之大道皆求合于天,乃皆属艺。人道即在天道中,仁义亦即在性命中,不失仁义得全性命,此则为人生之最高艺术。故人生之最高理想,皆应为性命的,道德的,仁义的,此非人生之最高艺术而何?

中国古人以儒为术士之称。术士乃有术之士,即有艺之士。古人之所谓"艺"，其数有六。礼、乐、射、御、书、数为六艺。数为六艺中之最卑微者，而礼则为六艺中之最高大者。故《诗》云"相鼠有体，人而无礼"，鼠生必有体，人生则以礼为体。西方主个人主义，中国人之言人则不指个人，乃指大群。惟群体乃得为人。礼实即人生之大体，故礼该包括全人生而为人生中之最要最大者。故中国人言修、齐、治、平，必至于平天下，乃达于礼之至。

孔门之教"博文约礼"，博文在其先，约礼在其后。言文与礼，皆其艺。凡艺既是术，亦即是道。十年树木此需艺，百年树人则需道。苟无六艺，又何道教人以为人，又何得成为儒？亦无儒者之所谓德。故孔门之艺与礼及文，皆具教养义，亦具生长义，实即如庄生所指之积薪。由薪成火，皆须教养生长，亦即须有艺。而火则可传，实以喻道。"薪尽火传"，此即人有生死，而道则永传之喻。生死皆有礼。天地自然之相传则曰生死，而人生大道则于其生死又必有礼。

老子后于庄子，其言始变，乃曰："失道而后德，失德而后仁，失仁而后义，失义而后礼。礼者忠信之薄，而乱之首。"此乃言人生之末世，较之庄子远为不伦。实则道即本乎德。苟非人性有德，何来人生之道。德即本乎人性之仁。浅言之，人心相通处即为德为仁。苟非仁，何云德？仁必通于人人，德则具于各己之心。苟非人人之同其心，则又何道之有。而人心之相通，则见于礼，故礼本于诚。仁又必见于义，苟无义亦不见其为仁。义则存乎礼，苟非礼，亦无以见其义。故人性之德，乃其抽象。而仁与义，则较为具体。人生言行，凡属于礼者，则更具体。忠信之薄而乱之首者，乃为末世人生礼之失其宜而流于伪，非礼之本始与真诚。故孔子曰："人而不仁，如礼何。"礼即其薪之积，而道之与仁则其火之传。老子只言衰乱之世，故有此失。

《韩非》书有《解老》《喻老》篇。韩非为法家之祖，司马迁《史记》则谓："申韩源于老庄，而老子深远矣。"但深论之，申韩乃源于老，非源于庄。老子较申韩为深远，而庄子则较老子为更深远。此必知《老子》书之晚出于庄周，仅言衰乱世，乃可得其意之真。

今姑专就庄生一家之书言，内篇七篇中之《齐物论》，儒墨是非，庄生一以视之。此亦有深意。苟非父顽母嚚，则无由见舜之大孝。非洪水为灾，则无以见禹治水之大德，而亦何来有尧舜之禅让。非桀纣之甘居下流，亦无由见汤武之征诛。非汤武征诛，亦无以见伊尹之任与伯夷之清。非近代敌国外患之纷至而迭起，亦无由见孙中山先生以"民族主义"为首之"三民主义"之深心。故孔子言："执其两端，用其中于民。"中国语言文字，每好连举两端，如是非、得失、治乱、兴亡、死生、成败，如此类者不胜举。此可谓正反两面，实皆为成火之薪。宇宙间宁有有盛而无衰，有治而无乱，偏于一端之大道？

孔子五十而知天命，六十而耳顺，七十乃从心所欲不逾矩。知天命，自知人生之同时具有正反之两面，于是所见所闻乃可皆得其理，而莫违于心。故曰"耳顺"。惟在己心即道之自守，斯则从心所欲而不逾矩矣。儒家但求有方可守，故必言矩，故一切修养皆本于己之一身。道家庄周则谓"得其环中，以应无穷"，乃不言方而转言圆。此则又儒道之相异。孔子又曰："不得中行而与之，必也狂狷乎。狂者进取，狷者有所不为。"孔子之所谓中行，亦必有方可循不逾矩。故后人谓之大方之家。至于圆之一中心，宇宙乃一莫大之圆，人人乃可各得为其一中心。故道家言圆，其实乃无中心可守。

今再深一层言之。庄周即儒家之所谓狂，而老子则不失为一狷。庄老合称道家，较之儒，则皆见其为狷。而颜、曾、孟子，则同样不失为一狂。惟孔子乃中行之大圣，所谓圣之时。然自宇宙之大道言之，则孔子亦仅为其一薪。薪必由火传，使无颜、曾七十二贤，又何来而成其为一孔子。此则不可不知。

要之，凡吾中国人皆当知己之即为一薪，但可以传火。则有守有为，有体有用，庶乎得之。《中庸》言："天命之谓性，率性之谓道，修道之谓教。"凡性皆属薪，凡道皆属火。而此道犹须修，犹须传，则必由于有所师。孔子乃最能修其道而传之，故中国人群尊孔子为至圣先师，又谓其贤于尧舜远矣。

尧舜乃当时最高政治领袖一榜样，而孔子则为自有人生以来一榜样。其贤于尧舜者在此。《荀子·礼论篇》言："礼有三本。天地者生之本也，先祖者类之本也，君师者治之本也。无天地恶生，无先祖恶出，无君师恶治。三者偏亡焉无安人。故礼上事天，下事地，尊先祖而隆君师，是礼之三本。"此即清儒所言之"天、地、君、亲、师"五字之来历。但亲之本在己在性。君师之本则在外在命。从《荀子》此章之言言，天地实亦皆火，君亲则亦仅是薪，而师则和会天人，融通天地大自然与君亲人文而一之，以承其道而传。故本于荀子之性恶论而言，人文大道应尊师。有师传，有师教。《庄子·内篇·大宗师》后有《应帝王》，庄生之意，乃谓人生必先应有师，而后始能王。较之儒言师道与君道之先后起迄，若更为鲜明。实则人生大道自历史大事言，应先有帝王，乃始有师。师道应在王道之后。故君亲师亦君在前而师在后。此又儒道两家之相通而实相异，相异而实相通处。

儒家论君师，更重在其论治平，则君师实一道，而儒家则更为深远矣。道家之视儒家，则更善言天过于其言人，此亦道家之不如儒家处。如其他民族之宗教，则过于重言天，为中国文化传统中所无。能明中国儒道两家之言师，与其他民族宗教之相异，乃可更发明庄生薪尽火传之精义。

又曰有所思，夜有所梦。孔子梦为周公，而庄周则梦为蝴蝶。周公乃人文中一大宗师，而蝴蝶则为自然一小玩艺。然周公与蝴蝶亦同一存在流行于天地间，而各有其相传不朽处。斯则孔子与庄周之所梦，亦即同为中国历史文化传统大道之两端之所存矣。读者其亦使此两者同归一类而深思之，庶亦可以深明乎中国人文传统之大旨所在矣。

（一九八六年七月作，载《联合报》副刊）

略论中国历史人物之一例

一

中国传统之学，共分经、史、子、集四部。经学只是几部最古老的书，为吾国家民族学术著作尚未大量发展以前所保留，故仅只有五六部，此下即不再有增添。是实为中国古代未有正式学术史以前之著作。直到有了史、子、集三部分，此下乃继继承承，中国才可算得正式有学术史。中国之有史书最先群推为乃"六经"中之《尚书》，但《尚书》仅历史文件之汇集，非可谓乃一部专门性的史学著作。并其书中最先之《尧典》《舜典》《禹贡》三篇，皆出自孔子以后人追写。故严格言之，中国史学之正式著作，实当以孔子之《春秋》为最先第一部，此下《春秋》亦列入"六经"之内。《春秋》以下的第一部史书应推孔子《春秋》之《左氏传》。又其次，有《国语》《战国策》，则亦如《尚书》般，乃史料编集，非史书著作。直待西汉时司马迁《太史公书》，又称《史记》，乃始为中国史部正统"二十五史"之始祖。为中国此下最具规模、最受人重视之第一部史书。

中国"二十五史"又相传称为"正史"，每一史中共通分为三部分：一为"纪传"，一为"志"，一为"表"。纪传乃为"二十五史"中之主体，志与表仅如附属，份量不大，价值意义亦居较次要之地位。故纪传一部分，在中国正史中，其地位价值亦特高。纪传之主要特征，乃一种"人物史"。故中国史书传统，可谓人物传记乃其主要之中心。亦可谓中国史学，主要乃是一种人物史。此语决无有误。而中国社会之重视人物，则远自上古已然。司马迁只承袭此风，决非由彼一人特创，加以提倡。

二

今姑就中国古代重视人物之故事，至今犹为人人所知，而其中尚有一特点，乃或不为人所注意者，特举一例说之。如虞舜，或为当时一小吏，即"虞"。虞，乃在山林中管理野兽，以预防不虞之灾祸，实只一小吏。其父性顽，其母已丧，继母性嚚，生一子，即舜弟象，一家四人。父信母谗，屡欲杀舜。但舜都巧为避免。而终不离家，行孝不变。其事乃广播乡里间，以至上为当时中央政府之天子唐尧闻知。尧心重其人，但未知所闻之确实与详细，乃下嫁其二女为舜妻，俾可得闻舜之为人之详。及尧深知舜之为人，乃擢之为朝廷大臣，并使摄政。又禅位。其事距今已远在四千年以上，而当时中国社会之重视人生道德，此一特点，已属大可称诵。

今再举第二位，为三代中殷商之开国首相伊尹，战国时孟子称之谓古代三圣人之一。此三圣，乃尧、舜、禹、汤、文、武高居政治首位为天子之圣以外的平民阶级之圣。而伊尹为之首，乃当时有莘之野一农夫。但他有志，要使他的时代，为君者亦如尧舜，而为民者亦如为尧舜之民。他自负此绝大的责任，远离其乡，到夏桀所居之首都去。但他无缘得见为天子之桀。又远赴当时最有名的诸侯商汤之都去，但也无机缘得见。五去桀，五去汤。适汤缺一庖丁，伊尹得机缘去充当此职务，遂得近汤。汤对之大加欣赏，乃擢为首相，革命伐桀，开商代之盛运。故孟子称伊尹为"圣之任"，谓其能以治平大道之重任自居，而终亦成其志。此后汤先卒，其子太甲即位，不肖，不能继承其父之道，伊尹因之羑里，自任天子位。及太甲悔悟，伊尹乃迎之归，仍以天子位让之。其为人有如此。

今再讲第三、第四人，即周代太王之子泰伯。周太王共三子，其第三子生一孙，即后世之文王，自幼即甚聪慧，祖父深爱之。泰伯知父意，乃告其弟虞仲，两人以为父采药为名，远避至荆蛮之邦，即今之江苏省。周太王死，幼子王季即位，下传孙文王，"三分天下有其二，以服事殷"，乃为周代此下得天下一实际至要人物。故孔子曰：

"泰伯三以天下让，民无得而称焉。"泰伯乃以采药不返先离国，无让位名。抑且所让实天下，非仅一国。此种关系，一般人不知，故无得而名。

吴泰伯远至荆蛮，其所居在今江苏省无锡县之东南乡，离余家不到五华里处一小丘，俗称皇山。东汉时，梁鸿偕其妻孟光又来此隐居，故此丘又称鸿山。与无锡城通一水，称梁溪。每岁清明节，环山周围十华里内，村民必群来吊祭。余幼时亦常往。直到今，有一美国人，译余所著《八十忆双亲》一书，亲访余故乡。告余，适逢清明去泰伯墓吊祭游览者，尚不下数千人。又有《泰伯梅里志》一书，详志此乡古今一切人物故事。余在日本与美国各大图书馆均见有此书。则泰伯虽让位远居蛮夷中，其德望声名，受后人之敬慕吊祭，亦已逾三千年而不绝。又泰伯弟虞仲，则居今无锡邻县常熟之虞山，亦为一名胜，亦至今祭祀不绝。

距泰伯、虞仲后，有伯夷、叔齐兄弟，当与周文王同时，孔子称之为"古之仁人"，孟子则以伯夷为"圣之清"，与伊尹同列为圣。伯夷父为当时一小诸侯孤竹君，生前爱其幼子叔齐。其卒，伯夷当承位。乃语其弟叔齐：父生前爱汝，愿以君位让。叔齐不允，谓岂有攘兄位而居之理？遂兄弟同逃去，国人立其仲子为君。其时尚在今三千年以上。伯夷、叔齐既让位，去至周，受地以耕，为农自活。及武王伐纣，伯夷、叔齐在大军行道上叩马以谏。武王拒不纳，但不加罪，仍放之归。武王为天子，伯夷、叔齐不愿再以耕稼自活。因耕稼必向政府纳税，伯夷、叔齐耻为周民，乃释田不耕，避之首阳山中，采薇为食，营养不足，终以饿死。孔子称之谓"求仁而得仁"，孟子尊之为"圣之清"。

伯夷兄弟可谓与伊尹天性不同，一积极，向前有为；一消极，退后无为。然其同归心于人生大道，则无二致。后代司马迁为《史记》，遂以《伯夷列传》为七十列传之第一篇。韩愈有《伯夷颂》，称为"举世非之，力行而不惑，千百年一人"。伯夷之见重于后世，可谓与伊尹相伯仲。

三

以上称述皆中国上古之大圣。其次要说到春秋时期，追随晋公子重耳出国逃亡的一位人员。晋公子重耳，乃春秋时代一位不世出之大英雄。其出亡在外，有五人随行，皆晋国一时人才。晋公子返国为君，此五人皆襄助成其霸业，且传后八世之久。但当时从亡，充当杂役，尚多不在此五人之列者。晋文公即位为政，他们皆不得预闻政事，退而在野。文公曾加颁赏，但忘一介子推。或谓介子推亦在五臣之列。但晋文公一代贤杰，不应相随偕亡十九年而忘之。今故不采此说。介子推不自表白，其母从子意，亦不相强。后晋文公复忆及之，乃赏以介山之田。

此事见《左传》，《史记》亦同。但刘向《新序》则谓文公待其出，不肯。求之不能得，以为焚其山宜出，遂焚山。子推母子终不出，被焚死。《庄子·盗跖篇》则谓："介子推至忠，自割其股以食文公，文公后背之，子推怒而去，抱木而燔死。"是《盗跖篇》作者亦知介子推焚死故事，其误说则不可信。又按《荆楚岁时记》引《琴操》曰："晋文公与介子绥俱亡，子绥割股以啖文公。文公复国，子绥独无所得。子绥作《龙蛇之歌》而隐，文公求之不肯出，乃燔左右木，子绥抱木而死，文公哀之，令人五月五日不得举火。"陆翙《邺中记》云："寒食断火起于子推，《琴操》所云子绥即推也。"今按：此见《庄子·盗跖篇》之说，亦自有本，惟不如《左传》《史记》及刘向《新序》之可信，此则断然者。

今并有他说，再当申论。即太史公叙述介子推事，虽与《左传》同文，但太史公未见《左传》其书。否则《左传》乃先秦一部大史书，太史公果见之，不应不提其书名。盖《左传》亦荟萃群书而成，太史公应与《左传》作者同见此一记载介子推之原文。即刘向《新序》亦同见此文，而较《左传》作者与太史公两人所见则更多最后焚山一事。或刘向乃自更见他书，今已不可详考。即《战国策》一书亦由刘向所编辑，以前未有成书。至《左传》，则刘向子歆始见之，语详余之《刘向歆父子年谱》。清儒章实斋《文史通义》有《言公篇》，已发其义。余此所论，乃足为章氏《言公篇》作强有力而意义价值甚高一旁证。非由余之创见。

晋人有"寒食节"纪念介子推，其事不知起于何时，介子推之名，乃永传于全国而不朽。孟子曰："圣人先得我心之所同然。"中国历史上人物之逸闻逸事，如介子推，纵有不可尽信处，要之，亦见吾中华民族人文相传之内心深处，有大值阐扬者。而岂介子推一人乃得为两千年来一不朽之人物乎。

《左传》书中，如介子推一类之人物，两百数十年内尚多有之，兹不详述。又《史记》载晋屠岸贾尽诛赵氏一家。赵朔妻生一子，屠岸贾搜之未得。赵氏门客公孙杵臼问朔友程婴："立孤与死孰难？"程婴曰："死易，立孤难。"杵臼曰："子强为其难者，吾为其易者，请先死。"乃共谋取他人婴儿，杵臼与之匿山中。程婴以告屠岸贾，遂杀杵臼与婴儿。而程婴遂携赵氏孤儿匿山中，居十五年。晋君获知赵氏之怨，遂诛屠岸贾，赵氏孤儿重得立。程婴曰："昔下宫之难皆能死，我非不能死，我思立赵氏之后。今赵武既立，为成人，复故位，我将下报赵宣孟与公孙杵臼。"乃自杀。此事不见于《左传》，亦未见于孔门儒家及战国时人之称道，其事独见于《史记·赵世家》。《左传疏》谓乃司马迁妄说。但史公必有据，当亦稽之上代传记而书之。直至元代，乃有人编造为《搜孤救孤》一剧本。传译至欧洲德国，倍蒙赞赏。谓中国人作此剧时，彼辈尚在树林中投石掷鸟为生。今京剧中亦尚传此剧。

今以上述介子推与此公孙杵臼、程婴三人言，论其身世，皆在春秋时代。其社会人事，已与西周以前有大不同。故论此三人之生平，则仅是当时社会一低级平常人，其身分地位较之上述虞舜、伊尹以及伯夷诸人大不同。但论其德性，则实与大舜以及伯夷诸人，乃同民族、同血统、同道统，实应无大相异，故得同为中国一历史人物。此下尚当稍述几人，皆于此三人略相似，而与本篇伯夷以上诸人，则其身分地位有大不同。幸读者能深思而同视之，则庶可悟及吾民族道统大源之所在矣。

又按《汉书·艺文志》，先秦诸子分为九流十家，最后为小说家言，与上列之九流不同。稗官野史，称为"小说"，与"正史"有不同。此如后人传译佛经，亦有大、小乘之别。今如上述介子推、程婴、公孙杵臼之故事，皆应列入古之小说家言中。后代自宋、元以下之小说，皆当从此上古之小说家言演变而来。亦与西方文学中之所谓小说有别。此亦双方学术文化相异一要端，不当不辨。

四

战国记载益详，介子推、公孙杵臼、程婴类之人物更益多，兹不及。下至秦代，陈胜、吴广起兵，列国兴起。汉韩信率兵伐齐，齐亡。其君田横，逃亡一海岛中，宾客五百人随之。高祖得天下，派人至岛上告田横：来至中国，非王即侯，不来当兴兵讨伐。田横遂偕其客两人同登陆。高祖在洛阳，田横行距洛阳一驿，告其两客：汉皇仅欲见余一面。余在此自杀，两君携余首往，颜色当不遽变，是汉皇尚及一见余面目，遂自杀。两客急携其首至洛阳，见高祖。高祖大惊，遂封两客为官。但两客亦竟自杀。高祖益惊异。急命人至岛上，招其五百客。五百客闻其事，尽自杀，竟无一人生。

此一故事，流传中国特近千年，迄至唐代韩愈过田横墓，特为文吊之。至今又一千余年，国人当犹知有田横其人。更可嗟叹惊羡者，乃其宾客五百人，俱无姓名可考，岂不杰出一如田横？田横为人之详，亦无可他求，亦仅知其此一故事而已。要之，田横乃一亡国之君，而获五百宾客之爱戴有如此。其得后世人之仰慕又如此。田横固难得，其五百宾客之爱戴田横则更难。乃其获吾中华民族两千年来之爱戴不休，则又更难得。此非仅田横一人之可爱，实乃吾中华民族五千年来之同心同德有如此，则尤其更难得矣。

今再论汉代元帝时，宫人王昭君，自恃美色，对诸画工不肯行赂。画工图其相上呈，故肆污漫，乃终不见召。但昭君寄居宫中，较之民间自已不凡，宜堪解慰。乃忽匈奴单于来朝，愿为汉婿，自请和亲。元帝乃命以昭君下嫁。应得召见，乃始睹其色貌之美，并进退辞令之佳，遂深悔之。但既成定局，不得已，终遣之行。而画工则遭弃市。昭君终日坐冷宫中，一旦远婚匈奴单于，高居人上，应亦当稍堪自慰。但国人终为昭君抱怨，诗歌、词曲、传奇、剧本，直到今两千年不绝。但亦非慕昭君之美色，仅伤昭君之遭遇。此亦所当明辨。王昭君乃亦成为中国历史上一位有名人物，而国人仰慕之如此。余曾亲游长城外原为南匈奴旧地之绥远，尚有昭君墓遗址，亦曾一为凭吊。

余又尝读《汉乐府》，有一首，其开始四句言："上山采蘼芜，下山遇故夫，长跪问故夫，新人复何如。"此一女，乃不知其姓名并一切之详，但知其已嫁，为夫离去，无以为生，乃至采山中蘼芜饱腹。俨如伯夷、叔齐之隐首阳山，采薇而食。乃适下山，逢其故夫，曾不稍加怨叹。并长跪问夫，新人如何。即此二十字，此女亦足常传千古，供国人之敬叹欣赏矣。傥以此类事，求之中国之诗文集部，则较之史部决不逊色，或更丰富有加。今姑不详述，读者有意依本篇题意广为搜求，实当有难穷难尽之叹。姑再举一例以终吾篇。

五

当南宋时，有程鹏飞被俘于金人张万户家为奴。张以所获宦家女妻之。既婚三日，即窃谓其夫曰："观君才貌，非在人后者，何不为逃亡计？"鹏飞疑其试己，诉于张，张遂棰女。越三日，女复告其夫："君若逃亡返宋，必可出人头地，否则终为人奴。"夫愈疑之，又诉于张。张遂命出之,卖于市人家。女临别以绣鞋一易其夫一履,泣曰:"他日期执此相见。"鹏飞感悟,终亦逸去,奔归宋,以荫补入官,历官闽中安抚使。宋亡。元初,官至陕西参政。与妻别已三十余年,义其为人,未尝再娶。至是,遣一仆,携鞋履往访。知已为尼,遂访之尼庵中。故遗鞋履于地,女见之,询所从来,曰:"吾主程参政使我访求主母。"女乃亦出鞋履示之,相合。来访者即拜曰:"汝乃我主母。"告以参政念之,未曾再娶。于是该处地方官派车马送女至陕西,遂得重为夫妇。

此一故事,余见元代陶宗仪之《辍耕录》,又见于《图书集成》所收明蒋一葵所辑《尧山堂外记》,两书所载大体相同。但《辍耕录》载夫名程鹏举,《尧山堂外记》则夫名程万里,至柯劭忞《新元史》则名程鹏飞。其妻在《辍耕录》及《新元史》皆不载其名,《尧山堂外记》则称为统制白忠之女名玉娘。今人编为剧本,则称韩玉娘,又不知何所本。

今再深言之,剧中此女固可贵,而中国社会之人人皆知敬爱此女,此一性情,实更可贵、更可珍重。当时此女一人之心,实乃我中华民族五千年来世世人人之心,而此女则得此心之同然。不仅此女一人如此,本篇上举诸人及中国全民族,大体心情实应皆如此。我何以自识吾心?读吾民族历代之史传与历代文学作家之作品,时时处处,实可自获吾心矣。

故中国人以史为鉴，鉴古而知今。读古史古文，斯即如读者本人所备之一面镜子。我不能自识己面，观于鉴，即可自识己面。我不能自识己心，读史乃至读古人集部，乃及其他诸书，而己之心亦自见其中矣。故常读中国史，常读中国古人书，文学说部之类，乃不啻常遇一知己者晤谈，常获一知心好友相聚。如常搔到己心痛痒处，喜怒哀乐之情，不禁油然而生。而己之为人，亦自得自在为千古相传之一不朽人，常在我民族之传统心情中，而不复遗忘矣。

如上举诸人，岂不有极易为者，而岂独惟我乃不能为？故颜渊曰："舜何人也，予何人也，有为者亦若是。"此之谓"民族自信"，即"文化自信"。吾中华民族将来之得久，当惟此一道可循。而惜乎今国人乃并此而不之知，亦不之信。

孔子欲居九夷，门人谓九夷陋。孔子曰："君子居之，何陋之有。"居今日，傥有吾中华君子出游欧美，则吾中华民族五千年文化相传之心情，亦当随之宣扬，又何居夷之堪虞而堪叹。今再举一人，以与本篇上述相辉映。

百年前山东有一华侨，名丁龙，居纽约。林肯总统时代，一将军退役后一人独居。雇一男仆，治理家务。但此将军性好漫骂，仆人辄不终约而去。丁龙亦曾为其家仆，亦以遭骂辞去。后此将军家遭火灾，独居极狼狈。丁龙闻之，去其家，愿复充仆役，谓其家乡有古圣人孔子，曾教人以恕道，曰："己所不欲，勿施于人。"今将军遭火灾,独居,余曾为将军仆,闻讯不忍,愿请复役。此将军大叹赏,谓:不知君乃读书人,能读古圣人书。丁龙言:余不识字,非读书人,孔子训乃由父亲告之。将军谓:汝父是一读书人,亦大佳。丁龙又谓,余父亦不识字,非一读书人。祖父、曾祖父皆然。乃由上代家训,世世相传,知有此。此将军大加欣赏,再不加骂,同居相处如朋友。积有年,丁龙病,告将军:余在将军家,食住无虑,将军所赐工资,积之有年。今将死,在此无熟友,家乡无妻室,愿以此款奉还将军,以志积年相敬之私。丁龙卒,此将军乃将丁龙积款倍加其额,成一巨款,捐赠纽约哥伦比亚大学,创立一讲座,名之曰"丁龙讲座"。以专门研究中国文化为宗旨。至今此讲座尚在。但余居北平教读北大、清华、燕京三大学,教授多数以上全自美国留学归来,亦有自哥伦比亚毕业来者,但迄未闻人告余以丁龙事。及余亲去美国,始获闻之。及归港、台,乃为宣传,并以与台湾之吴凤并称。

中国人相传,称龙凤为灵。如丁龙、吴凤,真亦人中之龙凤矣。自余称述丁龙后,乃有人继余言作《丁龙传》一书,然不久又为人淡忘。迄今仍不闻中国学人谈丁龙。甚至吴凤,余今久居台湾,亦少闻人谈及。中国"二十五史",最后一部为《清史》。傥仍保留有史学传统不失,则《清史》中必当有丁龙、吴凤其人。要之,民族文化之传统已中辍,即此事可以作证。

今日西风畅行,人人以经商牟利求富,组党参政谋贵,为人生两大目标。近之如丁龙、吴凤，远之如本篇上举，自舜以下迄于如介子推以下诸人，尚何得而再见。即如历史，自"二十五史"外，此下之国史又将成何模样，具何体统？此诚无可轻加拟议，又大值嗟伤之事矣。久怀在心，终不免笔而书之。直言无讳，幸国人恕之，不加深责，则诚不胜其私幸矣。然而古籍具在，使非尽加焚毁，复有读者，亦终知余言之具有实据，终非虚发矣。

（一九八六年十二月为《国史馆馆刊》复刊第一期作）

世界孔释耶三大教

一

人生不能脱离时间、空间，故人之成人，亦必随时、地而相异。孟子言"知人论世"。世乃兼指时、地言。中国无宗教，但孔子终不得不谓乃中国一大教主。欲知孔子，必该知孔子之时与地。孔子最仰慕周公，然孔子所生之时与地，与周公不同，斯孔子为人亦不能与周公相同。学孔子者时与地亦各不同，斯其所知于孔子者，亦复互相异。如荀子与孟子异，汉儒与孟荀异，宋明儒又与汉儒异。精而辨之，东汉儒与西汉儒异，明儒与宋儒异。近百年国人之知孔子，又与百年前清末诸儒有大异。即论孔子当时后进弟子，亦复与前进弟子异。在后进弟子中，子游与子夏异，曾子与有子异。故两千五百年来，凡为中国人，无不知孔子，而所知亦无不互相异。汇此各异，乃见孔子之大。然又孰为真知孔子？其及门中，首推颜渊，孔子已言之。后人于孔子孰为最真知,则待后人自定。然以孔子之大,恐自谓真知孔子者或不知,自谓不知孔子者转有知。要之,能知孔子之大,斯离孔子之真亦庶乎其不远矣。

二

释迦生印度,与孔子略同时。印度与中国地大异,而释迦之为人与孔子亦大异。中国以农立国,民生勤劳。印度处热带,生事易足,摘食树果,亦足果腹。故其民逸居而多思。释迦又一王太子,生事更逸,乃更多思。生、老、病、死,尽人所同,释迦于此转多思。实因释迦生长王宫中,不有所思,何以度日?而在王宫中亦无可思,乃思及此人生同然常见事。复何可思,而思之不已,乃对人生生厌倦心。离家出走,但终亦离不开此人生界。而所思亦终无解决之道,乃枯坐菩提树下得悟。觉人生终脱不了生老病死,惟有根本消灭生理一途。

释迦于人生无大委屈,无大苦痛,亦非有自杀之念,亦不劝人自杀,仅劝人出家,从事修炼。但修炼仍不离逸居闲思。故佛教近似西方之哲学家,长于思维。只其思路有限,并似杜绝生机。常此演申,佛教思想终于不得不告停止。又其教,既不尊天,亦不尊佛,出家仅求解脱。诸佛渐多,而斯人生理终于不绝。于是信心渐减,其在印度乃久而自灭。

其传入中国则不然。中国传统文化自有一套。佛教东来，先与庄老合流，次又与孔孟儒家汇通。中国人本以勤劳为本，修行为重。出家为僧尼，则自别有一套修行。但论其究竟，终不能忘弃孝道。又传译经典，并增注疏，勤劳亦如儒、道。则中国僧侣内心外行，仍不失为一中国人。绵历既久，乃自操作，自耕稼，自谋生理，则显更仍是一中国人。天台、禅、华严三宗继起，而佛教遂完成其中国化。中唐以下，中国人心中乃有孔子、老聃、释迦三人。释迦亦似成为一中国人，与其在印度王宫中及菩提树下之释迦大不同，而佛教乃成为中国文化之一支。

三

其次有耶稣，乃欧洲犹太人，其生远后于孔子与释迦，生地更远，其与孔子、释迦自必相异。犹太人在当时，常为一流亡被奴役之民族，与中国、印度皆不同。于人间世无多期望，乃期望于天，希有一上帝给以援助。印度人则易于生事，遂亦轻视上帝。中国农人勤劳，仍觉天可尊复可亲，其态度适介印度、犹太两民族之间。

犹太人视尘世多罪恶，印度人于尘世则无亲无仇，惟感倦怠。中国人又适介两者间，认为人性有善有恶，上天有奖有惩，一惟人之自择。故犹太人不言政治，但究人生。印度有政治，但其为力微，故亦不加重视。中国则天生民而立之君,君道承天道来,同可尊亲,故重政治。期其长治久安,故亦重历史。印度人不重历史,犹太人则惟寄望于上帝,乃特富先知预言。

三民族之现实情况既不同,群心想望亦各异。犹太人言上帝创世,亚当夏娃天国降谪,故人生原始由罪恶来。印度人言生命,乃由前世积业来。中国人则谓父母结合,乃有此生,故一视同仁,无阶级可分,亦无罪恶可言。惟期圣贤迭生,斯民即同享安乐。舜父顽母嚚,子干父蛊,一家终脱于罪恶。鲧殛羽山,其子禹终治洪水之灾。人类果自天国降谪,则何天国罪人之多?上帝既不能善治天国,又乌能治此尘世?

实则耶稣言,凯撒事凯撒管。犹太人既为凯撒所管,耶稣亦上十字架。耶稣乃上帝独生子,预言上帝当拯救一世人,而惟有世界末日人类乃得救。抑且耶稣言,富人上天国,犹如橐驼钻针孔。而犹太人则始终以经商放高利贷为生。故耶稣复活,于犹太民族亦无关。

耶教盛行于罗马西欧,直迄近代,欧洲人乃以耶稣为惟一教主,人人信奉。但全欧洲人,终亦以经商营利为人生主要事项。不知耶稣果复活,又当何以为训?

罗马崩溃,蛮族入侵,但亦同信耶稣,而有中古封建堡垒中之贵族。耶教徒乃转效凯撒,而有罗马教会之组织,以及神圣罗马帝国之梦想。其时为罗马教皇者,若能学中国之尧、舜、禹、汤、文、武,亦未尝不能有神圣帝国之出现。而君以此始，必以此终。教皇之高出人上，反而阻抑了人心之直通上帝，马丁路德之新耶教乃以兴起。

穆罕默德则求凯撒亦宗教化，虽与耶教同信上帝，但阿剌伯民族性终自与欧洲人不同。而耶、回两教亦遂大不同，乃有十字军之战。即同一耶教，新旧之间，亦斗争残杀，层出不已。此乃耶稣凯撒化，而非凯撒耶稣化，则诚堪谓耶教徒一悲剧。

欧洲现代国家兴起，凯撒仍是凯撒，而耶稣仍是耶稣，乃政教分离。教而离于政，斯其为教终有缺。政而离于教，其为政亦终有病。自此而下，西方现代国家乃有国民教育，斯亦仅求为一凯撒之顺民。惟耶教徒特创大学教育，先有法律、医术两途。一律师，一医生，其能拯救斯民者亦有限。至西方人大贩黑奴，耶教徒乃至黑奴群中传教。殖民地繁兴，耶教徒乃向殖民地传教。斯则耶稣转随凯撒之后，不啻如中国人在帝王之下求为一忠臣。

近代西方科学，凡所发现，一皆反宗教。城市复起，商业盛行，以至资本主义之发皇，亦即反宗教。而耶稣之为西方教主，则终不能废。近代西方人，又高呼人生独立、平等、自由。但信上帝，则无自由、平等、独立可言。天上人间，遂成为绝相反对之两面。人世间终是一罪恶，惟死后天国，乃始有其光明之一面。使并此一面而失其存在，则试问人生复何意义价值可言？此实为耶教在西方终不能废之惟一理由。苟使无希腊、罗马，即不能有今日之西方。苟使无耶稣，亦不能有今日之西方。希腊人之商业经济，罗马人之武力统治，与夫耶稣之上帝信仰以及天国想象，三者混合，乃成今日之西方。生为今日之西方人，欲求摆脱其一，其事实难。欲知西方人，亦必研治西方已往历史，事理显然，无待深论。

四

中国人好言"化"，曰"化成天下"，斯见非化即无以成天下。中国人又好言"同"，同由化来。中国人欲化匈奴人，乃使匈奴人移居中国。欲化鲜卑人、其他人亦然。然而尚有五胡乱华。蒙古人来治中国，中国人欲同化蒙古人，然蒙古人有故土可返，则其同化难。满洲人来治中国，不返故土，则其同化易。

时地外，又当论多少数，中国人众，可同化五胡及蒙古、满洲。犹太人为一不易同化之民族，自有历史，犹太人非有国家，迁徙流亡，至今犹太人散居各国，仍然为一犹太人。惟其自唐代来中国，而中国迄今乃不见有犹太人遗留，均已同化为中国人。则以中国地大人众，同化力强，故虽犹太人亦终无以自保。

今再推扩言之，不仅犹太人，西方民族如希腊人、罗马人，以及中古以下之现代各国人，如葡萄牙、西班牙乃及全欧各国，迄今尚有三四十国骈立，则西欧人之难于同化，岂不一如犹太人？推而言之，世界其他诸民族，惟中国人之同化力为最强。广土众民，以有今日，诚为人类学中大值研究一问题。

中国人好言"教化"，又言"治化"。教育与政治，乃中国人同化其他民族之两大工具。尧、舜、禹、汤、文、武、周公执政，亦均言教。孔子以下好言教，亦不忘政。政教合，斯为治，而易化。今日吾国人好言西化，欲求中国而西方化，但政教分，则其事难。亦当知以我化人易，求化于人难。孔子一人化其弟子门人逾七十人，其事易。其门人七十余弟子，倪欲一一求化于孔子，则其事难。孔子亦中国人，中国人尽求同化于孔子，其事已难，欲中国人尽化于非中国人之耶稣，则岂不将更难？犹太人尚不能化为耶稣，信耶稣者乃罗马人。耶教之初进罗马，乃以深夜之地下活动而得势。其来中国，则适以造成晚清之拳祸。时、地、民族各不同，耶教在中国又乌得有其昌行之机缘？

抑且中国人谓身外所行为"道"，身内所藏为"德"，孔子曰："用之则行，舍之则藏。"是也。故中国古人称文王之德上通于天，但文王之德亦非文王一人成之。乃上自其祖太王，其父王季，乃至其伯父泰伯，叔父虞仲，下及其身，又至于其子武王、周公，而始成为文王通天之德。惟孔子乃可谓德由己成，然亦自十五志学，至于七十而始从心所欲不逾矩。孔子之道至是始成。耶稣则为上帝独生子，其道直接得之上帝，不由己德。亦不闻耶稣何从修其德。只求信道，不问修德，此又中西信仰一绝大不同处。

五

中国民初新文化运动，主张全盘西化，然仅曰"赛先生""德先生"，而绝不言耶稣。赛先生乃自然科学，始于希腊。近代西方科学，亦与商业结不解缘。苟非城市商业化，则不能有今日西方之科学。德先生为民主政治，使无凯撒，即不易激起民主政治。近代西方民主政治，乃兼希腊商业与罗马武力而一之。民主以多数意见为依归。然多数意见，无不好富好强。不教富，不教强，则多数民意决不乐从。惟有转让能富能强者来任此政，乃为民主。故中国民初之新文化运动，实亦为每一个人求富求强之运动。

然就实论之，小国而求富求强易，大国而求富求强难。希腊仅有都市，尚不成国，故其求富易。罗马亦仅一城称强，不依意大利半岛称强。即近代西欧，如葡萄牙、西班牙、荷兰、比利时，乃至于英、法，亦皆小国。若以大国言经济，则不患寡而患不均。中国自先秦以来，自由工业竞起，下至汉武帝，而有盐铁政策加以限制，不许自由资本之滋长。两千年来，下及清末，盐政、矿政以及漕政运输，皆不许私家资本操纵。而中国之士人参政，自唐代起一千年来，又必限于家世清白者乃得参预考试，工商业皆不得预考试。所以然者，欲求国政之平治，即不宜使民间经济之偏荣偏枯。

即在西方亦何独不然。大英帝国资本殖民可以行之印度、非洲。若美利坚，赋税不公平，即起而争独立。加拿大、澳洲继起。故西方帝国主义仅能行于异民族。同血统同民族，则皆叛离以去。直至今，美、澳、加、南非诸邦，皆不能服从其祖国英帝国之领导，此亦当前具体之一征。

然则资本主义、帝国主义均不能行之大国，惟有小国寡民，庶可依此期图富强。大群则所不宜。当前之英美，即当为其例。孔子曰："足食足兵，民信之矣。"此亦仅为一小邦卫国言。足食仅以求饱，与图富不同。足兵仅以求安，亦与图强不同。如是之政府，则民信之。信政府，可不再信天。纵使不能足兵以安，足食以饱，为政者亦必先求民信。苟使其民不信政而信天，则其政何以存？故罗马帝国必亡，大英帝国亦必亡。帝国亡，则资本主义何仗以自存？斯则西方现实政治现实人生之大可忧虑者。

今试改言美国，美国乃西方殖民首创第一大国，较之欧西小邦林立，真不啻翁仲之于侏儒。彼辈新自帝国主义之统治下解放，自不愿自创一帝国。惟其不断的西部发展，印第安人几无噍类，实仍为一种变相的帝国主义之侵略。但北方如加拿大，南及墨西哥，以及中南美诸邦，皆属西方殖民。彼此均愿划疆分界，和平相处，于是有"门罗主义"，俨欲分新大陆于旧大陆之外。敦睦安定，自成一体制，岂不为自希腊、罗马以来之西方传统另成一新格。然而就其内部言，白人、犹太人、黑人，如鼎之三足。犹太人掌经济，商业资本依然不能不向外。黑人生齿日繁，民主投票权日益滋长，白人对此显未有同化能力。则久后前途实难预卜。中国分家、国、天下。如美国，已如中国一"天下"，而美国人实无一中国人之"天下观"。两次世界大战，美国皆参加，乃一跃而几成世界之盟主。但美国人观念，仅知有联合国，不知有天下，于是进退两难。果将如何来领导此世界，则颇无明确之定向，徒增纷扰，而内力亦渐趋削弱。使无耶教信仰为之维持，仅仗科学、民主，则争权争利，即其国内亦将不能有一日之相安。

故西方文化传统，希腊商业，罗马军功，帝国主义与资本主义相依为命，无可缺一，无可转变。而加以死后灵魂升天之共同信仰为之调剂，遂有今日之形态。欧洲如此，新大陆亦然。财力军力则均不足以同化人。今我国人惟求同化于西方，而又主排斥耶稣，仅同化于彼中之凯撒，又乌能然？

六

从中国立场言，孔子纵不信耶稣，其灵魂应亦得升天堂。若使其灵魂亦贬入地狱，则试问此上帝又宁可信？使孔子灵魂亦得上天堂，则孔子前后五千年来之中国人，其灵魂得入天堂者又何限？凡今中国人所自媿不如西方人者，乃仅在其财力、武力上。求富求强，则必反孔子之所教。

百年前，中国人则曰："中学为体，西学为用。"试问中学之体又如何发挥出西学之用来？又如何用孔子之道来施行商业资本主义？来培养武力帝国主义？兵不足，食不足，民不信，百年来中国祸乱相寻。若果用西学，科学、民主外，仍得有宗教，仍须有耶稣。西方自有其悠远历史而如此，亦岂咄嗟可期？中国人言："十年树木，百年树人。"即在同一民族，同一文化中，教化之效，亦得经长时期之绵延，何况以广土众民长期积累之中国，而希冀其弹指间西化，又乌可能？

然则果使中国人崇扬孔子，求以孔子之道来同化今日之西方人，又如何？则当知此道亦非咄嗟可期。释迦来中国，至今依然是一释迦。耶稣来中国，又岂能使耶稣中国化？耶稣生于犹太，释迦生于印度，而今日之犹太、印度亦均不能西化。孔子生中国，今日之中国，同样不能西化。此亦无可奈何者。

然则今日世界各民族林立，而交通便利已如一家，又如何相处以安？曰，此惟有一道，仍赖"教化"。西方之资本主义、帝国主义相争日烈，惟有寄望于耶稣，使凯撒而亦能耶稣化，则庶乎其近矣。耶稣不管凯撒事，使今日凯撒尽信耶稣，耶稣管凯撒当较易。其次则望耶稣而释迦化。人类原始罪恶,世界终有末日。释迦则能使人类自得涅槃,莫教上帝以末日强加于人类,岂不较近于大慈大悲救苦救难之一途?再其次则望耶稣而孔子化。修身、齐家、治国、平天下,人类自向善路跑,莫向恶路驰。以和平相处来静待上帝之批判。当前人类所仰望,计惟有此三途。今则释迦已在中国,中国人诚心希望西方化,似乎亦不当排除耶稣。但人类如何走上上述之三途,国人亦当努力。

七

今再深而言人,孔子、释迦生异时,又异地,世不同,斯其人之生平、思想、行为亦各不同。然皆受后世大群之崇拜信仰,历两千年不衰。斯其所以同为一超世伟人。惟当前举世三大教,虽由孔子、释迦、耶稣三人为之主,亦由三教之后人共成之,惟大体不违此主教者之藩篱门墙而已。孔子在当前现实人生上用功,释迦则对此现实人生有厌倦,进而求杜绝人生以归于空虚寂灭之涅槃。耶稣则对人生抱绝望,乃求援于上帝,达成其死后天堂之幻想。故孔子一切问题集中现在世,释迦则在遥溯过去世,耶稣则寄望未来世。未来世在天上,过去世则仍属人间,故就人生言,释迦较近于孔子。但孔子重人亦重天,释迦则平视天人,故就尊天一端言,耶稣犹近孔子。

然孔子、释迦、耶稣有一共同点，即均不重视世间之富贵与权力，故皆不教人发财，又不教人争权，更以杀人为大戒。能不争富争贵，进而至于不杀人，斯乃三教所同，而为举世大群所当绝对信奉者。释迦之教人不杀人，不聚财，最为显著。孔子尚言足食、足兵，足食仅求饱腹，足兵为防御侵略，止戈为武，决非杀人求所欲。耶稣则仅教人不求富，并不教人勿仗权勿用武，故曰"凯撒事凯撒管"。世上有凯撒，则其人易信耶稣，而耶稣则终上十字架，其徒亦不能尽力戒杀。如十字军之战，如新旧教冲突皆是，此则三教大不同之所在。

今日西方耶教徒，则终视发财与杀人为人生中两件寻常事。凯撒则复活又复活，天上人间，政教分立。尽力争财争权，去到教堂忏悔祈祷，离开教堂仍在凯撒下争财争权，甚至争信仰，不惜以杀人为事。耶教终能在西方盛行，此亦一因缘。近代中国人，乃亦有人主张，人以机关枪来，我亦以机关枪去。而制造机关枪，则先需发财，于是杀人与发财亦视为人群中两大道。此则与孔子、释迦乃绝相违异，而于释迦则更不容。

康有为写《大同书》，主张仍有夫妇，但五年一更约，防止私财。但无一决然防止武力之道。"新文化运动"提倡科学与民主，科学正可谋财仗武，故新文化运动中乃亦排除耶稣。

今倘以勿杀人为宗教第一义，则宜奉释迦、孔子为人类之大教主。耶稣开放了凯撒一路,此乃耶稣之不得已。释迦之教行,则人群中应无政府与政治。孔子告季孙氏,曰:"子为政,焉用杀。"人群中可有政治,而主政者可不用杀。果使凯撒而亦信耶稣,则宜亦信奉此语。

八

耶稣诞生距今已将两千年,孔子、释迦犹前耶稣五百年,今日世界人事,此三人决不知。依今而论,释迦以杜绝人类生机为其设教大宗旨,今日似当转为一种哲学思想,供人类闲暇中讨论,似不宜奉为人类共同之大教。耶稣放开政治一路,成为西方之政教分离,此层似尤不宜沿袭。惟中国孔子,以政治纳入教化中,一切政治事业均当服从教化,此一层似为今日以后人类所最当信用。惟不杀人,则尤当为人类教化之第一义。孔子曰:"子为政,焉用杀。"则孔子不赞为行政而杀人。又曰:"听讼,吾犹人也。必也使无讼乎。"则以法律杀人,孔子亦不赞许。孔门亦不甚许汤武之征诛,故孔子谓武王犹有惭德。孔子门人则曰,桀纣之恶,不若是之甚。而孔子称管仲则曰:"九合诸侯,不以兵车,管仲之力也。如其仁!如其仁!"有求仁而舍生,未有为生而害仁。故孔子曰:"杀身成仁。"孟子亦曰:"舍生取义。"为仁义,可以自舍己生,不闻以杀人为仁。

其次如富贵，孔子并未尽情拒斥，故曰"不仕无义""用之则行"，则孔子不拒贵，但亦不求贵。富亦不拒，故曰："富而可求也，虽执鞭之士，吾亦为之。"又曰："赐不受命而货殖焉，亿则屡中。"亦非斥辞。惟冉有使季孙富于周公，则斥之曰："非吾徒也，小子鸣鼓而攻之，可也。"则孔子不求私财，亦不斥公富。惟当前私人自由之资本主义与国外侵略之帝国主义，则孔子当深所不许。而如今日西方民主政治下总统竞选，乃至议员竞选，恐亦非孔子所许。今日之中国人，如何善体此义，修身、齐家、治国、平天下，一以贯之。孔子曰："后生可畏，焉知来者之不如今。"则有待于今日以下之后生兴起。孔子又曰："其或继周者，虽百世可知也。"则今日以下理想之后生，亦必无违乎两千五百年前孔子之所知。上天降德，企予望之。

（一九七八年作，一九八八年三月重修，载六月《动象月刊》革新二号。）